쉽게 쓰는
보고서의 비밀

쉽게 쓰는 보고서의 비밀

1판 1쇄 2011년 11월 23일
1판 7쇄 2016년 6월 9일

지은이 | 정보근
펴낸이 | 김경배
펴낸곳 | 시간여행
디자인 | 디자인홍시

등 록 | 제313-210-125호(2010년 4월 28일)
주 소 | 서울시 마포구 토정로 222, 한국출판콘텐츠센터 419호
전 화 | 070-4032-3664
이메일 | sigan_pub@naver.com

종 이 | 화인페이퍼
인 쇄 | 한영문화사

ISBN 978-89-964866-9-5 (13320)

* 이 책의 내용에 대한 재사용은 저작권자와 시간여행의 서면 동의를 받아야만 가능합니다.
* 잘못 만들어진 도서는 구입한 곳에서 바꾸어 드립니다.

이 도서의 국립중앙도서관 출판예정 도서목록C(IP)은 서지정보유통지원시스템 홈페이지 (http://seoji.nl.go.kr)와 국가자료 공동목록시스템(http://www.nl.go.kr/kolisnet)에서 이용하실 수 있습니다. (CIP제어번호 : CIP2011004738)

쉽게 쓰는 보고서의 비밀

경쟁에서 이기는 기획,
어떻게 작성되나?

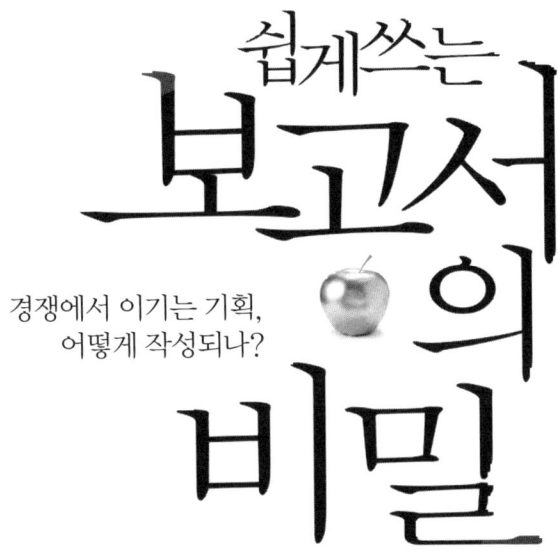

정보근 지음

시간여행

머리말

"어떻게 하라는 겁니까?"

보고서를 보던 노무현 전 대통령은 내용이 '모호하다'고 야단을 쳤고, 이명박 대통령은 '핵심을 왜 못 찌르나!'라며 보고자를 나무랐다. 포스코의 정준양 회장은 '보고서는 1장으로 쓸 것'을 지시했다. 심지어 도요타의 와타나베 회장은 보고서를 작성할 때 '파워포인트 금지령'까지 내렸다.

보고서 때문에 왜 이리들 성화일까?

보고서를 올바르게 만들지 못하면 조직 내 커뮤니케이션 효율이 떨어지기 때문이다. 즉 조직 구성원들 사이에 목표를 공유하기 어려워지고 목표를 실행하는 데 누가, 언제, 무엇을, 어떻게 해야 하는지 모호해진다. 조선일보 2011년 8월 27일 기사에 의하면 '임원의 78%는 보고서 오류로 올바른 의사 결정을 못한 경험이 있다'고 한다. 결국 잘못 쓴 보고서 때문에 의사 결정권자들은 조직이 나아가야 할 방향을 제대로 설정하지 못하여 조직의 인적·물적 자산을 낭비한다.

보고서의 사전적 의미는 '상황이나 결과를 보고하는 글'이다.

논문도 아닌데 왜 실무자들은 의사 결정자들이 만족할 만한 보고서를 작성하지 못하는 것일까? 그 이유 중 하나는 실무자들이 보고서의 속성이 바뀐 줄 모르고 있기 때문이다.

외환 위기 이후부터 보고서의 속성이 변하기 시작했다.

외환 위기 이전에 보고서란 글자 그대로 일의 내용이나 결과를 문서로 알리는 것에 불과했다. 그러나 외환 위기 여파로 전략을 수립했던 중간 관리자들이 그대로 사라졌다. 즉 보고자 자신이 중간 관리자의 역할까지 수행해야만 했다. 따라서 실무자가 직접 전략을 짜 넣어야 하므로 '전략 기획서'라고 불러야 하는 것이 마땅하다. 그러나 사람들은 아직도 '보고서'라고 부르는데 몸에 밴 습관대로 부르고 있는 것이다.

이러한 변화 과정을 파악하지 못한 실무자들은 여전히 보고서를 '학창 시절의 보고서'나 '상황을 보고 하는 글' 정도로 이해하고 있다. 그러다보니 서론, 본론, 결론이나 육하원칙에 입각한 글을 포장하는 방법에만 집착해 파워포인트를 오·남용하기도 한다.

파워포인트는 '효과적인 커뮤니케이션을 위한 캔버스'일 뿐이다. 문자만 들어간 문서 대신에 그림과 도표 같은 이미지를 활용해서 커뮤니케이션 효율을 올리자는 것이다. 여러 줄의 문장으로 장황하게 설명하는 것보다 이미지가 추가되면 더 효과적인 설득을 할 수 있기 때문이다. 그런데 자동차의 비상등도 위급 상황이 아니라 '감사'의 의미로 사용하는 응용의 귀재인 우리들은 파워포인트 작업에 너무 시간을 많이 쓰는 경향이 있어 보고서를 광고지로 만들어 버렸다. 때로는 보고서가 '글자 반 이미지 반'인 경우도 있었다.

그렇다면 보고서의 속성을 제대로 이해하고 파워포인트를 능숙하게 다룬다면 보고서를 잘 쓸 수 있을까?

꼭 그렇지는 않다. 가장 중요한 요소는 조직의 최종 의사 결정자인 사장의 속마음을 정확하게 읽어내는 능력이다. 가장 높은 자리는 가장 외로운 자리다. 마음대로 말할 수 있지만 아무에게나 속내를 털어놓기 어려운 자리이기도 하다. 사장이 직원들에게 보고 지시를 내리면서 속마음을 100% 다 표현한다는 것은 불가능하다. 따라서 업무를 처리하는 사람은 사장의 언어적 지시와 함께 비언어적 지시도 해석할 줄 알아야 한다.

비언어적 지시란 몸짓과 음성의 변화다. 특히 이성이 감정을 억누르고 있을 때와 말로 하는 지시를 강조할 때의 비언어적 표현을 찾아내는 것이 중요하다. 이것을 잘 파악해야 보고서 작성의 방향을 제대로 잡을 수 있다. 방향만 잘 잡으면 보고서의 반은 완성된 것이나 마찬가지다. 나머지 반은 보고서 작성 방법과 과정을 이해하면 누구나 쉽게 쓸 수 있다.

보고서 작성은 컨택, 컨셉, 커뮤니케이션의 세 단계로 나누어지는데, 각 내용을 간략히 살펴보면 다음과 같다.

❶ 컨택 단계란 보고 지시를 받는 과정이다. 사장의 속마음을 이해해야 보고 방향을 올바르게 잡을 수 있다.

❷ 컨셉 단계란 고민을 하는 단계다. 컨셉 단계는 의도 분석, 가설 설정, 자료 수집, 분석 및 결론, 검증의 5단계로 나눠진다. 이 5단계를 거쳐서 나오는 산출물이 보고서의 내용이 된다. 보고 배경, 각종 분석이 나오고 마지막으로 결론이 나온다.

❸ 커뮤니케이션 단계는 시나리오, 카피, 레이아웃의 3단계로 이루어진다. 시나리오 단계에서는 보고 내용을 쉽게 이해하도록 스토리를 꾸민다. 카피 단계에서는 문장을 다듬는다. 무엇보다도 보고서 내용을 '딱 한마디'로 이해할 수 있는 컨셉 카피를 찾는 것이 핵심이다. 레이아웃 단계에서는 문장과 이미지가 시각적으로 균형이 이루어질 수 있도록 배치한다.

이 과정과 절차만 잘 이해한다면 누구나 보고서를 잘 작성할 수 있다.

'재주는 곰이 부리고 돈은 중국 사람이 가져간다'라는 우리나라 속담이 있다. 비슷한 의미의 영어 속담으로 'One man sows and another man reaps'가 있다. 이 속담은 모두 '일하는 사람 따로, 상 받는 사람 따로' 있다는 의미다. '진땀 나는 일'은 당신이 하고 '성과 보고'는 옆자리의 보고 전문가가 한다면 당신은 이 속담의 곰처럼 들러리 역할이나 하게 되는 것이다.

신은 당신의 밤샘 근무를 기억한다. 그러나 사장은 '보고 전문가의 이름'만 기억할 뿐이다. 필자는 이 책을 읽는 모든 독자들이 '보고 전문가'가 되기를 희망한다.

2011년 11월
정 보 근

목차

머리말 • 04

Part 1 보고서 해부

Chapter 1_ 보고서의 정의 • 14

1. 출신에 따른 보고서와 그 친척들 • 17
2. 보고서 소비자들의 입장 • 20
3. 나쁜 보고서 유형 • 23

Chapter 2_ 사장이 좋아하는 보고서 • 31

1. 빠른 보고서 • 32
2. 긍정적인 보고서 • 35
3. 핵심만 정리된 보고서 • 39
4. 투입 자원 효과가 명시된 보고서 • 41
5. 향후 실행 계획이 상세한 보고서 • 42
6. 1페이지 보고서 • 44

Chapter 3_ 보고를 하셔야겠습니다 • 48

Part 2 _ 보고서 작성 기술

Chapter 1_ 컨택 단계 • 65

1. 컨택 경로의 숨은 의미 • 66
2. 사장의 속마음을 읽어라 • 72
   - ❶ 비언어 표현은 믿을 만한가
   - ❷ 몸짓을 읽어라
   - ❸ 목소리의 변화를 느껴라
   - ❹ 얼굴 표정을 읽어라
3. 컨택 단계에서 지켜야 할 요소 • 79
   - ❶ 장단을 맞추어라
   - ❷ 적자생존(適者生存)
   - ❸ 긍정의 마인드를 가져라
   - ❹ 마음이 평온해야 지시도 잘 이해한다
4. 사람 사는 곳은 어디나 같다 • 84

Chapter 2_ 컨셉 단계 • 86

- ❶ 컨셉 단계의 구성
- ❷ 단계별 시간 투입 비율
- ❸ 단계별 필요 자질과 마음가짐

1. 의도 분석 • 95
   - ❶ 의도 분석의 필요성
   - ❷ 거짓말을 하는 이유
   - ❸ 의도가 왜곡되는 경우
   - ❹ 관심법(關心法)
   - ❺ 의도 분석 사례
2. 가설 설정 • 106
   - ❶ 가설이 필요 없는 경우
   - ❷ 가설이 꼭 있어야 하는 경우
   - ❸ 어떻게 가설을 세우는가

❹ 가설 수립 사례

  ❺ 가설 설정 시 주의점

3. 자료 수집 • 122

  ❶ 좋은 자료의 요건

  ❷ 자료 수집 방법

  ❸ 자료 수집 시 주의점

  ❹ 자료 수집 사례

4. 가설 분석 • 137

  ❶ 가설 분석

  ❷ 가설 분석 사례

  ❸ 분해하는 분석 도구

  5Whys | 휘시본다이어그램 | 로직트리(이슈트리)

  ❹ 조립하는 분석 도구

  장단점 분석 | SWOT 분석 | 3C 분석 | 4P 분석 | 5F 분석 | PEST 분석

  ❺ 분석 도구 사용 시 주의점

  ❻ 마케팅 프로세스 분석

5. 결론 • 183

  ❶ 전략에 명시해야 할 것

  ❷ 결론 사례 : 홈시어터 사업의 4P 전략

  ❸ 단계별 업무 추진 일정

6. 검증 • 201

  ❶ 기본적 관점

  보고서의 진정한 주인은 누구인가 | 핵심은 한마디로 무엇인가 | 역지사지(易地思之)

  ❷ 의도 파악

  사장의 지시 사항 중 누락되거나 변형된 것은 없는가 | 사장의 속마음은 반영되어 있는가

  ❸ 자료 수집

  자료의 양이 늘면 쓰레기의 양도 늘어난다 | 자료 출처는 신뢰할 수 있는가 | 숫자로 된 자료가 최소한 1종은 있는가 | 자료는 신선한가 | 선호하는 자료만 수집하지 않았는가

❹ 분석

객관적인 마음가짐을 유지했는가 | 분석 방법이 적절한가 | 잘못된 논리에 대한 적절한 대안은 있는가, 기분 나쁘지 않게 제시했는가 | 분석 과정이 논리적인가

❺ 결론

하마같이 생긴 보고서를 쓰지 않았나 | 예상 질문을 검토했는가 | 자신이 실행할 수 있는가 | 사장의 바람을 반영했는가 | 지원 요청 사항이 있는가

Chapter 3_ 커뮤니케이션 단계 • 225

1. 시나리오란 무엇인가 • 227
❶ 시나리오 사례

2. 카피란 무엇인가 • 235
❶ 컨셉 카피

컨셉 카피 작성법

❷ 헤드라인

헤드라인 작성법 | 헤드라인 효과

❸ 바디 카피

❹ 카피 사례

3. 레이아웃 잡기 • 255

4. 3C 여행을 끝내면서 • 278

부록 보고서 작성 사례

1. 홈시어터 사업 • 280
2. 보잉 對 에어버스 • 295
3. 베이징 현대 • 307

Part 1

보고서 해부

Chapter 1 보고서의 정의
1. 출신에 따른 보고서와 그 친척들 | 2. 보고서 소비자들의 입장 | 3. 나쁜 보고서 유형

Chapter 2 사장이 좋아하는 보고서
1. 빠른 보고서 | 2. 긍정적인 보고서 | 3. 핵심만 정리된 보고서 | 4. 투입 자원 효과가 명시된 보고서
5. 향후 실행 계획이 상세한 보고서 | 6. 1페이지 보고서

Chapter 3 보고를 하셔야겠습니다

Chapter 1
보고서의 정의

'겉 다르고 속 다르다'

이 속담은 겉만 보아서는 본질을 알 수 없다는 뜻이다. 용맹스러운 사자도, 우아한 학도 겉은 아름답지만 해부해 보면 그저 흉측스런 뼈와 살 그리고 내장과 피뿐이다. 보고서도 이와 마찬가지다. 겉은 그저 상황을 보고 하는 서류처럼 보인다. 학창 시절에 작성했던 보고서나 논문처럼 서론, 본론, 결론 형식으로 쓰면 될 것 같다. 그러나 회사에서 돌아다니는 보고서의 속을 깊이 들여다보면 전혀 딴판이다. 그 속은 경쟁사들을 이기기 위한 전략과 소비자들의 지갑을 열기 위한 마케팅이라는 이름의 마술로 가득 차 있다.

국립국어원 표준국어대사전에는 보고서가 '보고하는 글이나 문서'라고 정의되어 있다.

연애 지침서가 실제 상황과 맞지 않듯이 사전에서 규정하는 단어의 의미와 우리가 현실에서 실제 사용하는 단어의 의미에는 큰 차이가 있다. 단어의 사전적 의미와 표준어도 시대에 따라 변한다. 이처럼 현재 보고서의 개념은 사전적 의미보다 더 구체화되고 확장하여 사용되고 있다.

❶ 보고서는 '접미사'다.

회사에서 일어나는 모든 일에 '보고서'라는 단어를 붙일 수 있다. 월간·주간·일일·이슈(Issue), 출장, 회의 결과, 일의 진행 현황, 제품 개발에 '보고서'를 붙이면 새로운 보고서가 된다. 하지만 이것은 요즘같이 정보가 넘치고 시간이 금값인 시대에는 '보고서'라는 이름값을 못하는 한두 장짜리 종이일 뿐이다. 반면에 경쟁사 신제품 대응, ○○○○년 신제품 개발 전략, 3월 매출 현황 같은 이름을 붙인 보고서는 상세한 분석을 통해 일의 방향과 실행 계획을 세울 수 있으므로 이름값을 하는 보고서다.

❷ 보고서는 '시험'이다.

학교에서 보는 시험은 월말, 기말처럼 기간이 정해져 있다. 그러나 회사에서는 시도 때도 없이 시험을 치른다. 게다가 매번 주관식에 논술이다. 정답도 없다. 출제 위원 마음에 들면 그것이 정답이다. 출제 위원은 사장이고 시험지를 배부하는 사람은 팀장, 상무, 부장이다. 가장 곤혹스러운 시험은 금요일 오후 4시에 문제를 받아서 월요일 오전 9시에 답안지를 제출하는 것이다. 이른바 '가정 파탄 고사'다. 그런데 이러한 시험을 모든 학생이 다 치르는 것은 아니다. 주로 A학점을 받는 학생들만 시험을 본다. 시험을 잘못 본 학생에게는 시험을 볼 기회도 주지 않는다.

❸ 보고서는 '광고'다.

보고서는 여러 사람이 본다. 잘 쓴 보고서는 맛집 리스트처럼 온 부서를 돌아다닌다. 마치 광고 시청률과 같다. 반면에 그저 그런 보고서는 팀장이 대충 읽고 난 후 휴지통에 버린다.

보고서 작성 과정은 광고 제작 과정과 비슷하다. 보고서 작성자는 광고의 컨셉추얼리스트(Conceptualist), 감독, 아트 디렉터(AD : Art Director)를 겸한다. 사장과 팀장은 광고주다. 광고주는 광고 시청률이 오르기만을 원한다. 그래서 날이 갈수록 약발이 강한 광고안을 요구한다. 뭘 모르면서 '도날드 덕'처럼 '콩 놔라, 감 놔라' 하고 소리를 지른다. 따라서 보고서를 작성한 후에도 수없이 수정을 해야 한다. 그러나 수정을 많이 할수록 다시 처음의 안(案)으로 되돌아가는 경우가 많다.

보고서에도 품격이 있다.

진행 상황과 결과만 전달하는 보고서는 격이 낮다. 보고자가 고뇌한 흔적이 들어가 있지 않기 때문이다. 이것은 '사실 나열형' 보고서다. 이런 보고서는 정보 교환 수단이 발달한 요즘 '보고서'라는 이름을 붙여놓기에 창피하다.

반면 세밀한 분석으로 시사점을 도출하고 생각지도 못한 아이디어를 해결책으로 제시하는 보고서는 격이 높다. 관리자들의 고민을 해결해 줄 수 있기 때문이다. 이것이 '전략형' 보고서다. 귀중한 물건을 보관하는 창고(寶庫) 같은 보고서다.

'사실 나열형' 보고서 작성에는 특별한 준비가 필요 없다. 6하 원칙에 의거하여 작성하면 된다. 주 내용은 보고서를 쓰게 된 배경과 결과다. 이 보고서의 핵심은 속도다. 메일, 메신저, 핸드폰의 문자 메시지를 이용해도 된다. 회의 결과 보고서와 주간 업무 보고서가 여기에 속한다. 이런 종류의 보고서를 작성할 때 파워포인트를 사용해 그림이나 이미지를 넣는 것은 과대 포장이다.

반면 '전략형' 보고서는 보고자가 깊게 고민한 흔적이 드러나야 한다.

회사에서 전략이란 단어는 '경쟁사를 이기기 위한 방법'으로 통한다. 따라서 보고서에 구체적 목적과 실행 계획이 담겨 있어야 한다. 목적과 실행 계획이 분명한 보고서를 보면 관리자들은 결과에 대한 기대감과 설렘으로 '빨리!'라고 외친다. '전략형' 보고서는 보고서라는 간판을 달았지만 사실은 경쟁사들을 이기기 위한 실행 계획인 것이다.

1_ 출신에 따른 보고서와 그 친척들

입맛이 까다로운 왕이 있었다. 그는 국내 요리사들이 만드는 요리는 아무리 먹어 보아도 맛이 없었다. 그래서 외국의 셰프(Chef)를 불러들였다. 새로 들어온 셰프는 꼬르동 블루(Cordon Bleu)를 졸업하고 파리의 미슐랭 스타(Michelin Star) 세 개짜리 레스토랑에서 2년간 근무한 경력이 있었다.

그가 도착한 후 왕실의 주방에서는 소란이 벌어졌다. 주방의 청결 상태부터 조리 시스템까지 전부 그의 기준에 맞춰야 했기 때문이다. 게다가 주방의 보조 요리사들은 그와 의사소통이 되지 않아 죽을 지경이었다. 가령 음식을 구울 때 그릴, 베이크, 로스트, 브로일, 플랭크, 씨어와 같은 용어를 썼고, 튀긴다는 뜻으로 사테, 프라이 같은 전문 기술 용어를 사용했다. 그뿐만이 아니었다. 그가 원하는 식재료는 희귀한 것이 많아 백성들은 식재료를 구하러 밤늦게까지 성 안을 뒤져야 했다. 마침내 거창한 연회상이 차려졌다.

연회상을 보고 크게 감탄한 왕은 이렇게 말했다.

"우리 성 안에서 나오는 재료를 하나도 빼지 않고 상을 차렸군! 게다가 중복되는 요리도 없고! 역시 꼬르동 블루 출신이야."

그런데 자세히 보니 대다수가 늘 많이 보던 요리였다. 가령 똑같은 요리인데 며칠 전 국내 요리사가 차려 왔을 때는 가자미 소금구이였다면 새로 들어온 셰프가 만들어 온 것은 Grilled Dover Sole with Sel marine de Guerande라며 내놓았다. 음식명만 다를 뿐 이리 보고 저리 보아도 가자미 소금구이였다.

왕은 식사를 하기 위하여 포크와 나이프를 들었다. 그런데 음식에 기름기가 많아서 그런지 뒤로 갈수록 텁텁한 맛이 느껴졌다. 디저트까지 먹었는데도 신선한 맛이 느껴지지 않았다. 그렇지만 왕은 '훌륭하다'고 말하기로 했다. 미슐랭 스타 3개짜리 레스토랑에서 근무하다 파견 온 셰프가 만든 요리인데 맛이 없다고 하면 왕이 무식하다는 소리가 나올 테니까 말이다. 게다가 자신이 초청해 온 요리사가 아닌가!

회사도 마찬가지다. 세계에서 1, 2등을 다투는 제품을 만드는 회사원들은 경영자가 외국 컨설턴트에게 전략을 맡기는 것이 불만이다. 평소에 외국의 컨설턴트에게 갖다 바치는 정도의 투자만 있으면 그 정도의 전략 수립은 '나도 할 수 있다'고 생각한다. 그리고 평소에 한글로 보고하는 것을 영어로 바꾸기만 해도 컨설턴트의 보고서만큼 근사해 보일 거라고 볼멘소리를 한다. 이것보다도 더 큰 불만은 컨설턴트가 A부터 Z까지 언급하면 "참 상세하게 잘 조사했다"고 하면서 당신이 그렇게 하면 "야! 다 아는 거 보고해서 뭐하냐! 빨리 결론으로 가자!"고 야단을 치는 것이다.

하지만 이것은 당연하다. 당신의 1년치 연봉보다 몇 배는 더 되는 돈을 주고 컨설팅을 받는데 서두(현황), 과정(분석)은 빼고 결론만 이야기하면 얼마나 돈이 아까운가! 또 컨설턴트 입장에서도 돈값은 한 것처럼 보여야 하지 않겠는가? 그래서 컨설턴트는 회사 내부 직원이라면 다 아는 이야기도 보고서에 다 열거하여 가급적 자료를 두툼하게 만든다.

그러나 사내 직원은 컨설턴트와는 다르다.

사내 직원은 백성들과 동격인 탓에 마음대로 부려먹을 수 없다. 왕이 마음에 들어하는 밥상 한 번 차려보겠다고 왕의 이름을 팔아 백성들을 구박했다간 밥상 한 번 차리고 회사를 떠나는 불상사가 생길 수 있다. 그래서 마음에 드는 식자재를 구하기 어렵다.

서로의 요구에 따르자면 백성의 상차림은 화려한 격식보다는 소박해야 한다. 사내 직원이 작성하는 보고서는 밥에 된장국과 김치만 있는 소박한 밥상과 같아야 한다. 화려하게 차리면 "돈도 없고 시간도 없는데 뭐가 이렇게 요란해!"라는 소리나 듣는다. 헛바람이 들어 쓸데없이 바다 건너온 요리 기법이나 흉내 내다가는 '똥인지 된장인지 구분도 못하는 녀석'이라는 소리나 듣기 딱 좋다. 사내 직원이 작성한 보고서에는 뻔히 아는 사실이나 문제들은 간단히 짚고 넘어가야 한다. 컨설턴트처럼 일일이 문제점을 들추어내면 잔소리나 듣기 십상이다. 중요한 것은 결론의 타당함, 실행 계획의 현실성, 투입 자원 대비 효과다.

즉, 보고서도 작성자의 출신 성분에 따라 쓰는 방법이 달라야 한다.

회사에는 서류함의 서랍 개수보다 많은 종류의 보고 양식이 있다. 그중에 보고서의 친척은 기획서와 제안서다. 이들은 간판만 다를 뿐 유전자는 99% 같다.

회사마다 사용하는 용어와 문화의 차이에 따라 조금씩 다르게 사용될 뿐이다.

기획은 어떤 일에 대한 '목적을 가지고 계획을 세우는 것'이다.

제안은 '위에서 시키지는 않았지만 문제 해결이나 사업에 대한 아이디어를 자발적으로 내는 것'이다. 또는 '갑이 특정 분야의 전문가인 을에게 용역을 줄 때 을이 갑에게 제출하는 서류'다.

이 둘도 행위라는 관점에서 보면 보고서와 같다.

기획서든 제안서든 보고서든 컨셉의 명료함과 전략의 깊이에 따라 몸값이 달라진다. 컨셉과 전략이 엉성하면 '3류 작가의 시나리오' 취급을 받을 뿐이다.

2_ 보고서 소비자들의 입장

기획서나 보고서 작성법에 대한 책을 보면 보고서를 작성할 때 '보고 받는 사람이 누구인가'를 고려해야 한다고 한다. 그러나 이것은 외환 위기 이전의 조직에나 맞을 만한 주장이다. 외환 위기 이후에는 조직의 구조가 단순해져서 모든 보고서는 사장에게 올리는 것으로 간주하고 작성해야 한다. 즉 보고 받는 사람은 항상 사장이라고 생각해야 한다.

외환 위기 이전의 대기업들은 한 걸음씩 걸을 때마다 지진 소리가 났다는 사이스모사우루스(Seismosaurus)였다. 하지만 요즘 대기업은 티라노사우루스(Tyrannosaurus)다. 그래서 덩치는 커도 의사 결정 속도는 육식 공룡처럼 빠르다.

외환 위기 이전에는 한 부서 내의 직급 구성이 피라미드 형태였다. 부서마다 인원이 충분하여 직급별로 담당 업무를 할당하기 좋았다. 사원과 대리는 실무자, 과장은 초급 관리자, 차장은 중간 관리자, 부장은 부서 전체 관리자, 이사와 상무급은 여러 부서의 통합 경영자, 전무와 부사장급은 사업부 경영자, 사장급은 회사 대표의 역할을 맡았다.

외환 위기 이전에는 경영층에서 보고 지시가 내려오는 경우도 있었지만 차장이나 부장급만 되어도 자신이 파악하고 싶은 것에 대해서 보고하라는 지시를 내렸다. 이런 보고 지시를 받으면 사원이 보고서를 쓰고 대리가 1차 수정한 후 과장이 최종적으로 수정했다. 따라서 보고서에는 작성자부터 부장까지 도장이 4~5개씩 찍혔다. 과장이나 차장들은 하루 종일 빨간 볼펜과 인주만 주무르다 퇴근하는 날도 있었다.

이렇게 보고서를 만드는 데 공을 들였지만 정작 보고서가 사장에게까지 가는 일은 드물었다. 외환 위기 이전에는 격식이 중요했고 현업 부서에서 사장에게 보고서를 불쑥 들이미는 것은 상상도 할 수 없었기 때문이다. 사장에게 올라가는 보고서는 대개 기획팀이나 전담 스태프가 별도로 작성했다.

그러나 외환 위기 이후 대기업에서 보고서 취합과 작성을 주업으로 했던 스태프는 히트곡 하나 못 내는 가수들처럼 사라졌다. 그리고 '업무 프로세스 개선'이라는 후폭풍이 불었다.

이 폭풍은 조직을 기능별로 세 개의 큰 덩어리로 찢어 놓았다. 사장에서부터 상무급까지의 경영 계층, 상무부터 부장을 포함하는 중간관리자 계층, 차장 이하의 실무 계층으로 나뉘었다.

회사의 조직 구조는 자전거 바퀴와 같다.

자전거 바퀴의 축은 사장이다. 바퀴살은 중간 관리자 층이고 타이어는 실무 계층이다. 바퀴살은 축에서 힘을 타이어로 전달한다. 이와 마찬가지로 실무자들이 받은 모든 보고와 지시는 사장으로부터 직접 받지 않았다 할지라도 사장의 생각과 직접적인 관련이 있다. 따라서 당신이 쓴 보고서를 전무가 읽든지 부장이 읽든지 항상 사장에게 전송된다고 생각해야 한다.

"그때 그 주식을 샀어야 했는데….''

이것은 시대와 상관없이 매수 기회를 놓친 주식 투자자들로부터 나오는 탄식이다. 투자 정보가 부족할 때는 어떤 주식을 사야 할지 망설인다. 그러나 막상 특정 종목에 대한 좋은 정보가 있을 때는 주식을 살 것인가 말 것인가 망설이다 기회를 놓친다. 정보가 '큰돈'이 되는 세상인 줄은 누구나 다 안다. 그러나 정보 그 자체보다 정보와 관련된 업무 실행 시점이 더 중요하다. 정보의 가치는 시간이 지날수록 떨어지기 때문이다.

회사 일도 마찬가지다. 정보를 획득·전달하고 그 정보를 활용한 계획의 실행 속도에 따라 수익이 달라진다. 따라서 정보 전달을 신속히 하기 위해서는 격식을 따지지 않는다. 간단한 보고는 휴대전화 문자 메시지로 하기도 한다. 격식은 은이고 속도는 금인 세상이다.

2010년 대의 하루는 1987년의 열흘에 맞먹는다. 필자가 현대 자동차 신입사원 시절이었던 1987년에는 업무협조장 1장, ECO(Engineering Change Order : 기술사양변경지시서) 1장을 작성하면 하루가 다 지나갔다. 지금은 부장인데도 하루에 메일 50~70건을 읽고 20건 정도의 메일을 쓴다. 그리고 1~2건의 회의를 하고 각종 업무를 지시 받거나 지시한다. 하나의 정신으로는 일을 전부 처리할 수 없다. 멀티 태스킹(Multi Tasking)이라는 'IT판 공식 정신분열증'에 걸려 일하는 것이 오히려 정상일 정도다. 이렇게 IT판 정신분열증이 권장되고 있는 시대에 각종 보고서를 제대로 작성하려면 보고서가 가지고 있는 속성을 알아야 한다.

요즘 회사에서 사용되고 있는 보고서는 단순히 상황을 보고하는 글이 되어서는 안 된다. 최소한의 인원으로 부서를 운영하기 때문에 보고자가 직접 전략적 의사 결정을 해야 한다. 하루가 멀다 하고 새로 나오는 정보 기기들도 사실(Fact)은 얼마든지 실시간으로 파악할 수 있게 해주기 때문이다. 보고서에 생명을 불어 넣는 것은 질 높은 전략적 의사 결정이다. 회사 규모가 작거나 관리자만 의사 결정을 하는 조직 문화를 가지고 있는 경우를 제외한 일반적인 상황에서는 보고서에 자신만의 독특한 결론이 있어야 한다.

3_ 나쁜 보고서 유형

그렇다면 관리자들이 싫어하는 보고서 유형에는 어떤 것이 있을까? 살펴보면 다음과 같다.

❶ 사실 열거형

소설책 두께의 보고서다.

보고의 핵심과 업무를 잘 파악하지 못하는 관리자나 실무자들이 이런 유형의 보고서를 만든다. '질'이 아니라 '양'으로 승부하려는 시대감각 없는 직원들이 여기에 속한다. 그러나 사장이 알고 싶은 것은 일의 추진 방향과 방법이다.

포스코의 정준양 회장은 "모든 문서는 한 장으로 작성하라"며 '스마트한 업무'를 주문했다. 정 회장은 최근 임원 회의에서 "일하는 방식을 스마트 워크(smart work)로 바꿔야 한다"며 포스코의 고유 업무 모델 개발을 강조했다.(조선일보 2009년 09월 28일)

수십 페이지의 두꺼운 보고서는 보고서를 작성하는 사람과 보고를 받는 사람 중 누군가는 업무 현황을 머릿속에 넣고 있지 못하고 있다는 증거다. 즉 보고서의 두께와 업무 장악력은 반비례한다. 자신의 주장을 한마디로 정의한 후 그 이유와 근거를 덧붙이는 습관을 들이면 사실 열거형 보고서를 작성하는 일은 없을 것이다.

❷ 그림책형
이미지로 도배한 보고서다.
이러한 유형의 보고서를 보면 글씨보다 그림이 먼저 눈에 들어온다. 그런데 그림이 보고 내용의 이해를 돕기 위한 인포그라픽(Infographic)이 아니다. 눈속임이다. 그림으로 도배된 보고서는 번쩍거리는 헤어핀, 시퍼런 눈 화장, 빨간 입술, 덜렁거리는 귀걸이와 목걸이에 알록달록한 투피스를 입은 여인처럼 보는 사람의 정신만 산만하게 만든다. 성의를 다했다는 느낌을 주어 '무사통과'를 바라는 마음으로 썼을 테지만 이런 유형의 보고서를 쓴 사원은 전략을 고민해야 할 시간에 모니터에 페인트칠하는 것으로 시간을 허비했으므로 차라리 파워포인트 전담 요원을 하는 것이 낫다.

그러나 여러 줄의 문장 대신 하나의 그림으로 모든 상황을 설명할 수 있는 이미지를 창조할 줄 아는 경우는 예외다. 이런 경우는 뛰어난 창의력을 가진 핵심 요원이 될 자질이 있는 사람이므로 1년에 두 번씩 적절한 대접과 함께 정교한 전략이 필요한 보고서 작성 기회를 주어 능력을 개발할 수 있도록 해야 한다.

보고서를 이미지로 도배를 하지 않으려면 알찬 내용이 있어야 한다. 알찬 내용은 양질의 자료를 바탕으로 한 분석 과정의 산출물이다. 따라서 자료 수집과 분석에 더 많은 공을 들여야 한다.

❸ 방향감각 상실형

상황 파악이 잘못된 보고서다.

사장의 속마음을 잘못 읽거나 배경 분석 또는 환경 분석에서 시사점을 잘못 도출해서 엉뚱한 방향으로 작성한 보고서다. 평소 회사 상황을 잘 파악하지 못하고 있거나 해당 업무에 대한 감각이 없으면 이런 유형의 보고서를 작성한다. 누구나 한두 번은 작성 방향을 잘못 잡을 수 있다. 그러나 보고서를 작성할 때마다 방향을 잡지 못하면 차라리 보고서 쓰기를 포기하는 편이 낫다. 그것은 회사에 대한 관심과 일에 대한 열정이 전혀 없다는 것을 뜻하기 때문이다. 또는 관리자와의 코드(Code)가 맞지 않는 경우일 수도 있다.

회사에 대한 관심이 중요하다. 회사의 '매출과 수익이 동시에 증가하는지 아니면 매출이 증가하는데 수익은 감소하는지'처럼 순간 순간의 상황에 정통하고 있으면 방향 감각을 찾을 수 있다.

❹ 횡설수설형

상황은 파악했으나 분석이 오락가락하는 보고서다.

배경 분석, 환경 분석에서 시사점은 제대로 도출했으나 가설을 잘못 세웠거나 분석의 결과가 시원찮은 경우에 이런 유형의 보고서가 만들어진다. 가설부터 잘못된 경우는 회사가 장기적으로 가고자 하는 방향을 잘 모르고 있다는 증거다. 반면 분석이 잘못된 경우는 분석에 필요한 배경 지식이나 창의력이 부족한 것이다. 지식이나 창의력은 하루아침에 생기는 것이 아니므로 관리자가 보고 방향을 제대로 결정해 줘야 한다.

❺ 용두사미형

결론이나 실행 계획이 없는 보고서다.

배경 분석, 환경 분석 과정에서 시사점을 제대로 도출했고 가설 설정 및 분석은 제대로 되었으나 전략이 애매한 보고서다. 전략이 애매하다는 것은 목표와 실행 계획이 정교하지 않다는 뜻이다. 실행 계획이 엉성하다는 것은 전략의 목표와 관련된 일을 해 본 경험이 없거나 무엇을 어떻게 시작해야 하는지 모른다는 뜻이다. 관리자가 경험해 본 사업 내용이라면 실행해야 할 항목만 알려 주면 된다. 반면 관리자도 경험하지 못한 신규 사업이라면 보고자와 같이 협력해서 해결해야 한다.

❻ 책임 회피형

관리자 입장에서는 제일 약 오르는 보고서다.

환경 분석에서 전략 수립까지는 잘했지만 의사 결정을 관리자에게 미루는 보고서다. 이와 같은 유형의 보고서에는 애매한 결론만 들어 있거나 여러 가지 안(案)만 나열하고 정작 보고자 자신의 생각은 없다. 일의 결과가 어떻게 되든 '나는 책임이 없다'며 발을 빼는 식이다. 이런 유형의 보고서를 받으면 최선의 안을 선택하기 위해서 사장이나 팀장이 가설 설정부터 분석의 전 과정을 다시 들여다봐야 한다. 사실상 가장 악질적인 보고서다.

이런 유형의 보고서를 작성할 줄 아는 직원은 영리하다. 영리하기에 나중에 일이 잘못되면 "사장님께서 선택하시지 않았습니까?"라며 선택의 책임을 관리자에게 미룬다. 도망갈 구멍이 있으므로 절대로 최선을 다하지 않는다.

만약 영리한 자가 아니라면 간이 작아 결정을 못 내리는 직원이다. '간'이 작은 직원들은 '간'을 키워 주어야 한다. "내가 책임질테니 네가 생각하는 최선안을 선택해라"라고 용기를 불어넣어 주어야 한다.

> 이건희 회장은 4메가 D램 반도체 개발 시 두 가지 기술, 스택(Stack)과 트렌치(Trench)를 놓고 어떤 방법을 선택할지 고민했다. 기술자들도 장단점만 언급했을 뿐 선뜻 결정을 내리지 못했다. 이때 이건희 회장의 선택 기준은 '어느 쪽이 단순한가'였다. 스택은 쌓아 올라가고 트렌치는 파내려가는 것이어서, 스택 쪽이 더 수월하고 문제가 생겨도 쉽게 고치리라는 생각에 스택 쪽을 택했다고 한다.(『생각 좀 하며 세상을 보자』)

이것은 개발 책임자들이 결정을 못해서 회장까지 나선 사례다.

실무자들이 싫어하는 보고서도 있다.

❶ 폭력형

회사에서 윗사람이 부하 직원에게 가하는 일종의 '권위 세우기' 혹은 '화풀이'다.

겉으로 보기에는 일을 시키는 것 같지만 사실은 '괴롭히기'다. 능력이 모자라거나 심안이 없는 중간 관리자가 부서장이 되면 이런 일이 생긴다. 이들은 사장에게 혼나는 일이 일상사가 된다. 필자의 경험으로 봤을 때 실적 부진 때문에 야단을 맞기보다는 업무 파악을 제대로 못하고 있거나 상황에 대한 전략이 없어서 야단을 맞는다. 이렇게 자신의 무능함 때문에 야단을 맞고 나서 부하 직원들에게 신경질적으로 '대책 수립'을 요구하고 자신이 생각하고 있는 전략에 대해서는 한마디도 없이 보고 지시를 한다.

일일 보고, 주간 보고, 이슈 보고처럼 내용이 중복될 가능성이 큰 보고서도 여기에 속한다. 관리자 자신이 잘 모르는 사건만 발생하면 "보고해", "빨리 해"를 남발하기 때문이다. 본인이 직접 뛰어서 상황을 파악해야 함에도 불구하고, 스타그래프트식으로 말하자면 책상에 벙커를 구축하고 쭈그리고 있다. 벌처를 사방으로 보내고 여기저기 스캔을 뿌려서 정찰을 해야 함에도 하지 않는다.

관리자의 실무 지식이 부족해도 이런 아무 의미없는 보고서를 만들게 한다. 초급 관리자 시절부터 보고서만 받아 보다가 팀장이 되었거나, 영업·생산·설계처럼 전방에서 전투를 하는 부서가 아니라 벙커 속에서 스태프만 오랫동안 해온 직원들이 부서장으로 승진하여 현업에 내려와도 마찬가지다. 회사는 신임 조직 책임자에게 처음부터 대단한 업적을 기대하지 않는다. 다만 사람을 잘 다루고 조직을 안정적으로 이끌어 가기를 바라므로 무리하지 않는 편이 좋다.

❷ 빈 수레형

영어 간판을 달고 있는 홍보성 보고서다.

이런 유형의 보고서는 불레틴(Bulletin), 워치타워(Watchtower), 센티널(Sentinel), 데일리(Daily) 같은 근사한 영어 이름을 달고 있다. 조직 내에서 발생하는 주요 사항만 발췌해서 공유라는 이름으로 온 부서에 퍼져 사내 전산 시스템 자원만 잡아먹는 보고서를 말한다. 인터넷으로 정보의 홍수가 발생하기 전 혹은 이메일 때문에 업무의 폭풍이 몰아치기 전이었다면 도움이 되었을 구닥다리 보고서다.

요즘은 이자처럼 불어나는 이메일에 눌려 죽을 지경이고 보고 자료 작성 때문에 지문이 닳을 지경인데 이런 보고서까지 읽을 시간이 없다. 이런 것도 일일이 읽을 시간이 있다면 한가한 보직에 있거나 부하 직원에게 업무 위임을 잘하고 있는 것이다. 이와 같은 유형의 보고서는 애매한 업무 성격의 스태프 업무를 담당하는 부서들이 잘 만든다. 홍보성 보고서 그 자체가 나쁜 것은 아니다. 다만 이런 종류의 보고서를 만들고 있는 부서가 여럿이면 문제다.

❸ 광고형

인터넷 시대에 새로 생긴 보고서다.

부서장의 지시가 있어야 업무를 진행하던 시절에는 이런 유형의 보고서는 존재하지 않았다.

이메일이 도입되자 실무자들끼리 알아서 일을 진행하는 시대가 되다 보니 윗사람은 실무자가 무엇을 하는지 모두 알 수는 없다. 따라서 실무자는 '나는 일이 너무 많다'는 홍보를 할 필요가 생겼다. 일했다는 흔적을 남기려고 별 내용이 없는 메일에도 회신(Re), 재전송(Fw)으로 열심히 굴비 엮듯이 엮어서 날린다. 특히 사장이 수신자에 포함되어 있으면 폭발적으로 메일이 늘어난다. 반면에 나쁜 소식이나 혼날 일에는 회신을 잘 하지 않는다. 이런 것이 메일 용량만 잡아먹고 정신만 사납게 만드는 보고를 가장한 광고 전단이다. 회사를 말아먹는 보고서의 공통점은 '무엇을 어떻게 하자'거나 '무엇을 어떻게 하라'는 구체적인 지침이 없다는 것이다. 이런 보고서는 시간과 돈만 잡아먹는 암적 존재다. 따라서 회신과 재전송은 '추가적인 조치 사항'이 필요한 때만 해야 한다.

좋은 보고서의 공통점

1 단순히 '상황을 보고하는 글'이 아니라 '전략 기획서'다.
2 자료, 정보, 지식을 열거하는 것이 아니라 전략이라는 이름의 지혜가 담겨 있다.
3 이미지는 '백문이 불여일견'일 때와 문장으로 설명이 곤란할 때 사용한다.
4 관점이 '횡설수설'하지 않으면서 명확하다.
5 소신이 반영되어 있다.
6 초임 조직 책임자에게 큰 것을 바라지 않는다. 달리는 속도와 강도를 조절하도록 하라.

Chapter 2
사장이 좋아하는 보고서

2008년 1월 13일 대통령 당선자는 정부의 각 부처 1차 업무보고 때 "이런 보고서는 베테랑 국장이 1~2시간이면 만들겠다"고 말한 것으로 알려졌다. 기업가 출신인 대통령 당선자에게는 판에 박은 듯 획일화된 정부 문서가 오히려 눈에 쏙 들어오지 않기 때문이라는 것이다.(조선일보 2008년 1월 18일)

보고서 관련 신문 기사가 심심치 않게 나온다. 회사의 사장은 물론이고 대통령도 보고서에 대한 불만이 많은 모양이다. 보고서가 만족스럽지 못한 이유가 여러 가지 있겠지만 다음의 네 가지 유형의 보고서가 여기에 해당한다.

첫째, 기대보다 늦게 올라오는 보고서다.

사장은 보고 지시를 한 다음날 바로 보고서를 읽고 싶어한다.

둘째, 결론이 부정적인 보고서다.

사장은 '도전정신이 없는 놈'이라고 야단을 치고 싶어한다.

셋째, 전략적 의사 결정이 없는 보고서다.

사장은 오히려 보고자에게 "하고 싶은 얘기가 뭐냐?"라고 되묻고 싶어한다.

넷째, 실행 계획이 없는 보고서다.

사장은 "내가 실행 계획을 세워줄까?"라며 비꼬아 주고 싶다.

사장은 한눈에 알아 볼 수 있는 자세한 실행 계획이 담겨 있고 무슨 일이든 원스톱 서비스(One-stop-service)로 진행할 수 있는 보고서를 원한다.

1_ 빠른 보고서

1950년대 제일모직 공장을 지을 때 공장을 다 지으려면 외국 기술자들 60명이 와서 서두른다고 해도 1년이 걸린다고 했다. 그런데 이병철 회장은 6개월 만에 완공했다. 18개월이 걸린다고 했던 삼성 기흥 반도체 공장은 6개월 만에 지었다.

지금 당신과 마주치는 사장은 사원 시절부터 고 정주영 회장과 같은 전설적인 경영자들을 곁에서 지켜본 사람들이다. 자연스럽게 '빨리' 라는 유전자가 그들의 몸속에 있을 것이다.

12월 15일 사장단 인사로 대표이사에 취임한 최지성 사장은 16일 임원 인사를 단행하고 17일 대표 취임식과 조직 개편을 실시해 2010년 경영 대비 체제를 조기에 마무리지었다. 이어 18~19일 세트 부문 전략 회의와 22일 부품 부문 전략 회의를 주재하며 올해 전략 수립을 끝냈다.(전자신문)

전자신문 기사를 보면 최지성 사장은 대표이사 취임 이후 세트 부문 전략 회의를 하기 위해서 전략 보고서 자료를 작성하는 데 실무자에게 보고서 작성 기간을 이틀만 주었음을 알 수 있다.

전략 회의를 빨리 끝내야 하는 이유는 다음과 같다.

첫째, 사장과 하부조직의 전략 방향이 일치하지 않으면 자원과 시간 그리고 자금이 낭비되기 때문이다.

둘째, 평상시 직원들의 전투력을 가늠해 볼 수 있기 때문이다. 시간이 없으면 평소에 가지고 있는 지식, 감각, 본능만으로 보고서를 작성할 수밖에 없다. 반면에 시간을 충분히 주면 보고서는 더 잘 작성할 것이다. 그러나 시간을 많이 준다고 해서 깊이 있는 내용에 투자하지는 않는다. 시간이 많으면 오히려 보고서에서 다루는 폭을 넓게 잡아 보고의 초점이 흐려지거나 별 가치도 없는 외양에만 신경을 쓸 확률이 높다.

셋째, 비즈니스 세계에는 시즈널리티(Seasonality)가 있다.

시즈널리티란 매달 꼭 해야 하는 일이 정해져 있다는 뜻이다. 자동차 회사는 1월에 디트로이트 모터쇼에 출품해야 한다. 전자업계는 1월에 CES(Consumer Electronics Show)에 출품해야 한다. 초대된 거래선과 그해에 해당하는 영업 상담을 하고 늦어도 3월까지는 거래선에 납품을 해야 한다. 바겐세일 기간도 이미 정해져 있다. 똑같은 일들이 십수년 동안 되풀이되고 있는 셈이다. 이렇게 꽉 짜인 일정에 전략 보고를 위해 며칠씩 시간을 사용하는 것은 낭비다.

전쟁 중에 늦은 보고가 패배의 결정적인 원인이 된 사례가 있다.

1942년 4월, 미드웨이 섬 북방에서 벌어진 미 해군과 일본 해군과의 해전에서 일본 해군은 작전 계획에 따라 정해진 지역을 일정한 시간마다 정찰했다.

그런데 순양함에 있는 정찰기를 이륙시키는 사출기 한 대가 고장이 나서 정찰기의 발진이 30분 늦어졌다.

그러나 그 30분 때문에 미국 항공모함의 발견이 늦어져 일본 함재기들은 미국 항공모함을 공격하기 위한 어뢰를 늦게 장착할 수밖에 없었다.

(미국 항공모함 발견) 당시 일본 해군은 미드웨이를 재공습하기 위해 지상 공격용 폭탄을 탑재하고 있었다. 이 폭탄들을 다시 내리고 어뢰를 준비하느라 폭탄을 다시 화약고까지 옮겨 놓을 시간이 없었다.

대함 전투 준비가 끝나고 첫 함재기가 이륙하려는 순간 미 해군의 함재기가 일본 해군을 기습하여 급강하 폭격을 했다.

그 결과 폭탄을 항공기 격납고에 방치한 상태에서 기습을 당한 일본군은 주력 항공모함 4척을 잃고 퇴각했다.

30분의 보고 지연이 전쟁의 흐름을 바꿔 놓은 것이다.

보고서는 생맥주처럼 신선해야 한다. 보고가 늦으면 '쉰선한' 맥주가 된다. 열흘 후에 가져오는 100점짜리 보고서보다 이틀 후에 가져오는 80점짜리 보고서가 더 낫다. 사장은 당신보다 많은 정보를 갖고 있어 80점짜리 보고서만으로도 전략적 의사 결정을 하는 데 별 어려움을 겪지 않기 때문이다.

2_ 긍정적인 보고서

"더 이상 반대하는 놈 있으면 머리카락을 몽땅 태워 버리겠다."
4메가 D램 생산 당시 공장 관리자들을 독려하기 위해 삼성전자 윤광호 부사장이 한 말이었다.
"이 사람이 또 반대구먼!"
포니 자동차가 해외 수출을 추진하던 중, 현대 자동차 정세영 회장이 한 말이었다.
"해 보기나 했어?"
사업을 반대하는 사람이 있을 때 고 정주영 회장이 흔히 하던 말이었다.
"실패는 보약이다."
이건희 회장의 말이다.
"이 사장 같은 분이 선구자가 되어야 하지 않겠습니까?"
1954년 상공부 장관이 고 이병철 사장에게 한 말이었다. 이병철 회장은 그 자리에서 선구자라는 말에 마음이 완전히 굳어지고 말았다고 한다.

사장은 '돈 관리'에 목숨을 건다. 그런데 '돈 관리'보다 더 중요하게 여기는 것이 있다. 그것은 신규 사업에 대한 투자다. 신규 사업은 언제나 위험성이 높다. 그럼에도 불구하고 항상 도전하지 않으면 좀이 쑤시는 듯 신규 사업을 모색한다. 성공하기만 하면 업계의 리더가 되어 '돈'과 개척자라는 '명예'를 획득한다. 그런데 현실은 사장을 협심증 환자로 만든다.
 '수익성 없음, 사업 전망 불투명'

직원들에게 신규 사업 검토를 시키면 올라오는 판박이 보고서다. 이런 결과가 나오는 이유는 대다수 직장인들이 자리 지키기의 전문가이기 때문이다. 특히 이들은 온갖 화려한 논리, 분석, 사례를 들어가며 반대한다.

사장은 직원들에게 가끔 실현 가망성이 없어 보이는 사업 검토를 지시한다. 실현이 불가능하다는 것을 알고 있으면서도 '이 녀석이라면 방법을 찾을 수도 있어'라고 생각한다.

설령 황당한 지시를 받더라도 '불가능합니다' 하고 단정해서는 안 된다. 사장은 당신의 반응에 따라 '망신을 당했다', '배신을 당했다', '사람 잘못 봤다'라고 생각할 수도 있다. 그리고 '다시 검토해봐!'라고 지시하기가 난처해진다. '불가능'하다는 일에 집착하다가 실패하면 주변에서 '감이 떨어졌네', '노망이 들었네'라는 뒷소리를 듣기 싫어서다. '불가능' 판정은 사장을 무리한 생각도 밀어붙이는 독재자로 만들고 보고자는 아이디어가 없는 실무자가 되어, 보고를 하는 사람이나 보고를 받는 사람 모두 피해자가 된다.

게다가 부정적인 결론의 보고서를 작성하다 보면 보고자 또한 부정적인 인물로 평가받게 된다. 어쩌다 한 번 부정적인 결론의 보고서를 작성하는 것은 그냥 넘어갈 수 있다. 그러나 당신이 계속 부정적인 보고서를 올린다면 아이디어가 없거나 새로운 사업에 대한 의지가 없는 것으로 평가되어 '반복 업무 또는 관리형 업무에나 적합한' 인물로 판단한다.

실제로 고 정주영 회장은 현대 건설이 해외 진출을 할 때 끝까지 반대한 임원을 군포의 중장비 생산 회사로 전근시켜 버렸다. 이건희 회장은 실패하는 것은 용서를 해도 "뒷다리 잡는 사람은 용서를 하지 않겠다!"고 했다.

그러면 정말 성공시키기 어려워 보이는 사업에 대한 보고서는 어떻게 작성해야 하는가? 가급적 '돈과 시간 그리고 사람만 있으면 가능하다'는 대안을 제시해야 한다. 일종의 '사기'라고 생각할 수도 있다. 하지만 회사에서 벌어지는 대부분의 사업은 이 세 가지 요소가 충족되면 성공하지 못할 이유가 없다.

6.25 전쟁이 한창이던 1952년 한겨울에 정주영 회장은 유엔군 묘지 공사를 수주 받았다. 그는 공사 발주자에게 물었다.
"풀만 파랗게 나 있으면 되냐?"
"그렇다."
한겨울에 잔디가 있을 리 없건만 그는 보리가 겨울에도 파랗다는 것에 착안하여 트럭 30여 대로 낙동강 연안에서 자라고 있는 보리를 퍼 옮겨 유엔군 묘지 공사를 완료했다. 그후 유엔군 공사는 그가 손가락만 가리키면 되었다. 보리 싹으로 잔디를 대체할 수 있다는 아이디어와 전시에 트럭을 대량으로 동원한 자금력으로 공사를 해결했다. 그뿐만 아니라 서산만 간척 공사를 할 때는 폐유조선을 가라앉혀 물막이 공사를 마무리했다. 그리고 주베일 항만 공사를 할 때는 해상 터미널에 들어가는 철 구조물을 울산에서 제작해서 바지선을 이용하여 파도가 거친 인도양과 바다의 교통지옥인 말래카 해협을 무려 19번이나 통과하여 사우디아라비아까지 운반했다.

고 정주영 회장의 성공 신화 스토리를 알고 있는 사람들은 모두 그의 창의력에 찬사를 보낸다. 하지만 우리는 그가 큰돈을 결재할 수 있는 결정권자인 회사의 오너라는 점은 놓치고 있다. 즉 이것이 월급쟁이와 오너의 차이점이다. 그는 최종 결정권자였기에 트럭을 대량으로 동원할 수 있었고 상상하기도 힘든 결정들을 내릴 수 있었다. 월급쟁이의 사고로는 불가능한 투자 규모이기 때문이다. 즉 '돈'만 잘 써도 '말도 안 돼 보이는 일'을 해결할 수 있다는 것을 정주영 회장은 보여 주었다. '돈'과 아이디어만 있으면 못 할 일은 없다. 하지만 '돈, 시간, 사람'을 쓰고 안 쓰고는 사장 마음이다.

"새로운 성장 산업으로 추진하라!"

1992년 3월 구본무 당시 LG그룹 부회장이 에너지·환경 분야 그룹 미래 신성장 사업 발굴을 위해 유럽 출장을 떠났다가 영국 원자력연구원에서 한 번 쓰고 버리는 것이 아니라 충전을 하면 반복해서 사용할 수 있는 리튬이온 2차 전지를 처음 접하고 돌아와서 한 말이다.

그는 2차 전지 샘플을 당시 럭키금속 연구개발실로 가져왔다. 그러나 연구개발 과정에서 적자가 눈덩이처럼 늘어났다.

2005년 12월 서울 여의도 LG트윈타워 회의실, 2차 전지 사업에서 누적 적자가 2,000억 원에 이르렀다는 보고가 올라왔다. 구 회장과 주요 계열사 최고경영진이 모인 자리에서 LG화학의 2차 전지 사업이 도마에 올랐다.

"이런 적자를 감수하며 계속 사업을 해야 하나" 하는 내부 목소리가 나왔다.

그러나 구 회장의 사업 의지는 완강했고 이렇게 말했다.

"끈질기게 밀고 나가라. 꼭 성공할 날이 올 거다. 여기에 우리 미래가 있다."(조선일보 2011년 4월 6일)

사장의 꿈이 허황된 것임을 논리적으로 보여주는 보고서는 당신이 똑똑한 사람임을 증명하기보다는 밥맛 떨어지는 사람이라는 것을 증명하는 것이다. 반면에 사장의 꿈이 아무리 허황된다 할지라도 그것이 당신의 아이디어로 현실이 되었다면 사장은 재임기간 동안 당신을 긍정적이며 창의적인 사람이라고 높이 평가할 것이다. 우리나라 경제사에서 큰 족적을 남긴 분들은 하나같이 '밀어 붙이고', '저지르는' 것에 전문가였다. 허황된 꿈을 현실로 만들어 놓은 선구자들이었다. 지금 현직에 있는 사장들은 그 분들의 영향을 받았다. 그러므로 사장의 생각에는 반대하지 않는 것이 좋다. 대신 '돈만 충분하다면 해결책이 있다'라는 대안을 제시하도록 하라.

3_ 핵심만 정리된 보고서

"노무현 대통령이 2004년 11월부터 10개월간 직접 처리한 보고서는 총 2천104건이며 이는 한 달에 210건의 보고서를 처리한 것을 의미한다."(『대통령 보고서』에서)

주 5일을 근무하면서 보고서만 처리한다고 가정했을 때 50분에 1건씩, 하루에 10건을 처리한 셈이다. 여러 행사를 감안하면 숙독할 시간이 있을 리 없다. 이 지경이면 누구든지 보고의 결론부터 듣고 싶을 것이다.

"10장이나 뭐가 필요해? 이건 종이 낭비야. 정책의 효과와 부작용만 간단히 써오면 되지, 왜 핵심을 못 찌르나?" 이명박 대통령이 서울시장 재임시절, A4용지 10여 장에 '서론-본론-결론' 형식의 보고서를 들고 온 직원 한 명에게 질책을 하였다. 이후 시장에게 올라가는 보고서는 A4 용지 두세 장 분량으로 줄어들었다.(중앙일보 2008년 1월 16일)

    정권은 바뀌어도 대통령들은 똑같은 이유로 아랫사람들을 야단치고 있다. 아마 다음 정권에서도 그럴 것이다. 회사의 사장들도 마찬가지다. 그들은 보고서를 받아 보면 핵심부터 찾는다. 보고서의 핵심이란 전략이다. 전략이 자신의 예상과 같으면 배경은 잘 보지도 않는다. 분석 과정의 흐름만 훑어본다. 그러나 실행 계획은 상세히 본다. 자신이 하고 싶었던 일의 실행 여부를 검토하는 것이다. 비용과 인력 투입 그리고 추진 일정 등을 꼼꼼하게 확인한다. 심지어 친절하게 '내가 도와 줄 것은 없나?' 하며 격려까지 한다.
    전략이 자신의 예상과 다르면 반응은 두 가지다.
    제일 흔한 경우는 "다시 검토해서 보고해!"라고 하는 것이다. 나는 꼭 그 일을 하고 싶으니 방법을 찾으라는 이야기다. 결론이 예상과 다르기는 하나 관심을 끄는 부분이 있거나 도저히 반박하기 어렵다면 검토 배경, 즉 자신의 의도부터 제대로 이해했는지 여부부터 조사한다. 분석 과정은 형사 콜롬보의 범인 추적 과정보다 더하다. 따라서 보고자는 보고서의 전략이 사장의 기대와 다르면 반박하기 어렵게 이야기 전개에 빈틈없는 보고서를 작성해야 한다.

4_ 투입 자원 효과가 명시된 보고서

아무리 뒤져봐도 정부에는 ROI, 즉 투자의 결과로 발생하는 수익이나 혜택에 대한 자료가 없었다. 어떤 일을 하는 데 500억 원의 예산을 썼다고 하면서도, 그것으로 어떤 효과가 있었느냐고 물으면 아무런 대답이 없었다.(『열정을 경영하라』에서)

보고서는 투자에 대한 효과를 보여 주어야 한다. 돈, 사람, 시간이 투자되어 무엇을 회수할 수 있는지, 또 어떻게 회수하는지 보여 주어야 한다. 그 사업을 통해서 얻을 수 있는 것이 돈인지, 시장 점유율 상승인지, 브랜드 인지도 상승인지, 사업 선점 효과 같은 전략적 가치인지를 보여 주어야 한다.

결혼도 마찬가지다. 계산기를 두드려 종이에 표시만 하지 않을 뿐이지 결혼은 철저히 본능에 의해 진행되는 투자다. 여자는 자기 자신과 자신의 아기를 지켜 줄 남자를 찾는다. 원시 시대에는 힘 센 남자를 찾았다. 요즘은 돈과 사회적 지위가 있는 남자를 찾는다. 반면에 남자는 자신의 후손을 남겨 줄 건강한 여자를 찾는다. 지금은 '건강 검진 결과서'를 보면 된다. 그런데 원시 시대에는 건강한 여성을 어떻게 찾았을까? 아마도 윤기 있는 긴 머리의 여성을 찾았을 것이다. 머리카락은 건강의 신호다. 건강이 나쁘면 머리카락이 빠지고 힘과 윤기가 없어진다. 그러면 '기회'가 줄어든다. 따라서 위장을 한다. 원시 시대에는 머리를 땋든지 말아 올려야 했을 것이다. 남자들은 이 광경을 보며 "생머리를 가진 여자는 젊고 건강하다"라는 사실을 알았다.

그렇게 보면 우리 몸도 걸어 다니는 투자 보고서다. 여자들은 아름답게 윤기 나는 머리카락에 날씬한 몸매를 만드느라 돈과 시간을 투자한다. 남자들은 근육질 몸매를 만들기 위해서 '돈 내고 하는 중노동'도 즐겁다고 하면서 한다. 믿을 만한 배우자를 얻기 위해서 보고서를 근사하게 꾸미고 있다. 이렇게 우리는 자신도 모르게 매일 투자 보고서를 읽고 쓴다.

'돈 벌기'가 주목적인 회사 보고서에 투자에 대한 효과가 없으면 그것은 '갈비 없는 갈비탕'이나 마찬가지다.

5_ 향후 실행 계획이 상세한 보고서

본문만 봐서는 이 보고서를 왜 작성했는지 분명하지 않습니다. 지시 사항에 대한 추가 의견을 보고하려는 것인지 지시 사항이 일리가 있다고 보고 앞으로의 개선 방향을 말하는 것인지 모호합니다. 또한 앞으로 누가, 어떻게 추진하겠다는 취지가 분명하지도 않고 대통령 비서실에서 어떻게 점검·관리하겠다는 뜻도 분명하지 않습니다.(『대통령 보고서』에서)

보고서의 결론에는 '무엇을 어떻게 하겠다'라는 향후 일정과 '이것을 도와줬으면 좋겠다'라는 요청 사항이 있어야 한다. 요청 사항이 항상 필요한 것은 아니다. 그러나 관심과 애정을 얻기 위해서 억지로라도 건수를 만들어서 '노와 달라'고 하는 것이 좋다. 특히 사장이 의사 결정에 직접 관여해서 성공한 프로젝트는 더 애정이 가고 자랑하고 싶어 하기 때문이다.

혼자서 북 치고 장구 쳐 성공한 프로젝트는 상도 없이 조용히 끝난다. 하지만 문제가 발생해서 매일 혼나고 이 부서, 저 부서가 난리 법석을 피우고 회사 전체가 움직여 성공한 프로젝트는 상이 많다. 사실상 난리가 난 프로젝트 담당자는 '혼'이 나야 함에도 불구하고 현실에서는 오히려 '상'을 받는다. 왜 그럴까? 난리란 일종의 사내 광고이기 때문이다. 광고가 되므로 사내 직원들의 주목을 받는다. 난리 중에는 좋은 평가도 나오지만 대개 흉흉한 소문이 더 많다.

"프로젝트 매니저가 돌대가리다."

"전략을 잘못 짰다."

"개발 방향이 틀렸다."

그러나 정상적인 회사라면 사장이 관여한 프로젝트는 절대로 실패하도록 내버려 두지 않는다. 돈, 시간, 사람을 동원하고 심지어 회사의 업무프로세스와 규정을 변경해서라도 일을 성사시킨다. 그러므로 사장과 한 배에 같이 타는 것이 좋다.

그런데 이렇게 '난리'가 난 프로젝트에는 주의할 점이 있다. 소문난 잔치에는 손님도 많이 오지만 파리도 많이 오기 때문이다.

프로젝트 기안자가 상복이 있는 팔자라면 욕먹은 대가로 상이라도 받는다. 그러나 대개 프로젝트 기안자들은 욕을 너무 많이 먹고 내장이 망가져서 회사를 떠난다. 아니면 새로운 프로젝트가 생겨서 다른 부서로 옮겨 가고 잔치에 온 다른 사람이 주인이 되어 그 공을 차지한다.

'일만 잘하면' 상이 없다. '일도 잘해야' 상이 있다.

향후 업무 추진 일정은 '예비 신부의 쇼핑 목록'처럼 명확하게 제시해야 한다. 그렇지 않으면 일의 주도권이 남에게 넘어갈 확률이 높다. 사장은 당신이 일을 완벽하게 통제하기 어렵다고 판단하기 때문이다. 사장이 주도권을 잡으면 당신은 일의 주인이 되지 못하고 머슴이 되어 버린다. 그러면 일하는 재미가 없어진다. 이때는 잘 작성한 보고서가 오히려 독이 된다.

따라서 당신이 뿌린 씨를 스스로 거두려면 실행 계획 항목, 향후 일정, 예산, 산출물, 담당 부서 등을 명확히 밝혀야 한다. 이것은 일을 체계적으로 하기 위해서도 필요하지만 보고자 스스로가 일의 주체가 되기 위해서도 필요하다. 구체적 실행 계획과 투자에 대한 효과가 선명한 보고서는 당신이 미래를 보는 눈과 일을 풀어갈 창의성을 갖고 있다는 확인증이다. 즉 당신이 그 일의 적임자임을 증명하는 증명서인 셈이다. 보고만 하고 실행을 남에게 주지 않으려면 실행 계획을 구체적으로 짜라.

6_ 1페이지 보고서

1페이지 보고서가 알려지기 시작한 것은 2002년 패트릭 라일리의 『The One Page Proposal』이 출간된 때부터다. 우리나라 회사들도 90년대부터 '1매 Best운동'이라는 이름으로 같은 내용의 지침이 있었다. 그러나 우리나라 회사원들에게 '1페이지'는 어쩐지 무성의해 보이는 듯한 느낌 때문에 활성화되지 않았다. 그런데 2~3년 전부터 경영 환경이 점점 더 치열해지자 의사 결정 속도가 최우선시되기 시작했다. 그래서 다시금 1페이지 보고서를 강조하는 분위기가 형성되었다.

1페이지 보고서는 아무 때나 쓸 수 있는 것이 아니며 쉽게 쓸 수 있는 것도 아니다. 상황에 따라 다르게 써야 한다. 보고 내용이 간단한 상황 보고나 경과 보고 같은 것은 언제든지 1장으로 보고해도 된다. 내용이 많고 복잡한 투자 계획이나 전략 보고도 보고자와 피보고자 사이에 미리 어느 정도 교감이 이루어졌다면 1장으로 할 수 있다. 그러나 사전에 교감이 없는 상태라면 복잡한 내용의 보고를 1장으로 해서는 안 된다. 10억 원이 소요되는 전략을 아무 사전 교감 없이 단 1장의 보고서로 올리면 그 결과는 뻔하다. 사전 교감이나 정보 공유가 이루어졌다면 1페이지 보고서가 아니라 한마디 말로도 일이 진행될 수 있다.

제임스 카메론은 〈아바타〉를 "우주에서 벌어지는 쥬라기 공원입니다"라고 투자자들 앞에서 정의했다. 비록 말 한마디지만 영화 제작자들은 〈쥬라기 공원〉이 어떤 영화인지 잘 알고 있었고 그것이 우주로 가면 더 다이나믹해질 것이라고 즉시 이해했다.

이렇듯 1장짜리 보고서는 보고자와 피보고자 사이에 '사전 교감' 혹은 '정보 공유'가 된 상태에서만 가능하다.

구 분	상황 파악 · 정보 공유	
	된 경우	안 된 경우
상황 보고, 경과 보고 또는 긴급 상황	O	O
투자 · 전략 · 사업 방향 보고, 심사 숙고 상황	O	X

1페이지 보고서에 대한 두 가지 사례를 소개하겠다.

첫 번째 사례는 상황 보고다.

경쟁사가 갑자기 판가를 인하하여 이에 대한 상황 파악과 대응 조치를 보고해야 한다. 헤드라인에는 전체 상황을 파악할 수 있도록 전체 내용의 요약이 들어 있다. 즉 사장이 바쁘거나 직접 대응책을 강구하지 않아도 될 상황이라고 판단되면 이 두 줄만 읽어도 된다. 좌측 하단의 바디 카피는 상황의 발단과 조치를 6하 원칙에 맞추었다. 누가(경쟁사), 언제(11월 10일), 무엇을(제품 판가), 어디서(미국에서), 왜(재고 처리 및 시장점유율 개선을 위하여), 어떻게(판가를 인하) 하였는가를 설명하고 그에 대한 대응으로 자사도 판가를 인하하면 전략적 의사 결정이 느린 회사들이 판가를 인하하기 전에 매출 증가를 기대할 수 있다고 보고한다.

경쟁사 판가 인하 대응 보고

■ K社 판매 부진으로 전 모델 판가 인하 → Step Up 및 Entry군 판가 인하 필요, Premium군은 제외
 • 판가 인하 효과 → 약 110천 대 판매 증가. 당초 11월 경영 계획 대비 14% 증가 예상(810천 대 → 920천 대)

■ 배경
• K社 11월 10일자로 전 모델 판가 인하
• 판매 실적 및 카테고리별로 인하 폭 차등 운영

구분	Premium	Step Up	Entry
인하율	10%	7%	5%

■ K社의 기습 인하 이유
• Premium 모델 재고 과잉 및 3/4분기 시장점유율 만회

■ 대응 방안
• Step Up 2% 및 Entry급 6~10% 판가 인하
• Premium군은 판가 인하 대신에 사은품 증정
• 금일 보고 결재 후 11월 12일부터 실행
• POP 및 기타 판촉 관련 준비는 前日 조치 완료

■ 기대 효과
• Step Up 45천 대, Entry 65천 대 판매 증가 예상
• A社, B社 및 기타 5개사는 판가 인하 조치에 5~7일 소요

■ 물량 및 손익 검토 (단위 : 천 대, 불)

	구분	Premium		Step Up		Entry	
	모델명	P100	P200	S110	S200	E100	E130
현재	경영 계획	45	55	110	150	200	250
	재고 현황	43	50	160	160	250	300
	Retall	3,000	2,700	2,400	2,000	1,700	1,400
	공급가	1,800	1,620	1,488	1,260	1,105	910
	이익률	8%	7%	5%	5%	4%	3%
판촉	Retall	3,000	2,700	2,200	1,800	1,600	1,300
	인하율	–	–	8%	10%	6%	7%
	공급가	–	–	1,430	1,206	1,088	884
	이익률	–	–	2%	2%	2%	1%
차이	Retall 하락	–	–	200	200	100	100
	공급가 하락	–	–	58	54	17	26
	이익률 감소	–	–	3%	3%	2%	2%
	판매증가대수	–	–	20	25	30	35

위 표는 판가 인하를 세우게 한 근거다.

두 번째 사례는 전략을 1페이지로 요약하는 것이다.

이 경우는 이미 사장과 어느 정도 교감이 이루어졌거나 수십 장짜리 보고서를 요약할 때 적용할 수 있다.

헤드라인 두 줄에서 홈시어터 사업의 단계적 추진이라는 보고서의 결론을 보여 주었다. '사업 현황'에서는 '왜 홈시어터 사업을 해야 하는지'를 설명한다.

그리고 '홈시어터 사업 추진 필요'에서는 경쟁사의 동향과 사회적 동향을 분석한 후, 전략의 방향을 공세적(功勢的)으로 결정했다. 이를 근간으로 실행방안(4P)과 추진 일정이 나왔다.

홈시어터 사업 추진 방안 보고

■ 홈시어터 사업 단계별 추진 필요 → HTiB 부재가 수익성 악화의 주요 원인. 기술 부족으로 프리미엄제품 불가
• 현 자원의 효율을 극대화하여 내년에 사업 진입. 해외 컨설턴트 영입하여 2년 후 본격 경쟁

■ 사업 현황
• 자사 매출은 증가하고 있으나 수익성은 악화
 - 경쟁사는 매출 및 수익 모두 증가하는 중
 → HTiB(Home Theater in a Box)라는 새로운 카테고리 출현. 새로운 Cash Cow化. 자사는 제품 부재

Home Theater HTiB

■ Home Theater 사업 추진 필요
• 대다수 경쟁사는 이미 홈시어터 사업 진행 중
 - DVD-Receiver와 미니 스피커 중심의 Full Line up 구축
• 엔터테인먼트 경향의 변화
 - 9.11 테러, 유가 급등은 Outdoor 활동 위축 계기
• 사업(전략) 방향은 '공세적'으로 추진
 - 전 제품 설계 및 생산 능력과 Global 생산 및 유통력 활용

■ 실행 방안(4P)
• 사업 초기부터 Full Line Up 구축
 - Reference Signal 재생을 Target으로 개발
• 한계이익 24%, 영업이익 0% 수준 운영
 - 조기 Ramp Up하여 Brand 확산 지원
• 제품 생산은 중국 90%로 하여 효율 Up
 - 대형 유통부터 공략하여 3년 후 전문 유통으로 확대
• 마케팅 커뮤니케이션은 On/Off Line으로 구분하여 접근. Reviewer도 특성별로 구분하여 활용

■ 추진 일정
• Phase 1
 - 현 가용 지원 최대한 활용하여 HTS 사업에 진출
• Phase 2
 - 본격 제품 개발. 컨설턴트 영입하여 High end 목표
• Phase 3
 - High end 제품 기반으로 본격 사업 추진

*차기 보고 시 사업 효과 및 투입 예산 보고 예정

Chapter 3
보고를 하셔야겠습니다

어느 날 전자 사업 전체를 조정하는 담당 차장이 나를 찾아 왔다.

"정 차장이십니까?"

정중하기는 했으나 얼굴 표정은 '아하! 네가 범인이구나' 하는 표정이 스쳐 갔다.

"네. 그렇습니다만."

총괄에서 내려오는 지시는 밤낮으로 '보고 자료 타령'이다. 그런데 전화도 이메일도 아닌 직접 사람이 방문했다. 이것은 갑작스럽고 불길한 전조다.

"보고를 하셔야겠습니다."

그는 범인을 눈앞에 둔 형사처럼 어조가 단호했다.

"네? 내가 왜요?"

"사장님 지시입니다. 지난말 IFA에서 홈시어터 데모하셨죠?"

"네."

"사장님께서 IFA 쇼가 끝나고 나서 홈시어터 사업을 어떻게 할지 보고하라고 지시하셨습니다."

매년 8월 말이면 독일 베를린에서는 IFA라는 가전제품 전시회가 열린다. 나는 마컴(Market Communication) 소속으로 전시와 관련된 실무를 총괄하고 있었다. 그해 전시는 TV 사업부와 모니터 사업부가 합쳐지면서 규모가 두 배로 커졌다. 두 개의 사업부가 합쳐진데다 오디오(Audio) 제품도 다수 출품되면서 과거의 전시 컨셉는 참고할 만한 것이 못 되었다. 따라서 제품을 랙(Rack)에 나열해 놓는 백화점 컨셉의 전시는 웃음거리가 될 것이 분명했다. 완전히 새로운 메시지를 주어야 했다. 그래서 나는 존(Zone)별로 기술 중심의 이야기를 만들고 여기에 맞추어 제품을 설치했다. 여러 이야기가 합쳐지면서 전시 공간 전체를 아우르는 컨셉이 나오도록 했다.

존을 구성하는 요소 중에서도 시각적 안정감이 제일 중요했다. 툭 튀어나오거나 푹 들어간 모양은 불안정해 보였고 제품을 설치하기도 안 좋았다. 레이아웃을 잡다 보니 좀 애매한 공간이 생겼다. 그 공간은 사각형이나 원형이 아니라 찌그러진 사각형 모양이었다. 모양이 어정쩡해서 창고로 쓰면 딱 맞을 공간이었다. 원래 계획에는 없었지만 이 공간을 잘 활용하면 새로운 이야기를 하나 더 추가해 컨셉을 살릴 수 있을 것 같았다. 그래서 이 공간에 각 사업부 제품 중 최고급 제품을 하나씩 배치해서 안방극장을 만들었다. 그리고 '홈시어터 룸'이라고 명명했다.

모든 취미 생활이 그렇듯 1년 정도 취미 활동에 빠져서 지내다 보면 병이 생긴다. 이른바 '장비 업그레이드 증후군'이다. 이 병은 최신 기기를 구입한 동호인의 집을 방문하는 순간 감염이 된다. 그런데 90년대 후반 오디오 마니아 사이에 새로운 증후군이 퍼졌다. 프로젝터가 그 감염원이었다. 이때부터 오디오 마니아는 비디오 장비까지 추가로 구입하기 시작했고, 오디오 마니아라는 이름에서 AV 마니아(Audio Video Mania)라는 이름으로 개명했다.

AV 마니아들은 여러 취미 활동 중에서도 병세가 유달리 심해서 말기 증상에 가면 음질 개선을 위해서 방을 뜯어 고치기도 한다. 그러다 나중에는 전용 홈시어터 룸을 만들기 위해 집까지 뜯어 고친다. 방의 생김새는 악기의 형상과 같아서 음질에 영향을 주고, 잘못된 기초 화장이 색조 화장에 영향을 주듯 벽의 마감은 화질에 큰 영향을 주기 때문이다. 방은 소리가 울리는 울림통이며 빛을 막는 차광판이다.

방 모양이 괴상하고 설치될 장비들 또한 하이엔드(High end)급이 아니라서 홈시어터라는 이름을 붙이기에는 수준 미달이었지만 사방이 막혀 있고 어두컴컴해서 홈시어터 룸을 만들기 딱 좋았다.

룸에 들어갈 기기들을 직접 설치했다. 그래서 그때는 내가 무슨 짓을 하는지 주변에서는 잘 몰랐다.

전시 오픈 전날 저녁 8시에 사업부장이 최종 점검을 하러 왔다.

"프로젝션 TV 전시대 높이가 왜 다 다르지?"

전시장을 둘러보자마자 지적 사항이 나왔다. 그러자 수행한 전무부터 주재원 과장까지 권총을 뽑듯 일제히 양복 안주머니에서 수첩을 꺼냈다.

"아 그거요! 프로젝션 TV 전시대는 TV크기마다 높이가 달라야 합니다."

"왜, 그래!"

의외의 대답이었는지 사업부장이 당황한 표정을 지었다.

"프로젝션 TV는 상하 시야각이 좁아서 전시되는 TV들의 높이를 스크린의 중심에 맞추지 않으면 컬러 시프트(Color Shift)가 생깁니다. 그래서 전시대의 높이를 각각 다르게 해서 스크린 중심에 맞춥니다. 한 번 머리를 위아래로 움직여 보시지요."

"오호~ 정말 그러네."

사업부장은 눈을 동그랗게 뜨면서 내 가슴에 붙은 전시회 출입증을 빛의 속도로 스캔했다. 대개 시키면 시키는 대로 하는 것이 일반적인데 면전에서 기술을 강의하는 희한한 녀석을 만났으니 이름부터 기억하려는 것이었다. 이렇게 각 전시 구역에 대해서 '심문' 수준의 질문이 끝나고 나가려는 순간 마침내 사업부장이 수상한 공간을 발견했다.

나는 뒤통수를 긁적이면서 문을 열었다.

바깥의 전시장은 신혼부부 살림방인데 이 방은 청계천의 전파상처럼 어지럽기 그지없었다. 전면에는 65인치 프로젝션 TV가 있고 사방에 스피커가 있어 전깃줄이 온 방구석을 돌아다니고 있었다.

"여기 뭐하는 방이야?"

"저~ 홈시어터 룸인데요. 데모를 해보겠습니다."

나는 난감한 목소리로 대답했다.

나는 부모 몰래 야한 비디오를 보다 걸린 초등학생처럼 허둥거리며 장비에 전원을 넣었다. 전원이 들어가고 『수퍼스피드웨이 아이맥스』 영화 DVD가 상영되는 순간 홈시어터 룸은 포뮬러원(F1) 경기장이 되어 버렸다. 사방팔방에서 레이싱카 엔진이 사자처럼 으르렁댔다.

"워 어~"

모두들 말 모는 소리를 질렀다.

개막 당일 오후, 사장이 VIP들과 함께 전시장을 방문했다. 사업부장은 어제 들은 핵심 내용을 VIP들이 이해하기 쉽도록 설명했다. 이제 거의 전 제품에 대한 안내가 끝나가자 나는 긴장이 슬슬 풀어지기 시작했다. 윗분들과 적당히 거리를 두려고 5미터쯤 떨어져 있는데 갑자기 사업부장이 나를 바라보았다.

"이 방에 대해 설명해 드려!"

자고 있는 장비에 전기를 넣었다.

장비들이 눈을 뜨고 소리를 지르는 순간 사장과 함께 온 VIP들이 탄성을 쏟아냈다. 잠깐 시청을 하는 정도가 아니라 영화 감상모드로 들어가 의자에 눌러 앉았다.

"보고는 10월 중순입니다."

김 차장이 용의자에게 출두 날짜를 통보하듯 말했다.

그가 돌아가고 난 후 나는 IFA 전시 기간 중 '도대체 무슨 일이 있었는지' 부터 알아보았다.

1 IFA 전시 기간 중 경영진은 외국전자 회사들의 홈시어터 전시에 깊은 인상을 받았다.
2 홈시어터 사업의 미래에 대해서는 자세히 검토해 볼 필요가 있다.
3 IFA 당시 홈시어터 프레젠테이션 했던 '그 녀석'에게 보고를 시켜라.

그런데 이 정도의 정보만으로는 경영진들이 진정 사업을 하고 싶은 의지가 있는지 그냥 한 번 찔러 보는 것인지 알 수가 없었다. 그래서 그 당시 같이 출장을 다녀왔던 사람 중 사장을 가까이서 수행했던 주재원을 찾아가 사장이 무슨 말을 했는지 탐문했다.

그의 말에 의하면 IFA 개막식 날 저녁에 임원들끼리 저녁식사를 했고 그 자리에서 사장이 "우리도 한 번 홈시어터 사업을 검토 해 봅시다"라고 말했다는 것이다.

그 주재원의 목소리와 어투 그리고 '우리도 한 번'이라는 의미는 사장이 홈시어터 사업을 해 보고 싶어 한다는 뜻이었다. 즉 나는 '이렇게 저렇게 하면 사업이 됩니다' 라는 식으로 보고의 결론을 내야 했다.

외국 유명회사의 제품과 비교해 보면 그 당시 회사의 AV기기들의 성능은 홈시어터라는 이름값을 하기에는 턱없이 부족했다. AV마니아들 사이에서 홈시어터 함은 최소 4평 정도의 방, 암막 커튼과 방음 시설, 5.1채널 이상의 스피커, AV리시버, DVD플레이어, 프로젝터가 갖추어져 있어야 했기 때문이다. 그러나 "홈시어터라는 것은 원래 부자들이 하는 돈 잔치다. 우리 회사의 제품 실력으로는 어렵다"라고 했다가는 IFA 전시장에서 '과대포장'을 한 죄로 반성문을 써야 할 판이었다. 나는 탈출구를 찾아야 했다.

우선 IFA 기간 내내 손님들이 왜 홈시어터룸에 열광을 했는지 곰곰이 생각해 보았다. '그래! 이 양반들은 TV 스피커에서 나오는 갑갑한 소리만 듣다가 생전 처음 다이나믹한 영상과 함께 5.1 채널 스피커에서 나오는 소리를 들었지. 그들이 열광한 이유는 생생한 현장감 때문이야' 라는 생각이 들었다. 그리고 전문가들이 듣기에는 좋은 소리가 아니었지만 입문자들은 '소리의 질'에 둔감하다는 사실을 주목했다. '대다수 소비자들은 소리의 질에 둔감하므로 지금 당장은 현 제품을 패키지(Package)화해서 판매하면 된다. 2년 동안 준비를 잘해서 본격적으로 홈시어터 사업을 추진한다' 라는 보고 방향을 잡았다.

보고 방향을 결정했으므로 이것이 맞는지 틀린지 분석을 하기 위해 4가지 각도에서 자료를 수집했다.

첫째, 과연 소비자들은 소리의 질에 둔감한가.

둘째, 현 제품을 패키지화할 수 있는가.

셋째, 판매하는 데 큰 문제는 없는가.

넷째, 가능성이 있는가.

당시 사업부들은 TV, DVDP, Audio 부문으로 나누어져 있었다. 그래서 제품 간 디자인 아이덴티티(Design Identity)가 잘 맞지 않았고 부문별로 제품의 출시 일정도 달랐다. 따라서 연결성(Connectivity)을 알 수 없었다. 디자인 아이덴터티는 각 사업부의 생각을 어느 정도 허용해 준다고 하더라도 패키지를 하려면 출시 일정과 연결성 문제는 일치되어야 했다. 이것을 조사하려면 타 사업부의 제품 라인 업(Line Up) 자료를 얻어야 했다.

나는 TV사업부 소속이었으므로 TV사업부의 관련 부서로부터 자료를 얻는 것은 어렵지 않았다. 그러나 타 사업부인 DVDP나 Audio는 달랐다. 내 직할 상사도 아니었고 그들에게 사업 방향에 대해 왈가왈부할 입장이 아니었다. 특히 제품 라인 업 같은 민감한 자료를 얻기는 더욱 힘들었다. 자료를 얻기 힘들면 총괄부서에 고자질을 하는 방법도 있지만 그것은 하수나 쓰는 방법이다.

"차장님! 안녕하세요? 열흘 후쯤 사장님께 홈시어터 사업 보고를 드려야 합니다. 오디오 부문은 제 맘대로 하기가 그런데, 와서 좀 도와 주셔야겠습니다."

"아, 그거야 정 차장님이 알아서 하시면 되지, 뭘 우리까지…."

자신은 죽어도 거기 끌려가기 싫다는 투의 대답이었다.

"소설이야 내 맘대로 쓸 수 있지만 나중에 제품 매칭이 되네 안 되네, 출시 시점이 맞네 안 맞네, 그러면 피곤하잖습니까!"

"그럼 우리 부서의 최신 라인 업 자료를 보내드릴 테니 그것을 참고하시지요."

이런 식으로 물귀신 작전을 펼쳐서 관련 사업부의 라인 업 자료와 제품 기술 검토를 위한 자료를 모았다. 그리고 대리점의 판매 사원이 홈시어터같이 '기술적으로 어려운 제품을 고객에게 잘 이해시켜 판매할 수 있는지'에 대한 자료를 구해야 했다. 그런데 이런 자료는 문서화가 되어 있을 턱이 없었다. 발품을 팔아서 영업 현장에서 판매 사원의 현재 수준을 보거나 한국 마케팅의 담당자들에게 가능성 여부를 물어 보는 수밖에 없었다.

"홈시어터라는 것이 있다면서요?"

"아! 그거 안방극장이에요."

"안방극장요?"

"저 기계에 TV를 연결하고 5.1 채널 스피커를 연결하면 안방이 극장으로 변합니다."

"저 기계가 뭐예요? 앰프 같지는 않은데…."

"DVD 리시버(DVD Receiver)라는 것인데 앰프와 DVD 플레이어를 붙인 겁니다."

이 정도면 교육 자료만 잘 만들면 패키지 판매가 가능했다.

그렇다면 왜 준비과정을 1년도 3년도 아닌 '2년 동안'이라고 잡았는가?

Chapter 3 보고를 하셔야겠습니다 55

AV제품이 1999년부터 디지털화되면서 시장에서의 모델 사이클이 1년에서 1년 반으로 되었다. 즉 해마다 1월이면 그해의 신제품을 출시해야 한다. 그러려면 제품의 컨셉 설정부터 양산까지 1년 안에 끝마쳐야 한다는 뜻이다. 이것은 여태까지 기존 제품을 생산해 왔던 업체에 해당하는 이야기다.

그러나 본격적인 홈시어터 제품(High end Home Theater Component)을 만들기 위해서는 컨셉을 설정하고 상품을 기획한 후 부족한 영상 기술과 음향 기술을 도입해서 설계 과정을 거치고 품질 검증을 하려면 1년으로는 어림없었다. 1년 동안 준비해서 사업을 제대로 하겠다고 하면 사장은 기뻐하겠지만 엔지니어들이 나를 원망할 것이 뻔했다. 동호인과 업계 거장들의 조언과 일에 시달려 사는 엔지니어들의 형편을 고려하면 3년이라는 시간이 필요했다. 하지만 그렇게 보고했다가는 내가 무능한 사람으로 낙인찍힐 것이 뻔했다.

사실 홈시어터 사업은 '2년 동안 준비'하면 충분하다는 것을 입증할 자료는 없었다. 외국의 오디오 회사를 보면 모두 십수 년 이상의 전통이 있다. 따라서 동종 업계의 개발사를 근거로 내세우는 것은 '사업 접자'라는 소리가 된다. 하이엔드 오디오, 비디오를 설계 생산하는 데는 1년 이상의 시간이 소요된다. 그러나 '다리면 일단 건너라'라는 정신이 회장의 신경영 철학이었으므로 결국 "2년 내에 모든 것을 완료하겠다"고 밀어부치는 수밖에 없었다. 이러한 의지를 '실행 계획'으로 표현하고 도움을 요청할 부분이 있다는 식으로 보고하기로 했다.

"방음과 차광을 한 공간에서 해결하고 하이파이(Hifi : High Fidelity)급의 오디오가 있는 것이 홈시어터입니다."

그 순간 사장을 비롯한 모든 참석자들의 얼굴빛이 과열된 석탄난로처럼 붉게 상기되기 시작했다. 당시의 AV제품에는 하이파이급이라는 것은 있지도 않았고 방음, 차광 따위는 사업 영역도 아니었기 때문이었다.

다음은 시장 현황 페이지로 넘어갔다.

"소니를 비롯한 일본 경쟁사들이 프리미엄(Premium) 제품부터 엔트리(Entry)급까지 시장을 휩쓸고 있어 들어갈 틈이 잘 보이지 않습니다."

잠시 설명을 듣던 사장은 더 이상 들어봐야 뻔하다고 생각했는지 질문을 했다.

"우리에게도 사업 기회가 있을 것 같습니까?"

참석자들의 얼굴 표정이 굳어졌다.

어색한 순간이 흘렀다. 사장은 학교 학생들에게 정답을 요구하는 눈빛으로 참석자들을 하나씩 쳐다봤다. 참석자들은 눈을 피했다. 내게도 왔다.

"네, 있습니다."

참석자들은 '쟤 또 미쳤군!' 이라는 표정을 지었다.

"왜지요?"

"대부분의 소비자들은 '막귀' 이기 때문입니다."

"막귀? 그게 뭡니까?"

사장은 생전 처음 들어 보는 단어 탓에 떨떠름한 표정으로 물었다.

"좋은 오디오에서 나오는 소리와 보통 오디오에서 나오는 소리를 구별하지 못 하는 것이 막귀입니다."

"!!!"

'백분 토론' 이 순식간에 '개그 콘서트 생활의 발견' 으로 바뀌었다. 자기 자신들이 바로 막귀였기 때문에 상황을 즉시 이해했다.

한참을 웃고 난 다음 사장은 이렇게 말했다.

"김 상무 당신도 막귀일 거야. 나도 막귀인데…. 이래서야 우리가 홈시어터 사업을 제대로 하기 힘들지. 계속해 봐."

"원래 홈시어터라는 것은 마니아들만 즐기는 취미였습니다. 그런데 홈시어터인어박스(HTiB : Home Theater in a Box)라는 새로운 제품이 나오면서 오디오에 큰 관심이 없는 사람들도 집안에 극장을 꾸밀 수 있게 되었습니다.

처음 이런 기기를 접한 사람들은 좋은 소리와 그렇지 않은 소리를 한동안 구분하지 못합니다. 그러므로 1,2년은 우리에게도 사업 기회가 있습니다. 그런데 이 구매 계층 중에 10~20%는 1년 후쯤에 소리에 눈을 뜨게 됩니다. 눈을 뜨게 되면 좋은 오디오로 업그레이드를 해야 합니다. 저희가 2년이라는 시간 동안에 준비를 잘해서 업그레이드를 원하는 고객들이 재구매를 하고 싶을 정도의 기기를 만들면 사업을 잘 한 것으로 볼 수 있습니다. 그리고 그 정도의 기기면 중급 수준의 오디오 애호가들도 구매하는 데 문제가 없습니다."

Part 2
보고서 작성 기술

Chapter 1 컨택 단계
1. 컨택 경로의 숨은 의미 | 2. 사장의 속마음을 읽어라 |
3. 컨택 단계에서 지켜야 할 요소 | 4. 사람 사는 곳은 어디나 같다

Chapter 2 컨셉 단계
1. 의도 분석 | 2. 가설 설정 | 3. 자료 수집 | 4. 가설 분석 | 5. 결론 | 6. 검증

Chapter 3 커뮤니케이션 단계
1. 시나리오란 무엇인가 | 2. 카피란 무엇인가 | 3. 레이아웃 잡기 | 4. 3C 여행을 끝내면서

보고서는 하나의 창작물이다.

예술 작품은 연습이라는 고행 과정이 반드시 있어야 한다. 바이올리니스트의 손끝과 발레리나의 발은 굳은살 투성이고 화가의 손은 물감으로 얼룩덜룩 염색이 되어 있다. 그들의 명성은 굳은살의 두께에 비례한다.

연습은 많이 했는데 순서와 절차가 잘못되었다면 어떻게 될까? 헛수고가 되거나 효과가 떨어질 것이다. 예술이나 기술을 배울 때 가장 중요한 것은 순서와 절차다.

최근에 회사 정보 유출에 관한 신문 기사를 종종 보게 된다.

설계도를 유출 당한 회사는 설계도를 훔쳐간 회사가 당장 똑같은 물건을 만들 수 있을 것처럼 호들갑을 떤다. 그런데 설계도만 유출되면 자동차나 첨단 가전제품 같은 하이테크(High-tech) 제품을 똑같이 만들 수 있을까? 아니다. 설계도가 있으면 제품의 외관을 구성하는 부품 하나하나의 겉모습은 거의 똑같이 만들 수 있다. 그러나 설계도만 가져 가서 만든 부품을 조립한 제품의 성능은 원래의 제품과 100% 같을 수 없다. 원래의 제품과 완전히 동일하게 만들기 위해서는 설계도뿐만 아니라 제조 공정에 관련된 기술과 소재 기술 그리고 생산 기술과 품질 관리 기준 등도 있어야 한다.

첨단 제품뿐만 아니라 장인이 만드는 핸드백도 마찬가지다. 모조품은 수십 년간 장인의 노고와 땀이 배어 있는 제품과 차이가 생길 수밖에 없다.

일본 교토에 600년 동안 영업을 해온 '오와리야'라는 메밀국수집이 있다. 이 집의 15대 사장은 메밀국수에 들어가는 재료와 만드는 공정을 다 보여 준다. 메밀국수를 삶는 시간부터 메밀을 보관하고 도정하는 과정까지도 보여 준다. '선수'들이라면 도구만 보아도 상당한 노하우를 알 수 있을 정도다. 그런데도 그는 다 보여 준다. 왜냐하면 누군가 이 모든 과정을 다 안다 해도 1년 365일 동일한 공정 관리를 할 수는 없기 때문이다.

'메밀국수의 비법과 최신 기술은 비교 대상이 안 된다'고 말할 수도 있다. 그럼 왜 우리는 최신 기술로 관리되는 같은 공장에서 나온 자동차인데도 품질이 조금씩 차이가 난다고 하는가? 오죽하면 '뽑기 운'이라는 말까지 할까? 이는 설계 기술도 중요하지만 공정 기술이 더 중요함을 의미한다.

제품 설계 기술은 요리 재료를 만드는 기술과 같다. 좋은 재료가 맛있는 요리의 기본이지만 그 자체가 맛있는 요리는 아니다. 재료 그 자체를 가공하지 않고 그대로 먹는 생선회조차도 그렇다. 숙성 조건 혹은 육질에 맞추어 써는 두께와 방향에 따라서 맛과 식감(Texture)이 달라진다. 심지어 참치는 냉동과 해동 기술에 따라 맛이 달라진다.

특히 여러 가지 재료가 섞여 들어가는 요리는 재료 투입 순서가 중요하다. 익는 속도가 더디거나 딱딱한 재료, 맛의 배경이 되는 국물을 우려내야 하는 재료는 먼저 냄비에 들어간다. 반면에 빨리 익거나 무른 재료, 신선한 향이 중요한 재료, 아삭거리는 식감이 중요한 재료는 나중에 들어간다. 두껍게 썬 안심(filet mignon)을 익히려면 시간이 많이 걸린다. 옆에 놓일 가니쉬(Garnish)는 주로 감자나 야채류들이다. 이것들은 빨리 익는 재료이므로 고기보다 나중에 요리를 시작한다. 나중에 요리하지 않으면 고기와 가니쉬의 온도차가 커져 뜨거운 고기와 차가운 야채 요리가 된다. 고기를 먹고 찬 야채를 먹으면 온도차 때문에 입 안에 지방이 들러붙는 느낌이 생긴다. 요리의 청량감과 섬세함이 당연히 떨어진다.

요리에서 재료의 신선도 못지않게 중요한 것이 공정 기술이다. 첨단 제품도 명품 핸드백도 요리도 '공정 기술'이라는 순서가 중요하다.

마찬가지로 보고서를 쓸 때도 순서가 중요하다. 자료가 아무리 좋고 많아도 목표에 도달하기 위해서 거쳐야 하는 여러 개의 과정(Process)과 결과물 혹은 목표 달성을 위해 실행되는 절차(Procedure)가 잘못되면 헛수고가 되기 때문이다. 애초에 잘못된 길로 들어가면 잘못된 결과가 나올 수밖에 없다. 분석력이 뛰어나든가 추론을 잘하든가 하는 요소 기술도 절차가 잘못되면 功든 탑이 아니라 쏟든 탑이 된다.

보고서 작성 절차는 크게 보면 3C 단계로 구분한다.

1 컨택(Contact) 단계는 보고 지시를 받는 과정이다.

이 단계는 보고서 작성 과정 중 가장 중요하다. 보고 지시를 하는 사람의 몸짓, 음성, 표정을 통해서 속마음을 읽을 수 있기 때문이다. 특히 지시를 내리는 이유를 파악하는 것이 중요하다.

2 컨셉(Concept) 단계는 보고 개념을 잡는 과정이다.

컨택 단계에서 찾은 사장의 지시와 속마음을 단서로 배경 분석, 가설 분석, 자료 수집을 한 후 결론을 내린다. 결론이란 보고서 작성 과정의 핵심이자 사실 나열이 아닌 전략이다. 이 과정이 보고서 작성의 핵심이다.

3 커뮤니케이션(Communication) 단계는 보고서를 광고로 빙의시키는 때다.

보는 순간 사장님께 '결재의 지름신'이 강림하도록 만드는 단계다. '결재의 지름신'이 강림하려면 '설득'이 아닌 '유혹'을 해야 한다. 유혹이란 보고서의 페이지가 지나갈수록 '원했던 결과'가 쉽게 보이는 것이다. 그러기 위해서는 이야기에 몰입할 시나리오를 짜고 정곡을 찌르는 카피를 써야 하며 시각적으로 편안한 레이아웃을 잡아야 한다.

보고서를 쓰는 전체적인 과정을 그림으로 표현하면 다음과 같다. 화살표의 길이는 각 단계별로 투입해야 하는 시간의 대략적인 비율을 뜻한다.

Contact	Concept					Communication		
보고 지시	의도 분석	가설 설정	자료 수집	가설 분석 및 결론	검증	시나리오	카피	레이아웃

모든 보고서가 위의 그림과 100% 동일한 순서로 작성되는 것은 아니지만 이 과정을 크게 벗어나지는 않는다.

옛날에는 '모로 가도 서울만 가면 된다'고 했다. 그러나 이 속담을 믿고 보고서를 쓴다면 요즘은 '변방'으로 갈 수 있다. 목차와 검토 항목을 정리한 '순서도'도 없이 보고서를 쓰겠다는 것은 난생 처음 가는 곳을 지도나 내비게이션(Navigation)도 없이 여행하겠다는 소리와 같다. 내비게이션 없는 여행은 주변 경치를 구경하는 것이 아니라 '교통 표지판 관광'이다. 따라서 보고서를 쓰기 전에도 'A4 내비게이션'에 경로를 설정해야 한다.

다음은 필자가 쓰는 방법이다.

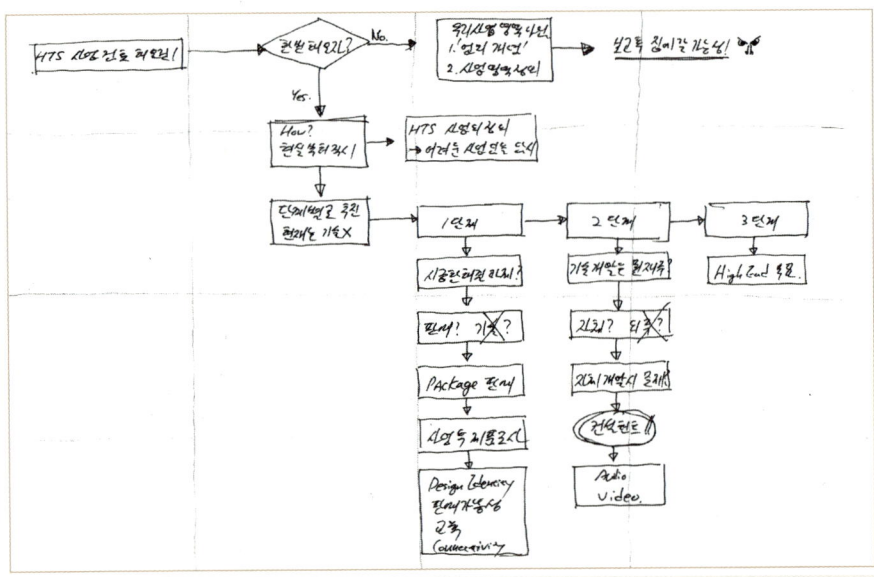

● 보고 방향 검토 및 가설 설정(일종의 플로우 차트임)

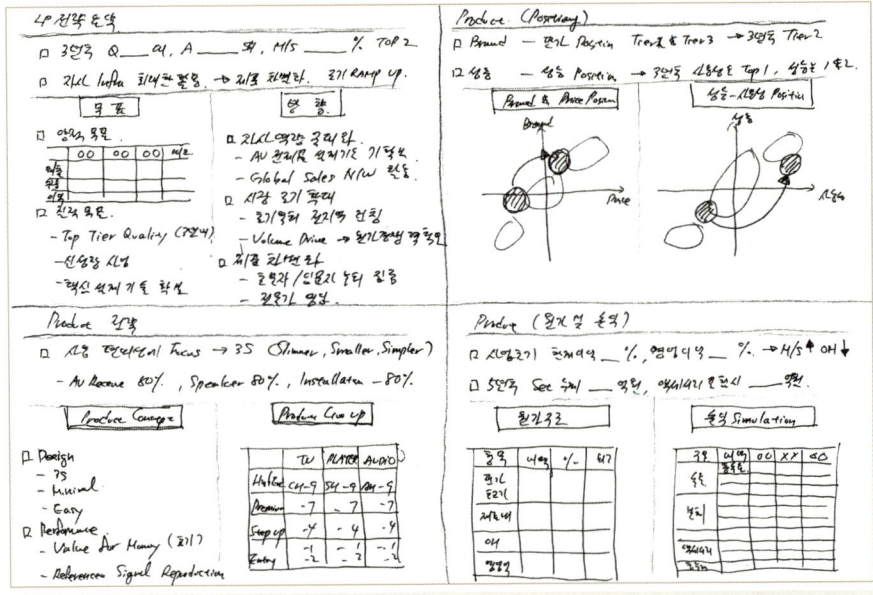

● 파워포인트 작업 전 초안(플로우 차트의 각 항목에 맞추어 작성함)

Chapter 1
컨택 단계

컨택이란 접촉이다.

사람이든 사물이든 접촉을 하면 한쪽 방향 혹은 양방향으로 정보가 흐른다. 흐르는 정보 중 보고서를 쓰게 된 이유나 배경을 잡아내는 것이 컨택 단계에서 해야 할 일이다.

다음은 컨택의 7가지 경로다.

사장실에서, 회의 도중에, 지나가다 우연히, 해외 출장 중에 전화로, 사내에서 전화로, 이메일로, 직속 상사를 통해서다.

그런데 각 상황마다 숨은 의미가 있다. 각 상황이 주는 의미를 살펴보자.

1_ 컨택 경로의 숨은 의미

회사에서 당신만 사장실로 조용히 부르는 때가 있다.

당신이 특정 업무에 적임자이고 보안이 필요하기 때문이다. 여타 중요 지시도 그렇지만 특히 사장실에서 받은 지시는 함부로 발설해서는 안 된다. 심지어 직원에게 업무 지시를 하더라도 마찬가지다. 그리고 사장실에서 받은 지시는 당신이 진행하고 있는 일의 우선순위 중 제일 위로 올라가야 한다. 사장실을 드나드는 것은 '권력'을 의미하므로 가급적 주변의 눈에 띄지 않게 다니는 것이 좋다.

'권력'과 친하면 시샘하는 사람이 늘어 라이벌들이 자료를 잘 주지 않거나 영양가 없는 자료를 주는 등 '은근한' 방해 공작이 있을 수 있다. 사장실에서 받은 보고 지시는 보안을 잘 지키고 당신의 전문성을 최대한 살려야 한다.

회의 진행 중 갑자기 해결해야 할 문제가 발생해도 보고 지시가 나온다.

이때 보고 지시를 내리게 된 상황을 잘 파악해 두면 보고서의 배경을 알아내고 분석하는 데 도움이 된다. 회의 도중 보고 지시를 받은 경우는 벼락을 맞은 것과 같다. 벼락은 돌출된 곳에 떨어지듯이 회의 중에 떨어지는 보고 지시도 돌출된 인물에게 떨어진다. 오히려 적임자에게는 벼락이 떨어지지 않는다. 특히 사장과 눈이 마주치는 참석자가 당첨될 확률이 높다. 이런 유형의 보고 지시는 가급적 받지 않는 것이 좋다. 폭탄 처리 전문가가 아닌데도 시한폭탄을 받는 상황이 될 수 있기 때문이다.

지나가다 우연히 마주쳐서 보고 지시를 받는 경우도 있다.

중요도가 떨어져 평소에는 생각나지 않던 고민이 당신의 얼굴을 보는 순간 뇌의 장기기억 영역에서 발화되어 나오는 지시다. 대개는 전문가인 당신을 '시험' 해보기 위한 것이다.

"오랜만이군."

"네."

"액세서리 사업이 마진이 좋다던데 한번 검토해 보지!"

제조업에서 액세서리는 주력 제품이 아니다. 대개 협력업체에서 매입하는 제품들이므로 사장의 주 관심 사항에서 벗어나 있다. 그런데 거래선 사장이 와서 '돈 되는 사업'이라 했으니 누군가를 시키기는 시켜야겠는데 적임자가 없어 보류해 놓고 있던 중 당신을 만난 것이다.

"한번 해봐라" 같은 투의 지시는 시간은 급하지 않으니 '사업 아이디어를 잘 내 보라'는 뜻이다. 따라서 2~3일 내로 보고할 필요는 없다. 대신 당신의 전문성으로 사장의 숙원 사업을 풀어낼 전략이 필요하다.

해외 출장 중에도 보고 지시가 온다.

출장 중에 생리적 현상처럼 당장 풀어야 할 문제가 발생했기 때문이다. 요즘은 해외 출장 기간이 길어야 일주일이다. 이런 와중에 보고 지시를 했다는 것은 급해도 보통 급한 것이 아니다. 따라서 귀국하기 전에 필히 보고해야 한다. 보고 내용의 깊이보다는 대응 속도가 더 중요하다. 내용이 많으면 귀국 후 추가 보고하겠다고 하면 된다.

전화로 받은 보고 지시는 비교적 가벼운 편에 속한다.

사장실에 불려간 경우나 해외 출장 시 받은 전화보다는 우선도가 떨어진다. 그런데 당신이 중간 관리자가 아니고 실무자인데 사장으로부터 직접 보고 지시를 받았다면 주의할 점이 있다.

첫째, 당신의 전문성을 인정했기 때문에 중간 관리자를 거치지 않았다는 점이다. 따라서 보고 내용에 당신만의 전문성이 나와야 한다.

둘째, 사장에게 보고하기 전에 상사에게도 보고해야 한다는 점이다. 이때 관리자가 보고 내용을 수정하고 싶어 한다면 난감한 상황이 된다. 당신의 전문성에 무지한(?) 관리자가 손을 대는 순간 전문성이 날아갈 소지가 다분하기 때문이다. 그렇다고 해서 중간 관리자를 건너뛰고 사장에게 직접 보고하면 더 큰일이 난다. 나중에 관리자가 이 사실을 알게 되면 업무를 빙자한 보복(?)을 할 것이 분명하기 때문이다. 이런 보고 지시를 받을 때마다 당신의 의자에는 가시가 조금씩 자란다.

이메일로 받은 보고 지시는 '감'을 잡기가 어렵다.

평소에는 입이 거친 사장도 메일로 지시를 할 때는 거친 용어들이 사라진다. 감정을 읽을 수 없어 어떤 방향으로 보고서를 작성해야 할지 고민하게 된다. 다음은 평소에는 입이 약간 거칠고 직설적인 지시를 하는 사장이 보낸 메일이다.

'이번 전시회에 경쟁사들은 혁신적인 제품을 많이 출시했습니다. 내년 사업이 걱정됩니다. 그런데 그동안 우리는 도대체 무엇을 하고 있었는지요?'

이 메일은 평소 사장의 입담대로 한다면 '야! 경쟁사들이 혁신 제품을 저만큼 내도록 그동안 뭐하고 있었냐? 내년 사업 다 말아 먹겠다! 대책 세워서 빨리 보고해!' 정도가 될 것이다.

메일로 받은 지시는 감정의 강도를 잘 읽을 수 없으므로 사장의 최근 행적과 발언 등을 반드시 조사해야 한다. 그리고 참석한 회의와 보고된 자료 등을 토대로 해서 왜 그런 보고 지시가 나왔는지 배경을 파악해야 한다.

직속 상사를 통해 받은 사장의 보고 지시는 상사의 능력에 따라 재미가 있을 수도 있고 짜증이 날 수도 있다.

사장의 의도를 제대로 파악하여 보고 방향을 잘 잡아 주는 제갈공명 같은 상사를 만나면 '헛고생'을 하지 않아도 된다. 그러나 방향은 고사하고 사장이 지시한 사항을 '글자 하나 틀리지 않고 그대로 전달' 만 하는 녹음기 같은 상사를 만나면 그해 12월까지 버텨야 한다. 주말은 당연히 반납하고 밤마다 택시 할증료가 나오는 시간에 퇴근하면서 보고서를 써 가도 보고 직전까지 '이건 아닌 것 같은데' 하는 소리를 듣는 경우가 허다하기 때문이다. 이런 상사와 같이 일을 할 때는 가급적 먼저 보고 초안을 승인 받고 보고서를 쓰는 것이 좋다. 초안을 승인했어도 '내가 언제?' 라고 되묻는 경우가 많다.

사장실에서 직접 받은 보고 지시와 회의 도중에 받은 보고 지시를 제외하면 보고서를 쓰게 만든 상황을 파악하기가 쉽지 않다. 그러면 보고 방향을 세우기가 힘들어진다. 따라서 군대에서 항상 적진을 정찰하듯이 평소에 회사 경영 현황과 사장의 동향을 주시해야 한다.

전쟁의 시작은 선전 포고한 때가 아니다. 적국에 대한 정찰 빈도가 늘어나기 시작한 때다. 적국의 동정과 전장의 상황을 살펴 최신 정보를 얻어야 작전 계획을 짤 수 있다. 그래서 전쟁 직전에는 평소보다 적에 대한 접촉이 늘어난다.

2차 대전부터는 전자 기술의 발달로 스파이나 정찰병을 통한 직접적인 접촉보다 도청, 감청 같은 간접적인 접촉이 더 많이 활용됐다. 스파이나 정찰병들의 정보보다 고급 정보를 은밀하고 신속하게 입수할 수 있기 때문이다.

정보가 승패를 가른 대표적 사례인 미드웨이 해전은 은밀한 정보 수집이 어떻게 이루어지는지 이렇게 얻어진 정보의 힘이 얼마나 강한지 상사의 속마음을 읽고 하는 보고가 왜 중요한지를 보여 준다.

❶ 정보 수집 방법 사례 : 미드웨이 해전

1942년 4월.

남태평양의 일본군 전파 감청소는 미드웨이의 미군 기지에서 나오는 "미드웨이는 식수 탱크 고장"이라는 무전 내용을 도청했다. 일본군 전파 감청소는 도청된 내용을 "AF는 식수 탱크 고장"이라는 암호문으로 바꾸어 일본 해군 정보국에 무전으로 보고했다. 그런데 미국 해군 정보국은 이 무전을 도청해서 AF가 미드웨이라는 것을 확인했다.

처음에 미 해군은 AF가 미드웨이라는 사실을 몰랐다. 이것을 확인하기 위해 일부러 미 해군 사령부는 미드웨이 주둔군에게 "미드웨이는 식수 탱크 고장"이라는 내용을 사령부에 무전으로 보낼 것을 지시했다. 이 지시는 도청되면 미 해군의 의도가 노출되므로 해저케이블로 미드웨이에 전달되었다.

산호 해전(Coral Sea) 이후 어느 순간부터 일본 해군의 무전이 활발해지기 시작했다. 또 다른 전투의 징후였다. 그리고 AF라는 단어가 자주 등장하기 시작했다. 일본 해군에게 AF라는 것이 중요 사안임을 의미했지만 미 해군이 그 뜻을 알 수는 없었다. 어느 날, 미 해군 정보국은 일본 정찰기가 "AF 근처를 지나고 있다"라는 무전을 해독하여 비행 경로를 추적한 결과 AF가 미드웨이일 것으로 추정했으나 확신은 하지 못했다. 그래서 AF가 어디인지 확인하기 위해 미끼를 던지기로 했다. 태평양의 여러 미군 주둔지에 해군 정보국이 미리 정한 내용을 평문(암호화 되지 않은 문장)의 무전으로 보고하도록 지시했다. 미드웨이 섬의 기지에는 '식수 탱크 고장'이라는 내용의 무전을 보내도록 했다.

일본군은 결국 이 미끼를 물어서 "AF는 식수 탱크 고장"이라는 암호문으로 보고하여 AF가 미드웨이 섬이라는 것을 미군에게 들켰다. 이 암호의 노출로 미 해군은 열세의 전력이었지만 사전에 준비를 철저히 하여 미드웨이 해전에서 일본 해군의 주력 항공모함 4척을 격침시킬 수 있었다.

전쟁의 시작이 포성이 아니라 정보 수집인 것처럼 보고서 시작 시점도 보고 지시를 받는 순간이 아니다. 회사에 출근한 그 순간부터 항상 보고서를 쓰고 있다고 생각해야 한다. 특히 보고서를 쓰기 위한 방향, 즉 가설을 설정하기 위해서는 상황 파악이 중요하다.

상황 파악은 적의 무전을 감청하는 것처럼 평소에 은밀히 하고 있어야 한다. 그래서 사장이 회의실, 출장지, 회식자리에서 하는 말은 항상 귀담아 두어야 한다. 핵심 정보인 속마음은 외면적 언어인 말이 아니라 내면적 언어인 목소리, 얼굴 표정, 몸짓으로 알 수 있기 때문이다. 오히려 보고 지시를 할 때는 절제된 표현을 쓰므로 속마음이 겉으로 잘 드러나지 않는다. 따라서 사장의 말에만 신경쓴다면 가설을 세우기 어렵고 원하는 전략을 찾기도 어려워진다.

2_ 사장의 속마음을 읽어라

속담은 조상들이 자연 현상이나 인간관계에서 일어나는 일들을 오랜 기간 관찰한 결과 축적되어 내려오는 교훈을 담은 데이터 베이스(Data Base)다.
'말 따로 행동 따로'
이것은 언행이 불일치할 때 사용하는 표현이다. 이런 경우 우리는 행동을 본심이라고 믿는다. 즉 '의식적으로 통제가 가능한 말' 보다는 '통제가 불가능한 행동' 을 올바른 것이라고 믿는다.
'열 길 물 속은 알아도 한 길 사람 속은 모른다.'
'Appearances are deceptive.'
따라서 가설이니 분석이니 하는 고상한 기법보다 사장의 속마음을 정확히 알아내야 보고 방향을 제대로 잡을 수 있다.
먼저 내면의 소리인 몸이 하는 말, 비언어 커뮤니케이션의 의미를 잡아낼 수 있어야 한다. 말과 행동이 일치하는 것은 자연스러운 현상이다. 말과 행동이 일치하지 않으면 거짓말을 하고 있는 것이다. '아니오' 라고 말하며 고개를 끄덕여 보라.
사장의 최근 행적을 조사하는 일이 중요하다. 사장이 회의석상에서 지시한 내용, 자주 언급하는 단어, 최근 관심 있게 읽는 책, 자주 만난 사람들. 이런 것들이 사장의 속마음을 읽어낼 단서가 된다.

❶ 비언어 표현은 믿을 만한가

우리는 언어나 몸짓으로 정보를 교환한다.

그런데 우리의 뇌는 의도적으로 거짓 정보를 보낼 수 있으므로 언어나 몸짓을 통해 나온 정보는 항상 검증을 해야 한다.

그러려면 우리가 정보를 처리하는 과정부터 알아야 한다. 우리 뇌는 좌뇌와 우뇌로 나뉘어 있다. 좌뇌와 우뇌는 뇌량으로 연결되어 있다. 측면에서 보았을 때는 앞이마 부분인 전두엽, 정수리인 두정엽, 뒤통수인 후두엽, 귀 근처인 측두엽으로 구분하여 부른다.

좌뇌에는 언어 기능을 맡고 있는 두 영역이 있다. 전두엽의 후방에 위치한 브로카(Paul Pierre Broca) 영역은 말하기를 담당한다. 측두엽에 위치한 베르니케(Carl Wernicke) 영역은 듣기를 담당한다. 브로카 영역에 인접해서 운동피질이 있다. 운동피질은 입과 입술을 움직이고 몸짓을 통제한다. 브로카 영역과 운동피질은 인접해 있다. 따라서 몸짓은 말하기의 영향을 받을 수밖에 없다. 즉 말과 몸짓이 일치하는 것이 자연스러운 행동이다. 반면에 말과 몸짓이 불일치하면 행동이 부자연스러워진다.

말과 몸짓이 일치하지 않아 부자연스러워지는 순간의 얼굴 표정, 목소리, 몸짓을 읽어야 한다. 입을 움직이는 말은 의식적으로 통제가 가능해서 마음에도 없는 소리를 할 수 있으나 근육을 제어해야 하는 행동은 속마음과 다르게 움직이기 어렵다. 그래서 우리는 일상생활 중에 체면상 필요하면 마음에도 없는 소리를 자연스럽게 할 수 있다. 그러나 TV 생방송에 출연한 배우들에게 갑자기 심각한 표정 연기를 하라고 하면 바로 하지 못한다. 감정을 상황에 맞출 시간이 필요하다.

알버트 메라비언(Albert Mehrabian)은 『사일런트 메시지』에서 인간의 커뮤니케이션은 언어(Verbal)가 7%, 음성(Vocal)이 38%, 얼굴 표정(Facial Linking)이 55%라고 했다. 말과 신체 언어가 일치하지 않을 경우에는 얼굴 표정과 순간적인 몸짓 같은 비언어적 표현을 믿어야 한다고 주장했다. 비언어 커뮤니케이션은 감정을 솔직히 드러내는 대뇌변연계가 말하는 소리여서 이성으로는 통제할 수 없기 때문이다.

몸짓은 말을 강조하기 위한 본능적인 행동이다.

영국 맨체스터 대학의 제프리 베티와 니나 맥롤린은 피실험자들에게 로저 래빗, 고양이 실베스타, 노란 아기 새 트위티가 등장하는 만화의 줄거리를 들려주는 실험을 실시했다. 일부 피실험자들에게는 손을 이용하여 장면을 자세히 묘사했다. 실험 결과, 손짓을 보며 줄거리를 들은 사람들 중 1/3 정도가 줄거리를 더 자세히 기억하는 것으로 나타났다. 손짓이 기억력에 막대한 영향을 준 것이다.

몸의 움직임을 통제하는 운동 피질과 언어 영역을 담당하는 브로카 영역은 인접해 있다. 말을 강조하기 위해 자연히 손짓, 발짓 같은 몸짓을 쓰도록 진화해 온 것이다. 우리는 들리는 언어와 보이는 언어, 두 가지로 의사소통을 하고 있는 셈이다.

❷ 몸짓을 읽어라

몸짓에는 선천적인 것과 후천적인 것이 있다.

선천적인 몸짓은 타고 난 것이다. 따라서 사람이면 누구나 똑같다. 후천적인 몸짓은 사회생활을 하면서 소속된 조직으로부터 배우는 것이다. 선천적인 몸짓 중 '손바닥 보이기'는 원시시대부터 내 손에는 아무것도 없으니 '안심하라'는 뜻으로 쓰였다. 문화권마다 차이는 있겠지만 손바닥 보이기는 시간이 지나면서 '악수'로 발전했다.

반면에 후천적인 몸짓은 당신이 속한 집단, 선망 대상으로부터 배운다. 학창시절에 소풍을 가서 찍은 사진 중에서 좀 놀았다고 생각되는 친구들은 하나같이 짝다리에 턱을 내미는 공격적인 자세를 하고 있다. 사관학교 출신들은 항상 가슴을 펴고 곧은 자세로 걸어 다닌다. 모델들은 걸을 때 다리를 몸의 중심선으로 모으는 경향이 있다. 스튜어디스들은 평소에 무표정하다가도 누군가 자신을 부르면 미소를 지으며 돌아본다.

그렇다면 보고 지시를 받는 동안은 어떻게 몸짓을 읽어야 할까?

상체에서 파악해야 한다. 회사 안에서 우연히 사장을 만나 보고 지시를 받더라도 얼굴을 주시해야 한다. 회의는 주로 앉아서 하므로 손의 움직임, 상체의 움직임, 머리의 움직임, 얼굴 표정 등을 주목해야 한다.

예를 들어 주먹을 쥐고 검지를 상대방을 향하고 상하로 흔드는 동작은 "내 말 확실히 기억해 둬!"라는 의미다. 자신이 화가 났음을 보여주고 있는 것이다. 손을 편 채 말하는 박자에 맞추어 앞뒤로 흔드는 것은 일종의 강조이며 화가 난 상태는 아니다. 보고를 듣는 중 손을 좌우로 흔드는 것은 "그만 해! 집어치워!"라는 의미다. 또한 손가락으로 테이블을 가볍게 두드리는 것은 보고 내용이 미덥지 않거나 불안한 상태다.

보고를 듣는 중 몸이 앞으로 나오며 목을 **빼는** 경우는 얼굴 표정에 따라 의미가 다르다. 눈썹이 올라가면서 눈이 커지고 신기해 보이는 표정이면 보고 내용에 관심이 많다는 뜻이다. 그러나 눈썹이 슬슬 내려오는 듯하면서 얼굴이 붉어지기 시작하면 화를 내기 직전이다. 덩달아 손도 주먹을 쥐기 직전이다. 몸을 뒤로 젖혀 등을 의자에 기대면 보고 내용에 관심이 없다는 뜻이다. 몸을 이리저리 뒤틀기 시작하면 보고 내용이 관심 없어 회의를 빨리 끝내고 싶다는 신호다.

로댕의 '생각하는 사람' 처럼 어깨가 구부정해지기 시작하면 야단치는 것도 포기할 정도로 심하게 실망했거나 심사숙고할 필요가 있다는 신호다. 혹은 결정을 해야 할 순간 자신감이 부족하다는 것을 뜻한다. 팔짱을 끼고 몸을 뒤로 젖히면 보고 내용에 별로 동의하고 싶지 않다는 의미이다. 반면에 머리를 천천히 끄덕이는 것은 동의의 표현이다. 이때 끄덕이는 폭이 클수록 동의의 깊이도 깊다. 그러나 반대로 한심해서 고개를 끄덕이는 경우도 있다. 속으로는 '아이구, 한심한 친구, 그럴 줄 알았다' 라는 생각을 하면서 비난조의 얼굴 표정을 짓고 있을 것이다.

머리를 한쪽으로 기울이고 보고자를 빤히 바라보면 관심을 가지고 듣고 있다는 의미다. '어라? 이것 봐라?' 라고 생각하는 것이다. 머리를 갑자기 긁는 것은 자신이 없거나 당황하고 있다는 뜻이다. 눈이 휘둥그래지며 머리가 앞으로 나가는 것은 '놀랐다, 관심 있다' 는 표현이다. 눈을 부릅뜨며 머리가 앞으로 나가는 것은 '뭐~어! 이 녀석을 그냥…' 의 표현이다. 귀를 후비는 것은 말하는 사람의 이야기가 의심스럽다는 뜻이다.

위에 언급된 행동들은 사람들에게서 공통적으로 나오는 현상이다. 그런데 몸짓은 습관에 따라 차이가 있으므로 사장의 지시를 정확히 파악하려면 평소의 몸짓을 눈여겨보아야 한다.

❸ 목소리의 변화를 느껴라

몸짓이나 표정을 통해 감정이 나타나듯 목소리를 통해서도 감정이 드러난다. 그래서 우리는 얼굴을 보지 않은 상태에서 전화 목소리만으로도 상대방의 기분을 짐작할 수 있다.

보고 지시를 할 때도 목소리는 숨겨진 의미를 전달한다.

목소리의 좋고 나쁨보다는 감정을 표현하는 음색과 어조가 변화하는 순간을 포착하는 것이 중요하다.

강조하고 싶은 내용을 말하거나 화가 났을 때 사람들은 자신도 모르게 목소리가 커진다. 목소리가 커졌다는 것은 주목을 하라고 경고하는 것이다. 특히 가설 수립을 할 때는 반드시 이것을 검토해 봐야 한다. 실적개선의 중요성을 강조하던 사장이 갑자기 "이 달 들어 경쟁사에 역전을 당했잖아!"라고 화를 냈다면 '경쟁사에 역전'이 보고서를 쓰게 만든 이유다.

갑자기 목소리가 작아지거나 말끝이 흐려지는 것은 자신이 없거나 확신이 서지 않는 내용을 말하고 있다는 신호다. 사장조차 자신이 없어 흐린 목소리로 말하는 부분을 보고 내용 중 근거로 사용할 때는 확실한 검증을 해야 한다. 목소리가 흐린 부분에 대해 집중적으로 파고들어 뚜렷한 논리를 세워 보고하면 당신의 뜻대로 사업을 실행할 확률이 높다. 사장조차 확신이 서지 않은 사업이었는데 당신이 확실한 논리로 정리했기 때문이다.

동일한 문장이라도 말의 높낮이에 따라 뜻이 완전히 바뀌기도 한다.

"이 사업에 대해서 어떻게 생각해?"

전체 문장을 평탄하게 나지막한 목소리로 말했다면 사업을 해보고 싶은데 동의를 구하는 경우다.

"이 사업에 대해서 어~떻게 생각해?"

'어떻게'를 거칠게 강조 후 '생각해'를 올리면서 말했다면 사업에 대해 비판적으로 생각하고 있다는 것이다.

"도대체, 이 사업에 대해서 어떻게 생각해?"

'도대체'를 강조해서 말했다면 현재의 상황을 비꼬는 것이다.

❹ 얼굴 표정을 읽어라

사람의 얼굴에는 속마음을 감추어 '거짓 연기'를 가능하게 하는 기관인 입이 있다. 입은 속마음과는 상관없이 언제든지 미소를 지을 수 있다. 따라서 '진짜 미소'와 '거짓 미소'를 구분하려면 입과 함께 눈도 미소를 짓고 있는지 보아야 한다.

사장은 노련한 연기파 배우다. 화를 내지 않아도 되지만 때로는 조직을 긴장시키기 위하여 의도적으로 화를 낸다. 필요 이상으로 화를 내기도 한다. 또 화를 내야 함에도 불구하고 조직 분위기가 가라앉는 것을 막기 위해서 미소를 지으며 격려의 말을 하기도 한다. 그래서 얼굴 표정만으로 속마음을 파악하기란 쉽지 않다.

매달 적자를 기록하더니 결국 연말 결산 결과 수천억 원의 적자가 났다. 내년에도 수익이 좋아진다는 보장이 없다. 사장은 경영에서 가장 효율적인 '구조 조정'을 연상하면서도 절대로 표현하지 않는다. 다만 굳은 표정을 하고 다닐 뿐이다. '제발 너희들이 알아서 해라'라는 침묵의 소리다.

만약 회의 시작 직후나 얼굴을 마주치자마자 사장이 화를 낸다면 감정 통제가 안 될 정도로 문제가 심각하거나 조직의 긴장을 위해 벼르고 회의에 참석한 경우다. 감정 통제가 이루어지지 않아 화를 내며 하는 지시는 대개 목소리도 크고 얼굴 표정도 그에 맞추어 변한다. 그러나 감정 통제를 하면서 화를 내는 경우는 목소리는 클지 몰라도 감정이 실려 있지 않다. 그래서 얼굴 표정에 감정이 실려 있을 때만큼 무섭지는 않다. 목소리도 울분이 실려 있지 않다. 특히 눈 주변의 모습이 다르다.

회의 시작은 조용히 했으나 지시를 내리는 중간에 점점 화를 내는 강도가 세지는 자가 발전을 할 때도 있다. 이것은 진심이다. 지시 도중 과거의 불쾌한 순간들이 기억에 떠오르면서 기분이 점점 나빠진 것이다. 이 순간은 보고 지시를 내리는 직접적인 원인이 되므로 상황을 주의깊게 분석해야 한다.

사장은 배우다. 이 원로급 배우의 표정과 몸짓에는 속마음이 숨어 있다. 그 속에 숨어 있는 의미를 찾아내야 한다.

3_ 컨택 단계에서 지켜야 할 요소

컨택 단계는 사장과 접촉하는 단계다.

지시를 받으며 사장의 행동에서 속마음을 읽어 낼 수 있지만 사장 또한 당신의 대답과 행동에서 속마음을 읽어낸다.

❶ 장단을 맞추어라

　보고 지시를 받으면서 사장의 얼굴을 쳐다보지도 않고 대응하는 제스처도 없으면 당신은 '어휴~ 말도 안 되는 그런 지시를…' 이라고 속으로 말하고 있는 것이다. 이때 사장은 보고 지시를 하고 싶은 마음이 싹 없어진다. 따라서 보고 지시를 듣는 동안에도 장단을 맞추어야 한다. 장단에는 긍정과 부정의 장단이 있다. 긍정의 장단은 고개를 상하로 가볍게 끄덕이면 된다. 100% 공감하면 크게 고개를 끄덕여도 좋다. 부정 혹은 의혹의 장단은 고개를 좌우로 갸웃거리면 된다. 대개 저절로 움직여진다. 그리고 눈동자도 자동적으로 좌우로 움직여 사장을 바라보지 않게 될 것이다.

　앨런 피즈의『보디 랭귀지』에 의하면 사람 눈의 움직임은 그 사람 자신이 본 것, 들은 것, 냄새 맡은 것, 맛 본 것, 만진 것 중에 어떤 것을 떠올리고 있는지 나타낸다. 그래서 눈의 움직임을 보면 그 사람이 어떤 생각을 하고 있는지 알 수 있다. 마치 당신의 귀를 의심하는 것처럼. 이것은 우리 뇌가 '머리 아픈 보고서를 써야 한다는 위험'을 피하려고 몸을 움직이는 행동이다. 사장이 무뚝뚝한 성격이 아니라면 보충 설명을 해 줄 것이다. 질문을 하는 방법도 있지만 대개는 약간의 의혹이 섞인 표정만 지어도 추가 설명이 나온다. 추가 설명을 듣고도 이해가 되지 않으면 질문을 해야 한다.

　사장이 흥겹게 지시를 내리도록 하려면 지시하는 과정에 장단을 맞추어야 한다. 이렇게 경청하는 모습을 보여야 지시를 내리는 사장도 신이 난다. 그래야 눈 앞의 당신이 예뻐 보이고 보고서도 잘 써올 것으로 생각한다.

　'눈치가 빠르면 절에 가서도 젓국을 얻어 먹는다' 라는 속담이 있다. 서양 학자들의 심리 연구에서도 우리의 경험적 통계에서도 상대방의 속마음을 읽어내는 '눈치'의 중요성을 강조하고 있다.

❷ 적자생존(摘者生存)

직장인들 사이에서는 '받아 적는 사람만 살아 남는다'는 유머가 있다. 이런 유머가 나온 이유를 추정해 보면 메모를 잘하는 사람은 일 처리도 꼼꼼하게 잘할 것이라는 경험에 근거한 것이고 다른 하나는 아마도 '몸 광고'일 것이다. 사장이 참석하는 회의는 열심히 일하고 있다는 광고를 할 수 있는 기회다. 그래서 사장의 말을 신의 계시인양 한 글자도 빼지 않고 열심히 받아 적는다. 사장이 메모하는 당신의 모습을 보면서 업무 지시 또한 잘 수행할 것이라고 생각하게 만들기 위해서다. 받아 적는 데 치중하다 보니 머리를 들 틈이 없을 지경이다. 펜이 요동치는 정도는 스타크래프트 선수의 마우스 움직이는 속도보다 빨라서 펜이 군데군데 잉크를 토해 낸다.

그러나 이렇게 해서는 사장의 지시를 제대로 받을 수 없다. 지시를 제대로 받으려면 사장을 바라보면서 배경 분석과 결론에 반영될 부분만 적어야 한다. 지시가 언어와 비언어로 섞여서 나오기 때문이다.

언어적 지시 중 중요한 부분은 '중복 지시', '동일 단어 반복', '특정 단어 강조', '강조의 부사 사용 부분' 등이다. 반면에 비언어적 지시는 얼굴 표정·몸짓·목소리의 변화다.

지시를 받아 적느라 시선을 노트에만 집중시키면 비언어로 된 지시 즉 55%의 지시를 받지 못할 확률이 높다. 따라서 눈을 크게 뜨면서 고개를 끄덕이는 것 같은 '이심전심'형 지시는 수행하기 어려워진다.

지시 상황을 받아 적는 것은 중요하다. 그러나 그것보다도 언제, 어떤 문장에서 목소리, 표정, 몸짓이 변했는지 표시해 두는 것이 더 중요하다.

의도 분석 단계에서 받아 적은 것과 당시의 분위기를 비교해야 하기 때문이다.

❸ 긍정의 마인드를 가져라

"2000년에 글로벌 10에 들어가지 않으면 망합니다."

1987년 현대자동차 신입사원 시절 정세영 회장이 했던 말이다. 그 당시 현대자동차의 전 세계 시장 점유 랭킹은 두 자릿수였다. 이런 장기 비전을 들을 때마다 나와 동료들의 반응은 "어이구~" 또는 "설마"였다. 그러나 사장들은 미래를 보는 눈이 있어 '할 수 있다'는 긍정적 비전을 가졌고 사원인 나와 대다수 동료들은 부정적인 반응을 보였다.

"내년 사업 계획은 매출 30%, 영업이익 10% 늘리는 계획을 세워!"

"네? 올 10월 현재 실적은 영업이익이 5%도 안 되는데요?"

마케팅 부서에서 흔히 듣는 이야기다. 이런 보고 지시를 받으면 "말도 안 돼!"라는 부정적인 생각부터 든다. 그러나 이런 지시를 내리는 데도 숨은 이유가 있다. 사장에게는 내년에 시장이 크게 성장한다거나 부품의 가격이 많이 내려간다는 새로운 정보를 갖고 있기 때문이다.

부정적인 선입관을 갖고 있으면 보고서를 작성할 때 창의적인 아이디어를 내기가 어렵다. 부정적인 생각을 할 때는 분노, 공포 같은 감정이 뇌를 지배하면서 호흡이 가빠지고 맥박이 빨라진다. 얼굴 표정도 굳는다. 이 상태는 공포로부터 도망가거나 싸우기 위한 준비 상태이지 창의적인 발상을 하기 위한 상태가 아니다.

이쯤 되면 여자 친구나 마누라 다음으로 눈치 빠른 사장은 벌써 당신의 생각을 알아차린다. 보고는 시작도 안 했는데 야단부터 맞는다.

"뭐가 문제지? 내 말을 이해하긴 한 거야?"

여기서 끝나는 게 아니다. 보고서가 제대로 정리되고 있는지 수시로 확인을 한다. 마음이 불안한 상태에서는 보고서를 제대로 쓰기란 불가능하다. 설령 보고서를 잘 작성해서 올렸다 하더라도 사장은 지시할 때 보인 당시의 부정적인 느낌 때문에 당신의 업무를 평가절하할 가능성이 높다.

❹ 마음이 평온해야 지시도 잘 이해한다

'도대체 왜 이런 보고서를 써야 하는 거지?' 라는 부정적인 마음을 먹으면 이미 보고서를 작성도 하기 전에 반은 실패한 것이다.

회사는 현실적으로 가능해 보이는 지시보다 불가능해 보이는 지시를 더 많이 한다. 그러나 어떤 보고 지시를 받았을지언정 처음부터 부정적인 생각을 가지고 있으면 좋은 보고서를 쓸 수 있는 1%의 가능성마저 버리는 결과가 된다.

고 정주영 회장, 이병철 회장 같은 혜안을 가진 경영자들은 '말도 되지 않아 보이는 계획'을 여러 번 실현했다. 사장의 지시가 어렵고 터무니없어 보여도 고개를 끄덕여라.

표정에 따라 감정 상태가 달라진다는 심리학 용어 중에 안면 피드백 이론(Facial Feedback Theory)이 있다. 연필을 입에 물고 있으면 웃는 모습과 비슷하다. 이렇게 있다 보면 미소를 지을 때 사용하는 안면 근육을 많이 쓰게 되어 긍정적인 기분으로 바뀐다고 한다.

물론 사장의 장단에 맞추기 위해서도 고개를 끄덕여야 하지만 당신의 생각을 긍정적으로 바꾸기 위해서도 필요하다. 고개를 끄덕이는 긍정적 행동은 생각도 긍정적으로 바꾼다.

4_ 사람 사는 곳은 어디나 같다

서구 사회는 합리성과 공평함을 추구한다고 알려져 있다. 그래서 보고 지시나 평가도 합리적으로 실행된다고 믿는다. 외국 회사에서 오랫동안 근무한 경험을 가진 한 직원은 사장에게 업무상 이의를 제기하다가 "Your boss is always right!"라는 말을 자주 들었다고 한다. 서구 회사에도 상사가 시키면 시키는 대로 해야 하는 지시가 있고 아부와 편애도 있다.

신성한 소(Sacred Cow)는 절대로 손을 대거나 만지면 안 된다. 메리데스(Merideth)가 쓴 『프로젝트 매니지먼트』에 나오는 프로젝트가 시작되는 이유 중 하나다. 회사의 막강한 권력을 가진 사람, 즉 회장이나 사장이 지시하는 프로젝트이므로 반대하지 말라는 뜻이다.

사람 사는 곳은 어디나 똑같다. 실현 불가능해 보이는 보고 지시에 화를 낼 필요가 없다. 다른 회사도 지금 당신이 근무하는 회사와 비슷하다. 필자는 현대, 삼성, LG에서 직장 생활을 했다. 회사를 옮긴 후 환영 회식에 가면 가장 많이 듣는 말은 "거기 좋은데, 왜 여기 왔어?"였다.

컨택 단계란 사장의 속마음을 읽어 내야 하는 때다.

군대의 정찰병처럼 적의 정세와 지형을 은밀하게 살피고, 관상쟁이처럼 미세한 얼굴 표정을 살펴야 하며, 영화감독처럼 배우의 몸짓을 읽어야 한다. 때로는 댄서처럼 랩에 맞추어 머리를 흔들 줄도 알아야 한다. 이것이 보고서를 잘 쓰기 위한 첫걸음이다.

1 보고서는 '펜을 드는 순간'이 아니라 '보고 지시를 받는 순간'에 시작된다. 이 순간에 보고서 작성의 방향이 결정될 확률이 높다.
2 보고 지시를 받는 장소와 상황도 다양한 의미를 가지고 있다. 따라서 상황에 맞추어 보고 내용의 깊이와 보고 시기를 판단해야 한다.
3 말과 몸짓이 일치한다는 것은 강조한다는 의미다. 반면에 말과 몸짓이 불일치한다는 것은 숨기고 싶은 것이 있다는 의미다. 몸짓을 읽어야 한다.
4 보고 지시를 받는 동안 '장단'을 맞춰라. 사장은 기분이 좋아져서 더 많은 정보를 흘려 줄 것이다.
5 긍정의 마인드를 가져라. 부정의 마인드는 '방어' 자세로 좋은 아이디어가 절대로 떠오를 리 없다.

Chapter 2
컨셉 단계

컨셉은 우리말로 개념(槪念)이다.

개념이란 '사물의 공통점을 빼내어서 만든 관념'이다. 개에 대한 개념은 '주둥이가 튀어 나오고 다리가 넷이며 온몸에 털이 있으며 친밀감의 표시로 꼬리를 흔들고 인간을 잘 따른다'이다. 그래서 사람들은 어떤 개를 봐도 그것을 개라고 인식한다. 즉 개념을 잡으면 사물이나 현상에 대한 인식을 확장할 수 있다.

컨셉으로 먹고 사는 사람들이 있다. 바로 카피라이터들이다. 카피라이터 탁정언의 『죽이는 한마디』라는 도서 제목처럼 이들은 제품을 표현할 '죽이는 한마디'를 기획하는 것을 업으로 한다. 패션, 자동차, 전자 산업 같은 제조업의 디자이너나 상품 기획자들도 마찬가지다. 이들도 소비자들이 '첫눈에 반할 제품'을 만들 수 있는 컨셉만 생각하면서 산다. 제조업에서의 컨셉은 '소비자가 느끼게 될 제품의 가치를 문장이나 이미지로 표현하는 것'이라고 정의한다. 기획자는 소비자의 욕구에 부합하는 제품의 가치를 문자나 이미지로 변화시킨다.

그런데 카피라이터와 개발자 사이에는 공통점이 있다. 둘 다 '무에서 유를 창조' 하는 창조적인 일을 한다는 점이다. 제품의 컨셉 도출 과정처럼 보고서도 눈에 보이지 않는 사장의 생각을 읽고 주변 경영 환경을 분석한 후 보고자의 생각을 표현한다는 점에서는 거의 동일하다.

자동차 회사들은 컨셉 카(Concept Car)를 모터쇼에 출품한다.

컨셉 카는 1~2년 이내에 양산할 제품이 아니다. 새로운 디자인과 기술을 검증하고 소비자의 반응을 보기 위한 것이다. 그래서 자동차 회사는 수년에 걸쳐 소비자의 라이프 스타일, 기술 발전 동향, 해외의 패션 트렌드 등을 조사하고 핵심 내용들을 압축해서 부문별로 미래 니즈(Needs)를 추측해 나간다. 개념의 정의처럼 '공통점을 빼내는' 작업을 하는 것이다. 그리고 이 미래의 니즈와 시즈(Seeds) 기술을 결합시켜 컨셉 카를 만든다. 이 컨셉 카에 사용된 기술은 수년간의 안전도 테스트 후 앞으로 양산될 차종에 적용한다.

컨셉 카는 소비자의 잠재의식, 정부의 정책, 미래 기술 등 처음에는 눈에 보이지 않는 추상적인 것에서 시작한다. 그러나 디자이너의 영감을 통해 점차 눈에 보이는 외관을 갖고 엔지니어의 손을 거쳐 비로소 컨셉 카가 탄생하는 것이다.

전자 제품을 생산하는 회사도 사정은 비슷하다. LED를 사용한 포켓 이미저(Pocket Imager)라는 제품이 있었다. 이것은 손바닥을 마주하고 깍지를 낀 크기의 초소형 프로젝터였다. 이 제품은 2004년까지 상용화되지 않던 LED

기술을 최초로 사용한 파일럿 제품(Pilot Product : 세대를 뛰어 넘거나 양산한 경험이 없는 제품을 개발하기 위하여 미리 만들어 보는 제품으로 대량 판매와는 거리가 멀다)이었다. 포켓 이미저는 소비자를 관찰해서 잠재니즈를 파악한 후 시즈를 결합시킨 제품이 아니었다. LED라는 시즈의 활용 가능 범위와 소비자들의 잠재니즈 중 LED의 효용성을 극대화할 수 있는 제품을 예측하여 컨셉을 만들었다.

컨셉 카가 정공법이라면 포켓 이미저는 변칙이다. 정공법이란 소비자의 잠재니즈를 찾은 후 니즈에 맞는 제품을 만들기 위해 시즈를 자체 개발하거나 기술을 도입하는 것이다. 대부분의 제조업에서 쓰는 방법이다. 변칙은 회사가 가지고 있는 시즈를 기반으로 해서 소비자의 잠재수요를 맞춘다. 대표적으로 애플이나 허먼밀러(Herman Miller) 같은 혁신을 추구하는 회사들이 주로 쓰는 방법이다.

소비자가 원하는 것을 찾는 활동의 결과물은 한 장의 낙서 같은 스케치나 한 줄의 문장이다. 그리고 이 결과물을 보거나 들은 사람이 "아, 그래! 그거!" 또는 "그래! 그런 거 필요해!" 라는 반응을 보였다면 '죽이는 컨셉'이라고 할 수 있다. '죽이는 컨셉'이란 기획자의 설명을 듣자마자 디자이너의 뇌에 심상(Mental Image)이 그려져 디자이너가 직관적으로 스케치를 할 수 있게 해주는 생각이다. 그리고 그 디자인이 제품으로 되어 소비자들을 만났을 때 소비자들에게 황홀함을 느끼게 할 수준이다.

다음은 필자가 기획했던 포켓 이미저 사례. 컨셉 카피는 포켓 이미저다. 이미지를 재생하는 포켓 사이즈의 기계라는 뜻이다. 이 카피와 더불어 아래와 같은 필자의 스케치를 디자이너에게 전달했다. 제품의 기능과 사용성을 문장으로 설명하는 대신 스케치로 설명했다. 아래의 스케치에는 디자이너 마음대로 위치를 변경해서는 안되는 스위치와 공기 배출구 같은 기능 영역과 배터리나 확장팩 등의 위치를 명시했다.

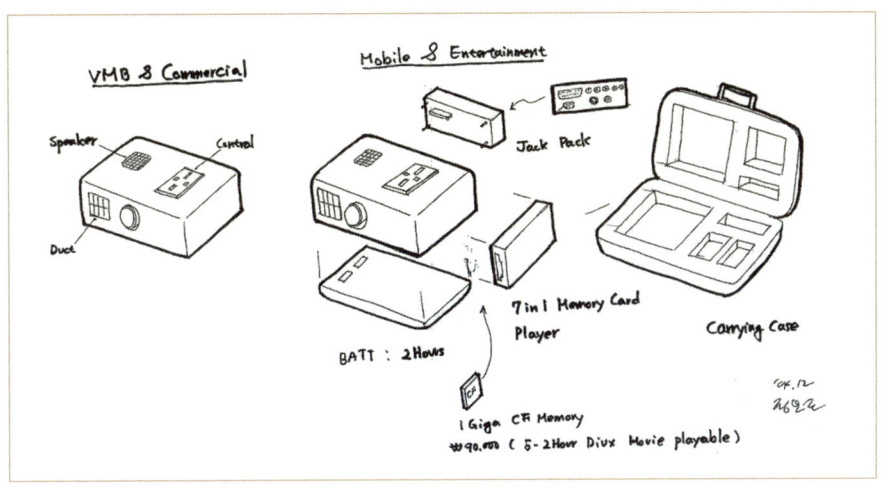

위와 같은 컨셉 스케치를 받은 디자이너는 다음과 같은 포켓 이미저의 외관을 그려냈다. 필자는 디자이너의 스케치를 보고 영감을 얻어 포켓 이미저에 맞을 만한 스피커나 초미니PC 같은 주변기기의 운반 가방 같은 액세서리의 컨셉 스케치를 그려냈다. 최초의 컨셉은 상품 기획자가 내지만 이를 구체화시켜 주는 것은 디자이너이고 이 둘의 협력으로 컨셉이 발전하고 확장된다.

보고서를 쓰는 과정은 컨셉 카의 사례와 포켓 이미저의 사례가 혼합된다. 가설 수립, 자료 수집 같은 초기 단계는 컨셉 카 개발 절차를 따른다. 그리고 보고서의 최종 소비자인 사장의 니즈, 속마음을 중심으로 가설을 세우고 분석한다. 각종 분석과 전략 수립 같은 중·후반 단계는 포켓 이미저 사례를 따른

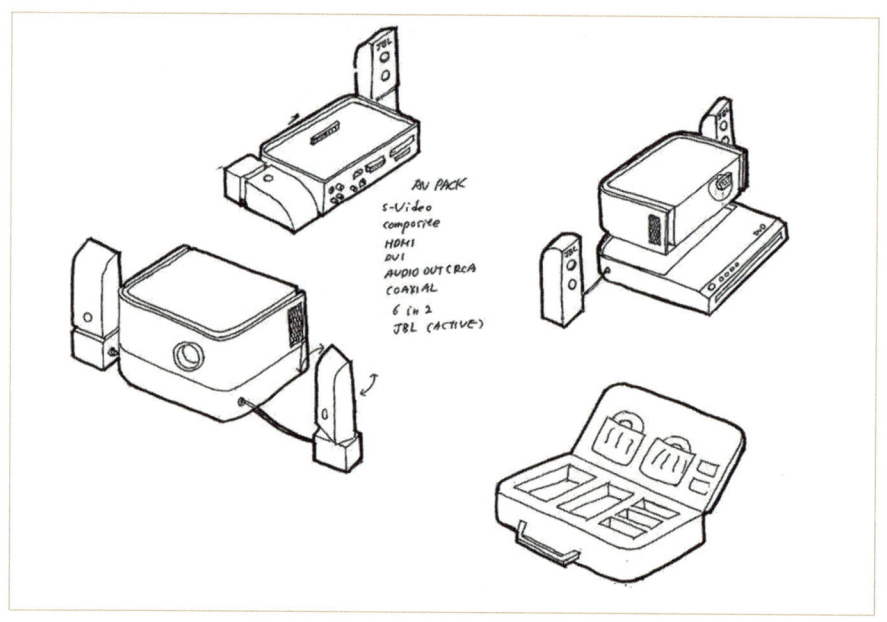

다. 즉 당신의 전문성을 살려 해결책을 찾고 전략을 세워야 한다. 그래서 사장이 보고서를 보는 순간 "아! 그래 이거!"라는 반응이 나와야 한다. 보고서를 작성하고 사장에게 전달되는 과정은 제품의 컨셉이 소비자에게 전달되는 과정과 같다.

❶ 컨셉 단계의 구성

컨셉은 다시 여러 개의 하부 단계로 나누어진다. 의도 분석, 가설 설정, 자료 수집, 가설 분석 및 결론, 검증 단계다.

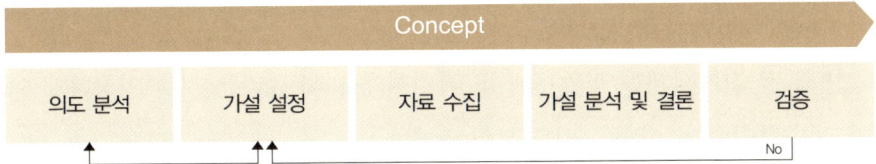

사실, 우리는 이미 일상생활에서 컨셉 단계를 무의식적으로 사용하고 있다.

영국 출장을 갔을 때 주재원의 집을 방문한 적이 있다. 주재원과 필자는 거래처와 미팅을 진행하느라 매일 외식을 하고 저녁에는 술자리를 가져야 했다. 3일차 저녁에는 기름진 음식들 때문에 노란색만 봐도 속이 불편했다.

주재원이 현관문을 들어서기가 무섭게 외쳤다.

"여보! 김치찌개!"

"계속 느끼한 것 드셨어요? 매운탕은 어때요?"

"좋지요."

"그럼, 매운탕 할게요."

"참, 싱겁게 할까요, 맵게 할까요?"

"맵게 해줘요!"

"오늘은 눈물 없이는 먹을 수 없는 매운탕입니다."

간단한 대화지만 이 안에는 보고서를 구상하기 위해 거쳐야 할 다섯 단계가 포함되어 있다.

대화 내용을 분석해 보자.

"여보! 김치찌개!"

남편이 아내에게 김치찌개를 해 달라고 부탁한다. 이것은 사장의 보고 지시와 같다.

"계속 느끼한 것 드셨어요?"

며칠 전 김치찌개를 먹었는데 또 김치찌개를 해 달라는 것을 이상하게 여겨 재차 확인한다. 이것은 의도 분석 단계다.

"매운탕은 어때요?"

김치찌개 대신 매운탕은 어떤지 제안한다. 매운 것이면 무엇이든 좋아할 것이라는 가설을 앞세운 질문이다.

"좋지요."

매운탕도 좋다고 하는 것을 보니 남편은 어떤 음식이든 간에 맵기만 하면 된다는 근거를 수집했다. 이것은 자료 수집 단계다.

"참, 싱겁게 할까요, 맵게 할까요?"

아내는 남편의 생각을 자세히 묻고 있다. 이것은 분석 단계다.

"맵게 해줘요!"

남편은 속마음을 보여 준다. 무엇이 되었든 간에 '맵기만' 하면 오케이다. 요리를 어떻게 할지 방향이 나왔다. 이것은 보고서의 결론이다.

"오늘은 눈물 없이는 먹을 수 없는 매운탕입니다."

아내는 저녁상에 올라갈 매운탕이 얼마나 매운지 한마디로 설명한다. 이것은 컨셉 카피다.

의도 분석 단계에서는 보고 지시를 내리게 된 배경이 무엇인지를 파악한다. 배경이란 '사장의 속마음'이다. 사장도 하고 싶은 말을 다하지 못하기 때문에 마음의 한구석에는 그 무엇이 남아 있다.

가설 단계에서는 앞으로 나아가야 할 목표를 정한다. 그런데 확실한 목표는 아니다. 가다 보면 방향을 바꾸어야 할 수도 있다. 따라서 보고 지시 사항과 사장의 속마음, 당신의 업무 지식, 최근의 경영 환경 등에 비추어 임시 목표를 결정한다. 우선 직관적 의사 결정을 하는 것이다.

자료 수집 단계에서는 설정된 가설을 검증하기 위한 자료를 수집한다. 그런데 자료를 편식해서는 안 된다. 편식이란 '가설에 부합하는 내용'만 수집하는 것이다. 오히려 가설에 부합하지 않는 내용이 더 중요하다. 가설을 다시 세우게 할 뿐만 아니라 대안을 세울 근거가 되기도 하기 때문이다.

분석 및 결론 단계에서는 수집된 자료로 가설을 분석한다. 가설이 맞았으면 그 가설을 기반으로 결론을 도출해간다. 여기서 결론이란 전략이다. 반면에 가설이 틀렸으면 다시 의도 분석 단계로 돌아가서 의도 파악은 제대로 되었는지 자료가 신뢰할 만한 것인지 논리 전개가 틀렸는지 검토한다. 가설이 옳은 것으로 판단될 때까지 이 과정을 반복한다.

검증 단계는 사장, 경쟁사, 사내 라이벌의 입장에서 보고서 내용을 다시 들여다보는 것이다. 사장의 입장은 높은 곳을 여유롭게 나는 독수리의 눈과 같다. 경쟁사는 당신의 먹이를 빼앗으려는 아프리카의 초원에 은밀하게 매복한 하이에나의 입장이다. 라이벌은 당신이 이미 잡은 먹이를 뺏으러 숟가락만 들고 오는 게을러터진 수사자나 마찬가지다.

이 셋의 공격을 피할 준비를 하는 것이 검증 단계다.

❷ 단계별 시간 투입 비율

보고 지시의 성격에 따라 투입해야 할 시간이 달라진다.

'10년 후 어떻게 할지 고민해 봐'와 같은 방향 설정이 난해한 지시를 받으면 의도 분석 및 가설 단계에 시간을 더 투입해야 한다. 방향을 잘못 잡으면 '첫걸음이 헛걸음'이 될 수 있다. 대신 검증 시간을 줄여야 한다. 먼 훗날 이야기를 정확하게 검증할 수는 없기 때문이다.

'내년 사업 계획 수립'이나 '경쟁사 역량 분석'처럼 구체적인 지시가 나오는 경우는 검증에 시간을 더 투입해야 한다. 검증이 제대로 되지 않으면 배경 분석에서부터 질문이란 고문을 받아야 한다.

항 목	방향 설정이 어렵지 않은 업무	방향 설정이 난해한 업무
지시 사례	내년 사업 계획 수립 경쟁사 역량 분석 및 대응책	중·장기사업 전략 수립 10년 후 무엇을 먹고 살 것인가
의도 분석	10%	10%
가설 수립	10%	20%
자료 수집	20%	20%
분석 및 결론	40%	40%
검 증	20%	10%

위 표에서 중·장기사업은 먼 미래 이야기라 검증에 한계가 있어 검증에 투입하는 시간이 10%다. 대신 먼 미래를 검토해야 하므로 가설 수립에 시간을 더 투입해야 한다. 단기 사업은 이와는 반대로 시간을 할애하면 된다.

❸ 단계별 필요 자질과 마음가짐

검증 단계를 제외하고는 처음부터 끝까지 긍정적 마인드가 필요하다. 특히 며칠 동안 보고서를 쓰는 일은 정신적, 육체적으로 힘들기 때문에 부정적 마인드가 자리 잡으면 창조적인 아이디어를 내기 어렵고 몸이 더 쉽게 피곤해진다. 그러나 검증 단계에서는 엄격한 잣대로 부정하는 마인드가 필요하다.

단 계	필요 자질
의도 분석	긍정적 마인드, 상황 파악, 다양한 경험, 결단력
가설 수립	긍정적 마인드, 추리력, 상상력
자료 수집	긍정적 마인드, 자료 수집력, 정보 탐지력, 넓은 발
분석 및 결론	긍정적 마인드, 차가운 머리, 정보 분석 및 유추 능력
검 증	부정적 마인드, 냉정한 마음

'❶ 컨셉 단계의 구성'에서 살펴 본 부부간의 짧은 대화도 컨셉 5단계로 구성되어 있다.

이 대화에 비하면 보고서는 여러 사람이 관여해서 작성하는 복잡한 문서다. 짧은 대화도 컨셉 5단계를 밟아 가는데 이보다 복잡한 보고서를 쓰는 데 절차를 밟지 않는다는 것은 신혼여행 계획을 대충 세우고 결혼하겠다는 이야기와 마찬가지다.

1_ 의도 분석

"지나치게 목소리를 높이지 마라. 비정상적으로 높은 목소리는 말하는 사람이 무언가 숨길 것이 있다는 증거다." 이것은 사막의 여우로 불렸던 에르빈 롬멜(Erwin Rommel)의 말이다.

지나치게 높은 목소리도 무엇인가 숨길 것이 있다는 의미지만 그 반대되는 행동도 마찬가지다. 화를 내야 정상인데 화를 내지 않고 있다면 이것도 이상한 일이다.

❶ 의도 분석의 필요성

　의도 분석을 해야 하는 이유는 입으로 한 보고 지시와 몸짓으로 보여 준 속마음이 다를 수 있기 때문이다. 따라서 사장의 최근의 행적, 경영 환경 등과 보고 지시한 내용을 비교해서 지시 사항과 몸짓이 실제로 일치하는지 조사해야 한다. 사장이 보고 지시를 할 때 강조하기 위해서 필요 이상으로 과장했거나 거짓말을 했을 수도 있고 체면상 하지 못한 말이 있을 수 있기 때문이다.

　필요 이상으로 화를 내는 순간의 지시는 과장된 것일 확률이 높다. 따라서 액면 그대로 믿고 지시를 행하면 안 된다. 점심 식사 중이거나 식사 후 차 한 잔 하러 갈 때 혹은 분위기가 좋을 때 다시 확인해야 한다. 그것이 곤란하면 측근에게 재확인을 해야 된다. 말 그대로를 믿고 실행하면 '시킨다고 다 하는 멍청한 녀석'이 될 수도 있다.

　또는 갑자기 화를 내면서 내린 지시에 대해 간단히 메일로 보고했는데 답신이 없는 경우도 보고한 내용을 함부로 수행해서는 안 된다. 이런 경우는 홧김에 지시를 내린 후 화가 풀리면서 이미 기억에서 사라져 버렸거나 곰곰이 생각해 보니 실행하지 않는 것이 낫다는 판단이 서는 경우도 있으므로 알아서 하라는 것이다. 실무자들은 "하라는 거야, 말라는 거야" 하면서 불평을 하겠지만 이러한 경우는 사장을 가까이에서 모시고 있는 스태프와 상의해서 판단하는 것이 좋다.

　화를 내면서 야단을 치고 "누가 말아 먹은 거야? 당장 경과 보고해!"라는 소리가 나와야 함에도 불구하고 차분하게 지시할 때가 더 무섭다. 화를 내본

들 이미 상황을 되돌릴 수가 없기 때문에 '이번에는 참고 지나간다'는 의미다. 이런 사건은 꼭 기억하므로 다음번에도 제대로 못하면 사장은 '활화산'으로 변한다.

이해와 오해는 한 글자 차이다. 의도 분석을 잘못하면 이해가 아니라 오해를 불러 일으킬 수 있다.

❷ 거짓말을 하는 이유

우리는 거짓말을 한다. 거짓말에는 생물학적 거짓말과 정치학적 거짓말이 있다. 생물학적 거짓말은 일종의 위장이다. 곤충과 초식 동물은 육식 동물의 공격으로부터 자신을 숨기기 위한 '보호색'을, 육식 동물은 초식 동물에게 눈에 띄지 않는 '위장색'을 가지고 있다. 정치학적 거짓말은 일종의 허풍이다. 싸울 때는 털을 세워 덩치를 크게 보이게 하고 '으르렁' 거리는 소리를 지른다. 이것도 자신의 본래 모습을 감추기 위한 기술이다. 우리는 유전적으로 물려받은 이 기술을 아직도 사용한다. 때와 장소는 달라도 둘 다 자신의 형체와 본심을 숨기려는 속셈이다.

우리는 하고 싶은 말을 다 하면서 살 수 없다. 특히 우리 사회는 혈연, 지연, 학연 등 출신 배경을 중요시하는 고배경 문화라서 더욱 그렇다. 벙어리 냉가슴 앓듯 체면을 유지하고 원만한 관계를 위해 하고 싶은 말을 못하고 산다. 자신의 속내를 드러내지 않고 체면이라는 미명 아래 일종의 '위장'을 한다.

사실 대다수 사람들은 거짓말을 한다. 학창 시절에는 '아파서' 결석한다고 거짓말을 한다. 결혼 전 양가의 상견례 자리는 거짓말 대회라고 해도 과언이 아니다. 이런 것은 귀여운 거짓말이다.

말을 듣는 사람이 위안을 갖도록 하는 거짓말도 있다. 의사가 치료 가능성이 없는 환자에게도 '치료만 잘 하면 나을 수 있어요', 입사 면접에서 떨어진 응시자에게 '자리가 없어서 채용을 못하게 되어 유감입니다' 라고 하는 것이 대표적이다.

본의 아니게 거짓말을 할 때도 있다. 말주변이 없어서 자신의 의도와는 다르게 상대방의 의견을 받아들인다. 하고 싶은 말을 다 하고 사는 불 같은 성격의 소유자라 할지라도 정확하게 자신의 의도를 전달할 수는 없다. 언어, 문화, 지식, 표현력의 차이 때문이다.

생존을 위한 거짓말도 있다. 기자들은 이 분야의 전문가인 동시에 피해자다. 열심히 취재를 했더니 기사 내용이 너무 많아 핵심만 뽑고 또 뽑아 기사를 제출한다. 그런데 편집부 통과 과정에서 난도질을 당한다. 그래서 기사는 연예인의 데뷔 전과 후의 사진만큼 차이가 난다. 이미 '핵심 중 핵심' 기사가 되었는데 또 뽑는다. 이것이 헤드라인이다. 이러한 칼질과 쥐어짜기 과정을 거친 헤드라인만 보면 기자와 인터뷰를 한 사람은 '속았다' 는 생각을 하게 된다. 인터뷰할 때는 고양이 이야기를 했는데 신문 기사에는 호랑이로 나오거나, 용 이야기를 했는데 뱀 이야기로 나온다.

게다가 신문사마다 보수 혹은 진보라는 필터를 가지고 있어서 '듣고 싶은 말' 만 듣고 '하고 싶은 말' 만 한다. 그러나 이것은 신문사만의 문제는 아니다. 사람들은 누구나 듣고 싶은 것만 들으며 보고 싶은 것만 보는 경향이 있다. 이것은 무의식적이며 자연스러운 현상이다. 그렇지 않으면 우리는 정보의 과잉으로 자신에게 지금 당장 필요하지 않은 정보를 분류해 내느라 아무런 결정도 하지 못 할 수 있다.

회사에는 정치학적 거짓말이 난무한다. 부하직원들이 상사에게 혼나지 않으려고 꾸며대는 '면피형 거짓말', 사장이 조직을 긴장시키고 업무 효율을 높이기 위하여 하는 '조직관리형 거짓말', 특정 업체를 지원해 주고 싶지만 규정상 직접 업체를 지정하지 못하고 간접적으로 압력을 넣는 '이심전심형 거짓말' 등 다양한 형태의 거짓말이 존재한다. 이런 거짓말들 중 보고서와 관련된 것은 '조직관리형'과 '이심전심형'이다.

'조직관리형' 거짓말은 대개 필요 이상으로 과장해서 업무를 지시하거나 필요 이상으로 화를 내는 경우다. 올해 TV 판매 실적이 예상보다 저조해서 10만 대로 예상된다. 그러자 사장이 호통을 치면서 "다음 분기에는 100만 대 팔아! 못 팔면 다 집에 가!" 같은 식으로 말한다. 이것은 실적 달성을 독려하는 지시다. 그런데 이것을 순진하게 글자 그대로 믿고 자재 발주를 100만 대로 했다가는 '말귀도 못 알아듣는 놈'이라는 소리를 듣기 십상이다. 갑자기 판매 목표를 상향 조정해서 생산량을 늘려 놓으면 후에 회사는 악성재고의 부담을 안아야 하기 때문이다. 그럼에도 예스맨(Yes Man) 스타일의 관리자들은 실제로 이런 사고를 친다.

'이심전심형' 거짓말은 "지난번 해봐서 다 알잖아!", "그 친구들이 일 잘하지 않아?"와 같이 말하는 경우다. 관련 업무에 정통하지 않은 사장이 자세한 설명을 해주기 곤란하면 이 같은 거짓말을 한다. 협력 업체를 선정하는 과정에서 특정 업체를 지정하고 싶을 때도 마찬가지다.

이 정도면 선의든 악의든 세상은 환상이다. 온 천지가 환상인데 보고 지시는 예외라고 하면 오히려 더 이상하지 않은가? 그래서 보고서를 쓰기 시작할 때 의도 분석은 필수다.

❸ 의도가 왜곡되는 경우

보고서를 쓸 때 사장의 의도가 실무자에게 제대로 전달되지 않는 경우가 많다. 그 이유는 다음과 같다.

첫째, 조직의 문화와 용어 차이 때문이다.

조직마다 '은어' 비슷하게 이심전심으로 통용되는 용어들이 있다. 삼성에는 '잘 챙겨라. 문제가 발생하지 않도록 하라…' 는 의미인 '관리' 가 있다. LG에는 '잘 따져봐라. 독촉해라…' 라는 의미인 '챌린지(Challenge)' 가 있다. 조직의 '은어' 는 사용 범위도 넓고 상황에 따라 느낌이 달라서 가끔 정확한 커뮤니케이션을 방해한다. 특히 사장이 새로운 조직을 맡으면 의도 전달이 잘 되지 않는 경우가 흔히 있다.

둘째, '배달 사고' 때문이다.

중간 관리자는 실무자에게 사장의 보고 지시 사항을 전달할 때 보고의 핵심인 사장의 속마음을 제대로 전달하지 못하는 경우가 있다. 특히 머리를 업무 노트에 처박고 열심히 받아 적는 관리자들이 그렇다. 그들은 사장이 한 말을 그대로 옮길 뿐 분위기를 파악해서 보고의 핵심에 어떤 내용이 있어야 한다는 것을 놓친다. 이들은 부하직원들에게 보고의 핵심을 전달하는 대신 '빨리 해' 라는 스트레스만 전달한다.

보고 지시를 받은 후 시간이 지나면서 당시의 기억이 희미해지는 경우도 생긴다. 우리의 기억은 배드 섹터(Bad Sector)가 계속 생기는 오래된 컴퓨터 하드디스크의 데이터 파일과 같다. 시간이 지나면서 일부는 우리가 마신 알코올로 지워지고 일부는 감정이나 나중에 일어난 비슷한 사건으로 변질된다. 결국 중간 관리자는 사장의 생각에 자신의 생각을 덧칠해서 실무자에게 전달한다.

셋째, 특정 분야의 지식이 부족해서 표현을 정확하게 하지 못한다.

이것은 신사업을 맡을 때 자주 발생한다. 대표적으로 소프트웨어라는 단어가 그렇다. 소프트웨어에는 펌웨어(Firmware), 미들웨어(Middleware) 같은 하드웨어를 지원하기 위한 분류부터 시작해서 단순 업무 처리를 위한 프로세싱(Processing) 성격의 소프트웨어가 있는가 하면 스마트폰의 터치를 관장하는 인지공학적인 소프트웨어도 있다. 그러나 연세가 있는 관리자에게는 어느 것이든 모두 소프트웨어다. 디자인이라는 단어도 그렇다. 컬러가 마음에 안 드는지 표면 처리 문제인지 실루엣이 마음에 안 드는지 사출 상태인지 정확하게 지적하지 못한다. 모두 '디자인이 나쁘다'로 표현한다.

넷째, 공개석상에서 하기 곤란한 지시가 있다.

요즘은 어느 회사나 정도 경영을 표방하므로 사주라도 특정 업체를 공개적으로 밀어 줄 수는 없다. 심지어 구매 담당자들 중에는 누군가 압력을 넣으면 필사적으로 그 업체를 탈락시키려는 사람들도 있다. 그런 업체들은 나중에 사고를 칠 확률이 높고 사고가 나면 자신이 모든 책임을 져야 하기 때문이다. 이런 경우는 아무리 눈치를 주어도 사장의 의도가 제대로 전달될 수 없다.

다섯째, 일부러 애매모호하게 지시를 한다.

당신의 업무 실력을 시험해 보고 싶기 때문이다. 애매하게 지시를 내리면 보고 방향을 잡기가 어렵다. 이때 보고 방향을 제대로 잡으려면 평소에 사장의 생각을 잘 읽고 있어야 하고 경영 환경의 변화를 잘 파악하고 있어야 하며 다양한 분야의 지식이 있어야 한다.

특히 미래 사업 같은 경우는 애매모호하게 지시가 나오는 때가 많다.

"홈시어터 사업 검토해 봐라!"처럼 이런 경우는 사업의 장래성이 눈앞에 보이기는 하는데 '무엇을 어떻게 해야 할지' 는 잘 모르기 때문이다.

이런 이유로 보고 지시를 받으면 사장이 '원하는 것' 이 무엇인지 사장의 속마음과 주변 정황이 일치하는지 다시 한 번 확인해야 한다.

❹ 관심법(關心法)

사장의 의도를 정확히 파악하려면 관심법을 써야 한다.

백성을 괴롭히기 위한 궁예의 관심법이 아니라 보고 지시자의 의도를 잘 파악하기 위해 회사의 동향에 관심을 가지는 관심법이다. 사장이 최근에 어디로 출장을 갔는지 누구를 만났는지 회의에서 어떤 지시를 내렸는지 자주 사용하는 단어는 무엇인지 신문과 잡지의 어떤 면을 즐겨 살펴보는지 관심을 가져야 한다. 또 손익 현황, 수주 현황, 경쟁사 현황은 관리자라면 보안에 문제가 되지 않는 한 어떤 업무를 하든 기본적으로 파악하고 있어야 한다.

보안을 핑계로 대개 정보와 자료를 공유하려 하지 않는다. 이것은 자료와 정보를 권력이라고 생각하기 때문이다. 정보와 자료를 많이 가지고 있어야 현실적인 대안을 모색하는 데 유리하고 창의적인 아이디어를 발상하는 데 효율적이다. 조직과 연봉, 인사와 투자에 관련된 사안이 아니라면 정보를 투명하게 공개해서 누구나 접근 가능하게 하는 것이 좋다.

관심법은 우리나라에서나 통하는 방법이라고 반문할지도 모르겠다. 하지만 서양의 속담에도 'Read between the lines(속마음을 읽어라)' 라는 말이 있다. 보고서를 잘 쓰고 싶다면 회사의 상황에 관심을 기울이자.

❺ 의도 분석 사례

| 사례 1 : ~에 대해서 보고하라 |

"홈시어터에 대해서 보고하라."

전해 들은 내용만 보면 지시가 너무 포괄적이다. 가설은 고사하고 무엇을 어떻게 해야 할지조차 알 수가 없다. 만약 '경쟁사의 홈시어터 사업 전략과 우리의 사업 전략을 비교 분석하라'는 식으로 구체적인 지시를 했다면 가설은 세울 필요도 없다. '경쟁사'와 '우리 회사'라는 비교 대상이 분명하고 '사업 전략'이라는 비교 주제가 분명하기 때문이다. 그런데 위의 지시처럼 대상과 주제는 고사하고 보고 지시를 하게 된 배경조차 추정하기 어려운 때는 지시의 발단으로 추정되는 것부터 나열해 보아야 한다. 즉 '왜 이런 보고 지시를 했는가?'에 대한 답변을 생각해 봐야 한다.

홈시어터가 무엇인지 알고 싶어서.

홈시어터 사업을 해 보고 싶어서.

사업부 구조 개편을 위해서.

현재 생산 중인 제품의 경쟁력을 알고 싶어서.

집에 홈시어터를 설치하고 싶어서.

최근에 사장의 주 관심사, 지시 사항, 스태프의 인터뷰, 회의록 등을 검토하면서 각 항목의 가능성을 판단해 본다. 이 경우는 사장이 식사를 하면서 나온 말과 분위기가 결정적인 열쇠가 된다.

"우리도 한번 홈시어터 사업을 해 봅시다. 쇼장에서 보고하던 그 친구가 전문가 같던데…."

이 상황을 묘사해 준 주재원의 목소리와 어투 그리고 "우리도 한번"이라는 의미는 '사장이 홈시어터 사업을 해 보고 싶어 한다' 는 뜻이다.

	항목	가능성 (%)	
		Yes	No
1	홈시어터가 무엇인지 알고 싶어서	10	90
2	홈시어터 사업을 해 보고 싶어서	95	5
3	사업부 구조 개편을 위해서	40	60
4	현재 생산 중인 제품의 경쟁력을 알고 싶어서	50	50
5	집에 홈시어터를 설치하고 싶어서	1	99

위와 같은 표를 작성하여 각 항목을 되짚어 보면 판단하기가 용이해진다. 가능성이 제일 높은 것은 '홈시어터 사업을 해보고 싶어서' 가 된다. 즉 홈시어터 사업을 한다는 가설이 나온 셈이다. 제품 경쟁력을 파악하고 싶다는 가능성도 있으나 낮다고 보는 편이 더 합리적이다. 이렇게 애매한 부분은 분석과정에서 되짚어 보면 된다.

의도를 정확하게 분석하기 위해서는 한 가지 사실에만 주목해서는 안 된다. 여러 정황을 놓고 판단해야 한다.

| 사례 2 : 진주만 기습에서 나타난 참모들의 오판 |

1941년 12월 7일, 일본 해군은 진주만을 기습 공격했다.

당시 일본 해군의 함대사령관은 야마모토 이소로쿠 제독이었다. 그는 일본 해군 사관학교 졸업 후 하버드에 유학했고 미국 대사관 무관으로 근무한 적이 있어 미국의 저력을 잘 알고 있었다. 그래서 장기전으로는 미국을 도저히 이길 수 없다고 판단하고 단기전을 치르기로 했다.

진주만에 있는 미 해군을 궤멸시키면 1~2년 동안은 미 해군이 태평양에서 활동할 수 없었다. 이 힘의 공백 기간 동안 태평양의 섬들과 오스트레일리아를 점령하면 태평양에서 전략 거점을 잃은 미국은 반격이 불가능하여 화평 협상을 할 수밖에 없을 것이라고 생각했다. 일본의 대미 전쟁의 숨은 목적은 미국 본토 점령이 아니었다.

진주만 공습 시 1순위 목표는 항공모함, 2순위는 전함, 3순위는 항만 시설 및 유류 저장고, 4순위는 비행장의 항공기였다. 공습은 1, 2차로 나뉘어 진행했다. 전함 8척을 포함하여 22척의 함선을 대파했고 7대의 항공기를 제외한 331대를 파괴했다. 숫자만 놓고 보면 대성공이었다. 그런데 2차 공습에 참가한 조종사들은 남아 있는 시설물 파괴를 위하여 3차 공습을 하자고 주장했다. 그러나 나구모는 3차 공습을 할지 철수를 할지 고민하다 철수하기로 결정했다.

만약 하와이의 지원 시설이 파괴되면 미 해군은 샌프란시스코나 샌디에이고에서 출항할 수밖에 없고 함정의 항속거리와 보급 문제를 생각하면 미 해군의 활동 반경은 축소되었을 것이다. 그러나 피해를 입지 않은 선박 수리 시설과 유류 저장 시설 그리고 막강한 미국의 생산력 덕분에 미 해군은 6개월 만에 다시 태평양으로 나왔다.

만약 지원 시설과 유류 저장 시설을 파괴했다면 미 해군은 1년 가까이 태평양에서 작전이 불가능했을 것이다. 태평양에서 힘의 공백 기간이 길어져 그동안 일본군이 중부 태평양을 완전히 점령할 수도 있었을 것이다. 그러면 중부 태평양 전투는 미국에게는 힘든 전투가 될 수밖에 없었을 것이고 일본은 원래 목적대로 미국과의 화평조약을 하든가 미 해군과 재교전을 하더라도 훨씬 더 유리한 위치에 있었을 것이다.

역사가들 사이에서는 나구모의 조기 퇴각에 대하여 의견이 분분하지만 체스터 니미츠는 그의 회고록에서 '나구모의 결정은 잘못된 것'이라고 못박았다.

나구모는 나구모대로, 공습 현장의 지휘관은 지휘관대로 상관인 야마모토의 깊은 속을 이해하지 못했다. 야마모토가 사전에 미국과 유리한 조건에서 화평을 맺기 위해 전략적으로 시간을 벌기 위한 전쟁을 수행해야 한다고 설명했으면 되지 않았겠냐고 할 수도 있다. 하지만 당시 일본의 국내 분위기상 보안과 사기 진작 때문에 그것은 아마도 곤란했을 것이다.

이것은 상관의 속마음을 잘못 읽어서 화근을 남겨둔 사례다.

2_ 가설 설정

가설이란 원래 수학이나 천문학 같은 과학 분야에서 쓰이는 용어다. 가설이란 '확정되지 않은 현상을 설명하거나 특정 이론을 증명하기 위하여 잠정적으로 설정한 주장'이다. 학문적인 연구는 아니지만 보고서를 쓸 때도 가설은 중요하다. 가설을 세우지 않으면 사장의 지시가 실제로 옳은지 그른지 검증할 수 없고 보고 지시에 맞는 결과를 내기 위한 자료 조사 방향과 범위를 정할 수 없어 시간을 낭비할 수 있기 때문이다.

❶ 가설이 필요 없는 경우

보고서를 쓸 때마다 반드시 가설을 세워야 하는 것은 아닌데, 그 경우를 살펴보면 다음과 같다.

첫째, 주간·월간 보고서처럼 주기적으로 일어나는 일과 매출 부진 사유와 같이 형식과 내용에 큰 차이가 없는 보고서를 작성할 때이다.

둘째, 목표를 달성하기 위한 경우의 수가 한두 가지밖에 되지 않거나 이미 경험이 축적되어 있어 누구나 예측할 수 있는 일이다.

셋째, 구체적인 결과까지 예시된 보고 지시를 받은 경우이다. 이미 방향이 결정되었고 결론을 내린 것과 같기 때문이다.

넷째, 사장의 속마음을 확실히 아는 경우도 가설은 필요 없다. 이때는 최종 목표에 도달하기 위한 방법, 효율적인 실행 계획이 보고서의 내용이 된다.

❷ 가설이 꼭 있어야 하는 경우

중장기 사업 계획 수립, 차년도 사업 방향 설정, 신규 사업 추진 검토, 신상품 도입 같은 규모가 큰 전략을 세워야 하는 보고서를 쓸 때는 가설이 꼭 필요하다. 또한 "스마트폰이 뜨는데 액세서리 시장도 커질 것 같으니 한 번 검토해 봐!"와 같이 '시험 삼아 찔러보는' 보고 지시에도 가설이 필수적이다.

가설은 보고서가 올바른 방향으로 가도록 해 주는 표지판이기도 하지만 시간을 아낄 수 있는 지름길이기도 하다. 특히 보고서를 작성하는 참여자가 많거나 다른 부서와 협력해서 보고서를 쓰는 경우에는 지향점을 잃어버리고 표류할 가능성이 높다. 그러나 가설이 있으면 선명한 결론의 이미지(Output Image)가 있어서 최종 결과에 대한 혼란이 일어나지는 않는다.

보고 결론에 대해 구체적인 지시를 받았으면 가설은 필요 없다. 하지만 사장의 예측이 항상 맞는다는 법은 없으므로 구체적인 결과가 이미 예측된다고 하더라도 가설은 검토해 볼 가치가 있다. 단 가설을 세우고 검증하느라 보고 타이밍을 놓쳐서는 안 된다.

❸ 어떻게 가설을 세우는가

| 가설 1 |

"천왕성의 움직임이 이상하다!"

프랑스의 천문학자인 알렉시스 부바르(Alexis Bouvard)는 천왕성의 궤도가 예상과 다르게 움직인다는 것을 발견하였다.

천왕성의 궤도는 뉴턴의 역학으로 계산되었으므로 그 궤도가 예상과 다르다면 뉴턴의 역학이 잘못된 것이 된다. 그러나 계산은 맞았으므로 '천왕성 주변에 다른 행성이 있어서 천왕성의 운동에 영향을 주고 있다' 라는 가설을 세울 수 있었다. 이렇게 해서 발견된 것이 해왕성이다. 해왕성은 다른 별들과는 달리 육안이 아니라 뇌안, 즉 계산에 의해 발견되었다.

| 가설 2 |

"유레카!"

이것은 아르키메데스가 목욕탕에서 비중의 원리를 깨닫고 외친 소리다. 그는 '동일한 무게의 금과 은은 부피가 다르므로 진짜 왕관과 가짜 왕관의 무게가 같다면 그것들의 부피는 달라야 한다' 는 가설을 세웠다. 그리고 왕관을 물에 넣어 넘친 물의 양으로 순금으로 만들어졌는지를 가려냈다.

이 두 사례는 가설이 세워지는 과정을 보여 준다. 자연 현상이나 특정 대상을 오랫동안 관찰하면서 특이한 점을 포착하고 그 특이점을 설명할 수 있는 가설을 세우고 그 가설의 진위 여부를 수학적 계산이나 실험으로 증명했다.

| 가설 3 |

연합군의 상륙 예상 지점을 두고 독일군의 수뇌들이 설전을 벌였다.
"적은 노르망디로 온다!"는 롬멜 원수의 가설이었다.
롬멜은 연합군의 상륙 패턴(북아프리카 및 시실리)으로 미루어 볼 때 노르망디로 올 것이라고 예측했다.

| 가설 4 |

"적은 칼레로 온다!"는 룬트슈테드 원수의 가설이었다.
룬트슈테드는 칼레가 영국에서 가장 가까워 군수 지원이 용이하므로 칼레로 상륙할 것이라고 예측했다.
앞의 네 가지 가설 사례를 자세히 살펴 보면 다른 점을 발견할 수 있다.
각 경우마다 가설을 세우게 된 동기가 다르다. 해왕성 발견의 경우는 특정 대상을 장시간 관찰한 결과였고 아르키메데스의 경우는 순간적인 포착이었다. 롬멜은 과거의 행적이었으며 룬트슈테트는 군사 상식이었다. 해왕성이나 아르키메데스의 가설은 과학적인 증명이 가능하다. 그러나 롬멜과 룬트슈테트의 가설은 증명이 불가능하다.

즉 가설은 과학용과 사업용으로 구별되어야 한다.

사업용 가설은 예측이나 예상이라는 표현이 더 어울린다.

과학용 가설은 장기간의 관찰이나 사색을 통하여 축적된 데이터를 기반으로 세워진다. 그리고 축적된 데이터로 실험을 하거나 증명한다. 그러나 사업용 가설은 데이터나 정보 수집을 위해 시간을 많이 투자할 수가 없다. 시간이 많이 지나면 경쟁사도 시장도 모두 움직여 상황이 바뀌기 때문이다. 게다가 사업용 가설은 데이터나 정보 그 자체만으로 가설을 입증하기 힘든 경우가 더 많다. 물론 사업용 가설도 데이터가 많거나 경험이 많으면 가설을 세우기 쉽다. 그러나 이런 경우는 드물다. 영국 본토 정찰이 불가능했던 롬멜이나 룬트슈테드처럼 데이터나 정보가 부족한 경우가 대부분이다. 따라서 신사업이나 신상품 회의에서는 항상 가설의 대립으로 설전이 벌어진다. 역사적 사례들을 보면 데이터나 정보의 양과 깊이가 가설을 세울 수 있게 해 주는 원동력임을 알 수 있다.

그렇다면 데이터와 정보를 어떻게 다루어야 가설을 세울 수 있을까?

우선 유사한 정보끼리 묶도록 한다. 유사한 것끼리 모으면 정보의 속성이 쉽게 드러난다. 분류된 정보가 세 가지 종류라면 가설도 세 개가 된다. 이렇게 1차 분류된 정보들을 다시 한 번 분류해야 한다. 그러면 또다시 가지가 생기기 시작할 것이다. 수집된 정보가 속성을 드러낼 때까지 이 과정을 반복하여 진행한다. 더 이상 풀어 헤쳐지지 않는 단계까지 가면 그 본질이 드러난다.

가설 형성 과정1

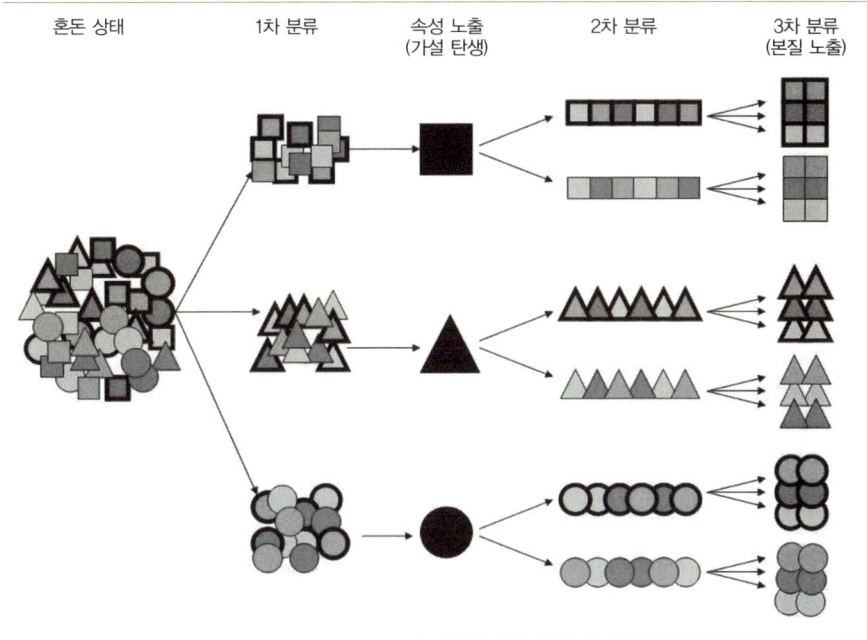

위 그림 중에서 혼돈 상태를 가을에 나타난 서해안 갯벌의 새 떼라고 가정하자. 덩어리 속에 몇 종류의 새들이 어떤 상태로 있는지 알 수 없다. 그러나 이 새 떼를 종류별로 운동장에 모아 놓으면 쉽게 알 수 있다.

운동장에서 보면 새들이 무늬별로 사각형, 삼각형, 원의 형태를 하고 있음을 알 수 있다. 이들을 외곽선이 굵은 줄무늬 새와 가는 줄무늬 새로 다시 분류할 수 있다. 이 새들을 다시 줄 세워보면 털의 색깔이 연두, 주황, 하늘색으로 나누어진다.

혼돈의 상태에서는 아무것도 보이지 않았다. 그러나 각각의 특징별로 분류하고 나면 무엇인가 보이려고 한다. 그런데 분류만 해 놓았다고 가설이 세워지지는 않는다.

새들이 여름에는 없다가 가을에 서해안에 '떼'로 있다는 것은 그만한 이유가 있다는 뜻이다. 새를 분류해 보니 텃새가 아니다. 철새다. 새의 형상은 같은데 털을 보니 무늬의 모양이나 색깔과는 상관없이 굵은 줄과 가는 줄로 나타났다. 이로 보아 이들이 과거에는 한 뿌리였다는 추정을 할 수 있다. 한 뿌리였지만 사는 지역이 다르다 보니 위장 효과를 높이기 위해 줄의 굵기와 색깔이 달라졌다는 추정도 가능하다.

이와 같은 추정이 가설이다. 이 가설이 맞는지 검토하기 위해서는 종류별로 인식표를 달아서 이 새들이 봄이 되면 어디로 날아가는지 알아내어 서식지의 환경을 조사하고 서식지의 무엇이 새들의 무늬를 달라지게 했는지 알아내면 된다. 만약 서식지가 같다면 서식지가 달라서 무늬가 달라졌다는 가설은 틀린 것이 된다.

그러나 위의 가설에는 비약이 있다. 비약이란 확실한 연결 고리가 없음에도 불구하고 다음 단계로 뛰어넘어 가는 것이다. 새들의 무늬와 색상은 달라도 모두 형상이 같고 살아다닌다는 점을 근거로 '과거에는 한 뿌리'였다고 보았다. 즉 귀납 추론을 했다.

귀납법이란 구체적인 사실, 경험, 실험 등을 종류(種類) 전체에 대한 일반적인 인식으로 이끌어 가는 절차다. 일종의 비약, 일반화를 한다.

"말은 심장을 가지고 있다. 소는 심장을 가지고 있다. 돼지는 심장을 가지고 있다. 따라서 모든 포유동물은 심장을 가지고 있다."

소, 말, 돼지가 심장을 갖고 있으므로 '모든 포유동물은 심장을 가질 것이다'라고 가정한 것이다.

가설이 틀렸다면 다시 한 번 원점으로 돌아가서 정보를 재분류해야 한다. 분류 기준이 잘못 되었을 수도 있기 때문이다. 앞의 그림에서는 줄의 굵기별로 분류했지만 다음의 그림은 색상별로 분류했다. 그러면 3차 분류에서는 각 색상별 무늬의 굵기라는 최종 결과물이 나온다. 혼돈의 상태는 같지만 데이터의 모양이 달라지는 것이다. 달라진 데이터 모양은 다시 새로운 가설을 세울 수 있는 동기가 된다.

가설 형성 과정2

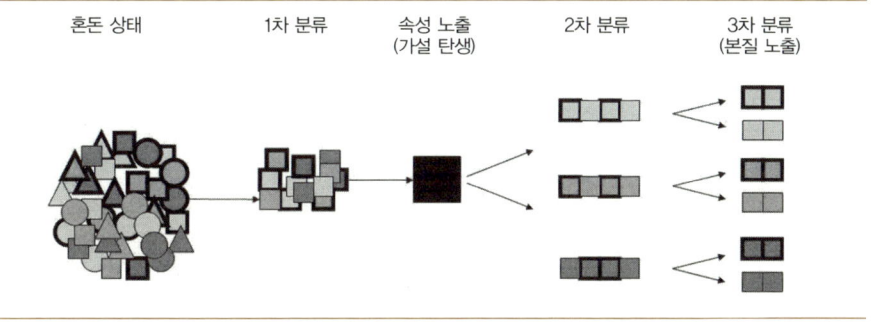

이렇게 가설을 수립하기 위하여 분류를 하는 기준과 여러 가지 가설의 발생 가능성을 검토하는 절대적인 방법은 무엇일까? 불행하게도 가설 검토 방법은 정해져 있지 않다. 무엇을 기준으로 2차 분류를 하고 3차 분류를 할 것인가는 보고자의 경험과 통찰력에 따라 달라진다. 보스턴 컨설팅 그룹의 컨설턴트 우치다 카즈나리는 『가설 사고, 생각을 뒤집어라』에서 '가설을 세우는 방법에 대한 정설은 없다'고 말했다. 단 정설은 없으나 주의할 점은 있다. 특히 사업용 가설을 세울 때는 연역법을 써서는 안 된다.

"사람은 죽는다. 소크라테스는 사람이다. 따라서 소크라테스는 죽는다."

이 가설은 소크라테스가 사람인줄 모르는 사람에게는 유용할 수 있다. 마찬가지로 회사 외부에서 온 컨설턴트들에게는 이런 가설도 유용할 수 있다. 그러나 연역법은 세우나마나한 가설이다. 전제로부터 필연적으로 결론이 도출될 수밖에 없으므로 가설을 세우는 데 도움이 되지 않는다. 회사 보고서에 연역법을 쓰면 "사람은 다 죽는다며? 이미 한 소리 왜 또 해!"라는 잔소리만 듣게 될 것이다.

"제품이 싸고 좋으면 잘 팔린다. 통 큰 제품은 싸고 좋다. 따라서 통 큰 제품은 잘 팔린다."

이것 또한 세우나마나한 가설이다. 그런데 회사에서 세우는 가설은 노르망디 상륙 방어를 해야 하는 독일군과 비슷한 처지다. 근거 자료가 충분하면 가설을 세우기 쉽지만 그렇지 못한 경우가 대부분이다. 그래서 회사에서는 가설을 세우는 것이 아니라 '일의 방향을 추정'하거나 '문제 해결을 위한 가정'을 하는 것이 대부분이다.

❹ 가설 수립 사례

| 사례 1 : 홈시어터 사업 |

'홈시어터 사업을 한다'면 무엇을 어떻게 해야 하는가?

무엇보다도 홈시어터의 개념을 정확하게 정의해야 사업 전개 방향, 범위, 기간 등을 정할 수 있다.

'홈시어터는 최소 4평 정도의 방, 암막 커튼과 방음 시설, 5.1채널 이상의 스피커, AV리시버, DVD플레이어, 프로젝터가 설치되어 안락하게 영화를 즐길 수 있는 방'이다. 따라서 '이러한 방을 만드는 데 필요한 기기를 공급하고 기술을 지원하는 것이 홈시어터 사업이다'라고 정의할 수 있다.

이 정의에 따라 사업을 한다 가정했을 때 그 당시 사업부들의 제품력과 사업부의 역학 관계를 고려해 보면 거의 불가능했다. 그 이유는 다음과 같다.

첫째, 제품의 성능이 일본의 경쟁사보다 떨어졌다.

둘째, 제조업이므로 '영화를 보기 위한 방'을 만드는 사업과 무관했다.

셋째, 기술 지원 기기들을 캘리브레이션(Calibration)하고 세팅하는 작업이 불가능했다.

이 문제들을 해결하는 방법을 찾아야 했다. 한마디로 '당장은 홈시어터 사업이 불가능하니 어떻게 할 것인가?'라는 질문에 대한 대안을 찾아야 했다.

따라서 나올 수 있는 가설은 다음과 같다.

1 당장은 불가능하니 지금부터 체계적으로 독자 개발을 시작해서 2~3년 후에 시작한다.

2 기술 격차가 크고 '업의 개념'과 맞지 않으니 포기한다.

3 당장은 불가능하고 조기에 기술 격차가 줄어들 가망이 없으므로 OEM 사업으로 추진한다.

4 대부분의 소비자는 음질에 둔감하므로 현재 양산 중인 제품을 패키지(Package)하여 판매를 시작하고 본격적인 제품은 지금부터 준비하여 2년 후에 양산한다.

1번은 채택이 곤란했다. 사장들은 자신의 재임 기간에 세상에 널리 알려질 히트 제품을 만들고 싶어 하기 때문이다. 3년 후에 나올 제품이면 남 좋은 일만 시키는 것이므로 절대로 투자하지 않는다.

2번도 안 된다. 2번을 선택하는 순간 패배주의자, 부정적 인물, 아이디어 없는 사람으로 낙인찍힌다. '포기하는 것도 전략' 중 하나가 될 수 있지만 선택하지 않는 것이 좋다.

3번은 회사의 문화마다 다르다. 독자 개발을 중시하는 회사라면 선택해서는 안 된다. 그러나 M&A나 기술 도입을 많이 하는 회사라면 구미가 당길 만하다.

4번은 공격적인 경영을 하는 사장의 스타일에 맞을 만한 대안이다. 1%의 가능성만 있어도 밀고 가는 스타일이다. 1년 내에 개발해서 판매하는 것은 얼핏 보기에도 어려워 보이지만 2년은 기다려줄 만하다.

가 설	승낙 여부	이 유
2~3년 후에 독자 개발한다	20%	너무 늦음
포기한다	0%	핵심 사업이 될 것으로 판단
OEM으로 추진한다	10%	기술 자립 측면에서 재미없음
일단 패키지로 추진해 보고 2년 후에 본격 추진한다	70%	긴급 처방 + 장기 처방

보고서를 쓰는 이유 중 하나는 문제의 해결책을 찾기 위해서다.

사실은 홈시어터 사업의 정의 그 자체가 문제의 방향을 제시하고 있다. 당시 처한 현실을 고려하면 결론은 '홈시어터 사업은 제품의 성능 문제와 업의 개념이 달라 사업성이 불가능하므로 접어야 한다' 였다. 그런데 이런 논리로 결론을 내면 대개 '능력 없다'는 소리를 들었다. 따라서 합리적이라는 칭찬은 고사하고 온갖 방법과 아이디어를 동원해서 사업을 실현할 수 있는 방법을 찾아야 한다.

| 사례 2 : 적군이 어디를 공격할 것인가 |

진주만 기습을 받은 미국은 국민의 사기 진작이 필요했다.

그래서 미 해군은 항공모함을 은밀히 일본 본토에 접근시켜 일본의 수도 동경을 폭격하기로 결정했다. 그런데 보통 함재기는 항속거리가 짧고 폭탄 탑재량도 작아서 폭격이 불가능했다. 이에 대한 해결책으로 기상천외한 발상을 했다. 미국 육군항공대의 소형의 쌍발 폭격기인 B-25를 항공모함에 탑재하여 폭격을 하기로 한 것이다.

1942년 4월 18일 일본의 동편으로 조용히 접근한 둘리틀(Jimmy Doolittle)의 편대는 동경을 폭격했다. 이 일로 미군의 폭격으로부터 일본 본토는 안전하다고 철석같이 믿고 있었던 일본 군부에서는 난리가 났다. 특히 일본 해군은 이 사건으로 망신을 당했고 야마모토 이소로쿠는 일본 본토 방어선을 확장하기 위해 미드웨이를 조속히 점령하기로 결정했다.

작전을 성공시키기 위해 미드웨이 공격을 하기 전에 알류산 열도를 공격하는 양동작전을 구사했다. 호소스가 이누고로가 이끄는 제4알류산함대는 알류산 열도의 미군 기지를 공격하기로 하고 나구모 주이치가 이끄는 제1항공모함대는 미드웨이를 공격하기로 했다. 미 해군이 반격하러 나오면 야마모토 이소로쿠가 이끄는 본대와 교전을 하기로 했다.

미 해군 수뇌부는 진주만 공습 이후 일본 해군의 다음 공격 목표가 어디가 될 것인지 가설을 세웠다. 킹 제독은 오아후 섬일 것이라고 했고 니미츠 제독은 미드웨이일 것이라고 했다. 그러던 중 'AF는 미드웨이' 라는 사실이 드러나자 일본 해군을 기습하기로 하고 항공모함 3척을 주력으로 한 함대를 일본 함대의 동쪽에 매복시켜 놓았다.

일본군은 미국은 일본 본토를 절대로 공격하지 않을 것이라는 가설을 세웠고 자신들의 미드웨이 공격 의도를 모를 것이라고 예측했다. 반면 미 해군은 일본 해군의 공격에 대한 여러 가설 중 미드웨이 공격을 정확히 예측했다. 이 사례는 적의 의도에 대한 올바른 예측과 잘못된 예측을 보여 준다. 또한 가설을 어떻게 세웠느냐에 따라 그 결과가 어떻게 달라지는지 알 수 있다.

❺ 가설 설정 시 주의점

가설이란 씨앗만 보고 어떤 꽃이 필지 추정하는 것과 유사하다.

모든 씨앗에 정통한 사람은 어떤 꽃이 필지 정확하게 예측할 것이다. 반면 씨앗에 대해서 전혀 모르는 사람은 어떤 꽃이 필 것인지 맞추지 못하는 것이 당연하다. 정통하지는 않았다 할지라도 어느 정도 씨앗에 대한 지식이 있다면 서너 개로 압축할 수 있을 것이다.

보고서를 쓸 때 가설을 세우는 것 또한 마찬가지다. 경험이 많은 직원은 과거에 수행했던 업무와 유사하다면 그것이 아무리 미래의 신종 사업이라 할지라도 어느 정도 맞는 가설을 세운다. 그러나 경험과 지식이 부족하면 짧은 경험을 바탕으로 정보를 최대한 많이 수집해서 가설을 세울 수밖에 없다.

가설이란 일종의 상상이다. 상상력은 직관의 영향을 많이 받는다. 직관의 영향을 받는 것은 틀릴 확률도 높다. 아무리 정확하게 가설을 세우려 해도 정확할 수 없으므로 주의해야 할 점들이 있다.

첫째, 가설의 정확도에 집착해서는 안된다.

가설은 정설이 아니라 어디까지나 가설이므로 정도껏 해야 한다. 정도껏이란 컨셉 단계에서 가설을 세우는 데 시간을 아무리 많이 할애한다고 할지라도 보고서를 작성하는 총 시간의 20% 이상을 넘기면 안 된다는 의미다. 이미 건너온 돌다리를 다시 두들겨 볼 필요는 없다. 마찬가지로 결론이 보이는 보고지시도 가설은 필요 없다. 돌로 만든 다리는 사람이 한 명 지나간다고 무너지지 않는다.

둘째, 가설 찾아 삼만 리는 안 된다.

이것은 '신사업 진출 검토'를 할 때 주로 발생한다. 신사업이란 처음 가는 길이다. 최초로 사업에 진출하는 데 자료가 있을 리 없다. 오히려 자료가 충분히 있으면 누군가가 벌써 지나갔다는 증거다. 자료가 없는 부분은 창의력과 의지로 채워야 한다. 미 해군은 동경을 폭격할 폭격기가 마땅치 않자 '장거리 비행만 가능하면 된다'는 전제하에 육군 항공대의 폭격기를 이용하는 발상으로 전환했다. 그리고 항공모함으로 돌아올 연료가 모자라므로 '중국으로 간다'라는 불굴의 의지를 보였다. 신사업을 시작할 때 창의력도 사업을 추진하려는 의지도 없으면 자료만 찾으러 다니게 된다.

셋째, 가설을 세우는 논리에 목숨 걸어서도 안 된다.

사업을 수학이나 물리학으로 착각하는 사람들이 있다. 물론 이들에게 '사업이 수학이냐?'라고 물으면 '아니다'라고 대답은 한다. 이들은 흔히 해당 업무에 대한 전문지식이나 경험이 없어 직관력이 떨어지는 사람이다. 즉 자신감이 결여된 사람들이다. 그래서 꼬리에 꼬리를 무는 가설만 세운다. 그러다 보면 이야기가 돌고 돌아 가설을 세우기도 전에 지쳐버린다.

넷째, 모든 가능성을 모조리 검토해서는 안 된다.

가설을 세울 때는 일어날 가능성이 있는 사실을 하나하나 나열한 후 사장의 속마음과 회사의 전략, 보고자 자신의 의지에 의거해서 실현 가망성이 낮은 것을 하나씩 지워 나가야 한다. 이때 주의할 점은 '모든 사실을 중복 없이, 누락 없이' 열거하는 컨설턴트를 흉내내면서 검토할 가치가 없는 사소한 것까지 모두 나열해서는 안 된다는 점이다.

'모든 사실을 중복 없이, 누락 없이'는, 경험이 충분하지 못한 컨설턴트들이 컨설팅을 의뢰한 갑(甲)의 업무 절차와 문제점들을 제대로 파악하고 있지 못하므로 하나도 놓치지 말고 철저히 검토하라는, 컨설팅 회사의 내부 지침이다. 회사 내부 직원들끼리 돌려 볼 보고서를 '모든 사실에 대해 중복 없이, 누락 없이' 작성하면 너무 상식적인 일을 왜 검토 대상에 올렸냐는 소리를 듣게 된다. 해당 분야의 전문가나 업무 경험이 많은 직원들은 발생 확률이 높은 두세 개의 가설만 검토 대상에 올려놓는다.

이 네 가지 상황은 대부분의 회사 업무에 다 적용된다. 단 내년도 사업 계획을 세울 경우는 예외다. 원칙대로 할 경우 경기가 나빠질 것으로 예측되면 경영 계획을 축소해서 수립해야 정상이다. 그러나 아래와 같은 이유에서 그렇게 해서는 안 된다.

첫째, 축소 경영은 직원들의 사기에 영향을 미친다.

목표를 전년보다 낮게 잡으면 직원들에게 '동기 부여'를 시킬 수 없다. 그리고 매출을 줄여 잡으면 직원들은 어딘지 모를 불안감을 느끼고 회사 분위기가 패배주의에 물들어 간다.

둘째, 축소 경영 계획을 수립하면 회사가 성장을 하지 않아 일자리가 줄어든다.

그리고 공격적인 경영 마인드가 없는 관리자는 요즘같이 무한 경쟁을 하는 시장 환경에서 리더로서 호평 받지 못한다. 많이 벌어 많이 쓰는 선순환의 단맛을 보지 못하면 적게 벌면서 적게 써야 하는 악순환의 쓴맛을 보아야 한다.

셋째, 축소 경영 계획은 구조 조정이라는 '조직 재건축 설계도'를 불러들이는 신호다.

매출은 줄여 잡았는데 조직의 규모를 그대로 가져간다면 이익을 내기 어렵다. 이익을 내려면 구조 조정을 하든지 매출 계획을 늘여야 한다. 즉 타의로 제2의 인생 설계를 하지 않으려면 매출 계획은 항상 높게 잡아야 한다.

그렇다고 해서 너무 크게 늘려 잡아서는 안 된다. 업종과 회사가 처한 상황에 따라 다르지만 20% 정도 높게 성장시킨다고 하면 현재 공장의 가동률이 현저히 낮거나 회사 전체가 어떻게 돌아가는지도 모른다는 증거다. 가동률이 100% 근처인데 이렇게 공격적인 매출 계획을 잡았다면 공장 확충 혹은 아웃소싱(Out Sourcing) 계획이 반드시 있어야 하기 때문이다.

가설을 세우는 데 자원을 너무 많이 쓰지 말아야 한다.

웨스트포인트의 행동과학부서장 톰 콜디츠는 다음과 같이 말했다.

"어떤 작전 계획도 적과 만나면 쓸모가 없어진다. 처음에는 계획대로 밀고 나가려 하지만 곧 적들이 주도권을 잡는다. 뜻밖의 상황이 발생한다. 날씨가 바뀌고 핵심 자산이 파괴되고 적들이 예상치 못한 반응을 보인다. 많은 군대가 전투가 시작되면 10분 만에 무용지물이 되는 계획을 세우는 데 모든 것을 투자한다."

우리 속담에 일어날 확률이 높음을 뜻하는 '십중팔구'가 있다. 그리고 비슷한 뜻의 서양 속담으로 'ten to one'이 있다. 속담이란 입으로 전해져 내려오는 통계다. 통계는 데이터 활용의 결과물이다. 데이터가 충분히 있어야 가설을 세울 수 있다. 즉 속담이란 누군가가 처음 세웠던 가설이 수천 년 동안 맞아떨어지고 있는 것이다. 이렇게 보면 가설은 학자들과 컨설턴트만 쓰는 대단한 기법이라기보다는 머리를 덜 쓰기 위해 고대부터 내려오는 삶의 지혜다.

보고서는 '사장이 원하는 것'이 무엇인지 밝혀내는 것이므로 논리적인 접근보다는 심리적인 접근이 우선이다.

3_ 자료 수집

가설을 설정하고 나면 그 타당성을 검증해야 한다.

가설은 숙고할 시간, 힌트가 될 정보, 검토할 자료가 충분하지 않는 상황에서 주관적으로 정해지는 경우가 많다. 가설에 대한 검증을 제대로 하려면 여러 경로를 통하여 가설과 관련된 자료를 충분히 수집해야 한다.

자료에는 내부 자료와 외부 자료가 있다. 내부 자료는 사내 서류(보고 자료, 회의록, 이메일), 직원 인터뷰, 멘토의 조언 등이다. 외부 자료는 통계청 같은 공인 기관의 자료, 신문이나 잡지의 기사, 리서치업체의 자료와 전문가의 인터뷰 등이다.

범죄에 사용된 물건이나 흔적들이 증거물이 되는 것처럼 수집된 자료만으로도 가설을 입증할 수 있으나 이 자료들을 조합하고 가공해서 새로운 의미를 생성시켜야 가설의 타당성을 더 정확히 입증할 수 있다.

❶ 좋은 자료의 요건

이름 있는 요리사들은 맛있는 요리에 필요한 좋은 재료를 구하기 위해 많은 노력을 기울인다. 좋은 재료를 구하기 위하여 산으로, 바다로 직접 뛰어다닌다. 재료 생산 과정을 확인하기 위하여 농장이나 목장의 상황을 확인한다.

요리사가 재료를 고르는 데 제일 중요하게 여기는 것은 재료의 신선도다. 재료의 신선도가 떨어지면 만들 수 있는 요리의 가짓수가 줄어든다. 생선회처럼 익히지 않는 요리와 재료를 살짝 익혀야만 재료 고유의 질감과 맛이 우러나는 요리는 시도조차 할 수 없다. 따라서 요리사는 가진 기술을 모두 선보일 수 없다.

신선한 재료는 산과 바다의 향을 그대로 품고 있기 때문에 이미 그 자체로도 훌륭한 요리가 된다. 소설가 김훈의 『칼의 노래』 중 지형 묘사를 한 부분은 『난중일기』와 같은 기록을 보고 상상해서 쓴 글이 아니다. 강진만 어귀의 고금도를 묘사하는 문장은 답사를 하지 않고서는 그렇게 자세히 묘사할 수 없다. 그래서 그의 글을 읽으면 목 잘린 시체 썩는 냄새까지 생생하게 살아난다.

이와 마찬가지로 보고서의 자료 수집을 할 때 신선한 자료를 찾는 것이 무엇보다 중요하다. 신선한 자료란 산과 바다의 향이 나는 요리 재료처럼 현재의 경영 상황을 그대로 보여주는 자료다. 전쟁터에 나뒹구는 팔다리가 찢어진 시체에서 흐르는 피처럼 끔찍한 적자 상황을 그대로 보여 주는 자료다. 이런 자료를 찾기 위해서는 생산 라인과 영업 현장을 직접 가 보아야 한다.

신선한 자료란 가공되지 않은 자료(Raw Data)다.

가공되지 않았다는 것은 변형되지 않은 있는 그대로의 원형 상태의 자료다. 숫자로 된 자료의 경우 회사 전산 시스템에서 다운받은 상태 그대로를 말한다. 원형 그대로의 자료가 중요한 이유는 '제로 베이스'에서 검토를 하기 위해서다. 타인의 주관으로 오염된 자료는 객관적으로 상황을 판단하는 데 방해가 된다.

싱싱한 생선을 샀다 하더라도 손질 과정에서 내장을 터트리거나 피를 잘못 빼내면 생선 고유의 맛을 훼손하여 생선의 가치가 떨어진다. 마찬가지로 보고서의 자료도 손질을 잘못하면 의미가 훼손된다.

❷ 자료 수집 방법

자료를 수집하는 경로는 메일에 첨부된 자료, 인맥(회의 보고 시 사용된 자료 수집), 현장 조사, 조사업체 및 전문업체의 자료, 신문·잡지 스크랩, 인터넷 등이 있다.

| 메일 첨부 자료 |

가장 쉽게 자료를 모으는 방법이다. 메일에 첨부된 자료들 중 쓸 만한 것을 골라서 저장하면 된다. 이 자료를 잘 분류해서 저장하면 훌륭한 정보의 창고가 된다. 보고 지시가 내려오면 언제든지 열어서 참고할 수 있기 때문에 이 자료들은 보고 방향을 설정하는 의도 분석 및 가설 단계에서 유용하다. 평소에 이런 정보를 분류하고 모아 놓지 않으면 긴급한 보고 지시에 참고할 만한 자료가 없어서 쩔쩔 매게 된다.

그러나 분류 기술 없이 마구잡이로 자료를 저장하면 더 큰 재앙이 생길 수 있다. 틀림없이 원하는 자료를 저장해 둔 것은 기억이 나는데 찾을 수가 없는 불상사가 생길 수 있기 때문이다. 이런 불상사를 막으려면 분류체계를 잘 정리하고 다음과 같은 자료 수집의 원칙을 세워야 한다.

첫째, 디렉터리(directory)를 체계적으로 만들어야 한다.

디렉터리 중 레벨1은 찾아 보기 쉽도록 연도를 표기한다(예를 들어 '2011data'로 표기한다). 레벨2는 업무 특성별로 분류한다. 레벨2는 보고, 교육, 예산, 매출, 손익처럼 큰 주제로 분류하는데 7가지 정도가 적당하다. 7개가 넘어가면 분류 체계가 잘못된 것이다. 그리고 레벨3은 레벨2에 속하면서 더 자세히 분류해야 하는 항목들이다. 예를 들어 매출 디렉터리 아래에 구주, 미주, 아주 등으로 나눈다. 그런데 레벨3보다 더 깊게 들어가면 관리에 문제가 생긴다. 너무 디렉터리가 많아서 무엇이 어디에 들어있는지 파악하기 힘들어지기 때문이다. 따라서 보고서를 잘 쓰기 위해서는 '보고 참고'라는 디렉터리를 만들고 중요한 파일을 저장하는 것이 좋다.

둘째, 숫자 자료를 수집해야 한다.

숫자 자료 중에서도 특히 회사의 운영 현황을 알 수 있는 경영 실적이 포함된 자료가 중요하다. 회사 운영이 적자인지, 흑자인지, 적자 상태이지만 매출이 증가하는 경우인지, 흑자 상태이지만 매출이 감소하는 경우인지 등 자세한 경영 상황을 정확하게 알고 있어야 보고 방향을 올바르게 설정할 수 있기 때문이다.

예를 들어 상반기에 연속 흑자인데 7월에 적자가 예상된다.

"다음 달 어떻게 할 건가?"

사장이 물어 왔다.

"적자가 나지 않도록 대책을 세워 보고하겠습니다."

이것은 가장 일반적인 대답이다. 그런데 만약 당신이 수년간의 매출과 손익 자료를 분석했거나 알고 있다면 보고의 내용이 아래와 같이 달라질 것이다.

"과거 5년간의 자료를 보면 7월은 계속 적자였습니다. 적자 폭을 줄이는 방안을 강구하겠습니다."

"7월은 계속 적자였는데 그 이유는 여름휴가로 인한 매출 부진 때문입니다. 금년은 휴가지 판촉을 통해서 적자 폭을 줄여보려고 계획 중입니다. 반응이 좋으면 내년부터는 휴가철에 맞는 차별화된 상품을 개발해서 본격적으로 대응하겠습니다."

셋째, 경쟁사의 현황이 나온 자료를 수집해야 한다.

경쟁사 중에서도 특히 업계 1위 회사의 내부 자료를 구하는 것은 불가능하다. 직원들의 철저한 보안 교육 때문이 아니라 1등 회사라는 자부심 때문이다. 그러나 경쟁사 관련 자료는 전략을 짜기 위해서 꼭 필요하다. 따라서 신문, 인터넷, 조사업체의 자료 등을 통해 간접적으로 자료를 구해야 한다. 이외에도 회사 내에서 돌아다니는 '전략' 이라는 이름이 붙은 자료, 업계 동향 등이 나온 자료도 필히 보관해야 한다.

넷째, '보고 선수' 의 자료는 반드시 따로 관리해야 한다.

보고서를 잘 쓰는 사람의 파워포인트 화장법을 참고하라는 소리가 아니다. 스토리와 논리 전개하는 방법을 참조하면 많은 도움이 된다. 이들은 사실이 아닌 것도 사실처럼 느끼게 할 수 있는 '이야기꾼' 들이다. 체계적으로 정리된 자료가 들어 있는 컴퓨터는 '책상 위의 도서관' 이다.

| 인맥을 통한 자료 수집 |

대부분의 나이트클럽에 가 보면 덩치 좋은 남자가 입구 앞에 서 있다. 이들을 한국은 '기도', 서양은 바운서(Bouncer)라고 한다. 이들의 역할은 클럽의 '물 관리'이다. 수질이 나쁘면 좋은 물고기가 몰려들지 않아 나이트클럽의 운영이 어려워지기 때문이다.

보고 자료 수집도 마찬가지다. 좋은 물에서 놀아야 자료 수집이 쉽다. 좋은 물에는 좋은 정보를 가진 직원들이 논다. 그들이 가지고 있거나 만들어 내는 자료는 대개 활용 가치가 높다. 특히 기획부서, 사장의 스탭부서나 비서는 포섭 대상 0순위이다. 그들을 당신의 팬으로 만들어 놓아야 한다. 스탭부서의 부서장이나 파트장, 수석사원도 포섭 대상이다. 이들은 철저한 보안 유지를 위해 당신에게 자료를 주거나 기밀을 누설하지는 않는다. 그러나 이들의 목소리나 얼굴 표정을 읽으면 회사의 전체적인 분위기는 파악할 수 있다.

R&D 기획 담당자도 포섭의 대상으로 중요하다. 이들은 R&D 진행 현황을 파악하기 위해 온 연구실을 돌아다니며 엔지니어들을 만난다. 이러한 업무 특성 때문에 R&D 기획 담당자를 만나면 개발 상황을 한 번에 파악할 수 있다.

그렇다면 좋은 물에 사는 물고기들과 어떻게 하면 친해질 수 있는가?

첫째, 밥을 같이 먹어라. 밥을 먹는 자리에서는 긴장을 풀기 때문에 사귀기가 수월하다. 더 발전된 관계를 원한다면 술자리를 갖는 것이다. 다만 회사 내에서 공개적으로 회사와 상사를 흉보고 동료를 폄하하는 직원은 멀리 하라. 퇴근 후 술자리에서 스트레스를 푸는 정도의 불평은 뭐라고 할 수 없다. 그러나 근무 시간에 회사 내에서 공개적으로 하는 불만은 회사의 도덕성이 훼손되고 동료들의 사기를 꺾는다. 특히 신입 사원들에게 이런 모습을 보이는 것은 그

신입 사원의 인생을 망가뜨리는 행위다.

둘째, 진실하라.

신은 마음을 보고 사람은 겉모습을 본다. 비록 미래의 특정한 목적이 있다고 하더라도 동료를 진심으로 대하라. 같이 있으면 기분 좋은 사람이 되어라. 필요한 때만 이용하기 위해 가까이 한다면 동료들은 곧 눈치를 챌 것이다.

셋째, 마당발이 되어라.

어느 회사를 가든 집사 체질의 사람들이 있다. 딱히 일을 잘하지는 않지만 회사의 대소사에 꼭 참여한다. 참여만 하는 것이 아니라 궂은일도 마다하지 않는다. 이렇게 1년을 봉사 활동한 사람은 회사 내에서 모르는 사람이 없다. 즉 인맥이 넓어진 것이다. 마당발이 되면 자료를 수집하기가 쉬워지고 업무 협조도 잘 받을 수 있다.

넷째, 특기를 살려 스타가 되어라.

업무에서 주목을 받지 못해도 야유회에서 '가수가 온 줄 알았다?' 라는 소리를 듣거나 체육대회에서 '농구 선수를 했으면 좋을 뻔했다' 라는 소리를 듣는 직원들이 있다. 이들은 야유회나 체육대회 이전에는 아무도 알아주지 않았지만 이런 행사 이후에는 스타가 된다. 스타가 되면 팬들이 자료를 잘 준다. 그러나 부서 이기주의가 팽배하고 사방에 '줄' 이 펼쳐져 있는 회사에서는 자료 수집이 쉽지 않다. 회사도 사람 사는 곳이라 정도의 차이는 있으나 이기주의가 있고 줄이 있다. 인간은 사회적 동물이라 비슷한 '줄' 끼리 몰려다닌다. 그러므로 부서 이기주의와 '줄' 에 너무 민감하게 반응하지 않는 것이 좋다. 진실하면 마음의 문을 열게 되어 있기 때문이다.

다섯째, 잘나갈수록 자세를 낮추어라.

잘나갈수록 주시하는 사람들이 많다. 회사는 출세하려고 발버둥치는 '늑대들의 콘크리트 우리'이므로 감시한다는 표현이 맞는 듯하다. 특히 공부를 특별하게 많이 했거나 유별나게 잘난 사람이면 더욱 처신을 신중하게 해야 한다. 다른 사람이 반박하기 어려울 정도로 매사 논리적인 소리만 하는 사람은 동료들에게 열등감을 느끼게 하고 시기심만 불러일으킨다. 대다수의 사람들은 자신과 공통점이 없거나 잘난 사람들에게 반감을 가지는 경향이 있다.

| 현장 조사 |

"1990년 3월, 나는 금성사 영동 서비스센터를 사전 통보 없이 불시에 방문하기로 결정했다. 이번 방문은 점검을 위한 것이 아니라 담당자를 거치지 않고 고객과의 직접 대면을 통해 꾸밈없는 만남을 갖기 위한 것이다."
(구자경 LG그룹 명예회장의 『오직 이 길밖에 없다』)

우리는 여기서 경영주가 현장을 얼마나 중시하는지 알 수 있다.

직접 조사한 자료와 다른 사람으로부터 전달 받거나 인용한 자료는 힘이 다르다. "봤어?"라고 사장이 물었을 때 본인이 직접 조사한 것은 "봤습니다"라고 확신있게 대답할 수 있다. 그러나 이야기를 전해 들었다면 "그렇다고 합니다" 또는 "~같습니다"라고 남에게 슬쩍 미루는 대답을 할 수밖에 없다.

자료 가공도 마찬가지다. 엑셀 자료를 직접 가공해서 만들었을 때는 결론으로 나온 숫자뿐만 아니라 중간에 나오는 숫자와 로직에 대해서 하나도 빠뜨리지 않고 대답할 수 있다. 그러나 본인이 직접 하지 않은 경우는 중간 중간에 나오는 숫자를 일일이 외울 수 없다. 게다가 상황을 조금 바꾸어 예상치를 대답해 달라고 물어본다면 대답조차 할 수 없다.

몸으로 배운 것은 잊어버리지 않는다. 그래서 자전거는 한 번 배우면 잊어버리지 않는 것이다. 반면에 머리로 배운 것은 반복 학습을 하지 않으면 잊어버린다. 장기 기억으로 들어가야 하는데 단기 기억에만 머물다 사라져 버리고 만다. 그러나 머리로 배우지만 생고생을 하면서 배운 것은 잊어버리지 않는다.

"나는 책상 위의 전략은 믿지 않는다"라고 롬멜은 말했다.

그는 늘 전투 현장에 있었다. 북아프리카 전투에서 독일 군이 연합군을 계속 이기게 된 결정적 이유 중 하나는 정확하고 신속한 정보를 바탕으로 한 실시간 지휘가 있었기 때문이다.

| 조사업체 · 전문업체의 자료 |

조사 전문업체의 자료는 가능하면 조금만 사용해야 한다. 자신이 직접 만든 자료가 아니므로 너무 많이 인용하면 보고서에 힘이 없어진다. 그 이유는 업체가 원시 자료(Raw Data)를 가공해서 현장감이 떨어지기 때문이다. 그리고 조사 설계를 잘못하면 핵심을 빠뜨릴 수 있고 데이터를 가공하는 관점에 따라 엉뚱한 결론을 유도할 수 있다.

새로운 상품 기획을 하기 전에 설문지를 만들어서 STP(Segment, Target, Position) 조사를 많이 한다. STP 조사에서는 설문의 답을 비슷한 속성끼리 묶는다. 대게 5~6개의 세그먼트로 묶이고 이 과정에서 신상품 개발의 힌트가 될 극소수의 의견이 사라지는 '일반화'가 발생한다. 조사업체의 설문지 자체가 잘못 구성되어 있으면 애초부터 소비자의 마음을 읽어낼 수 없다.

조사 전문업체의 자료는 주문자의 요구에 맞추어 음식을 배달해 주는 케이터링(Catering) 서비스다.

앉은 자리에서 원하는 음식을 받을 수 있으니 편하기는 하나 음식의 조리과정을 알 수 없다. 맛이 없는 것은 당연한 일이다. 편한 맛에 자꾸 이용하면 '화학조미료'에 혀가 중독되어 천연조미료의 맛을 제대로 느끼지 못한다. 즉 조사 전문업체를 자주 이용하면 고객을 직접 만나는 기회를 놓쳐 고객들의 불만을 듣지 못해 인사이트를 찾아내지 못할 확률이 높다.

자료는 자신이 직접 손과 발바닥, 눈과 귀로 만들어라. 장인은 자신의 제품을 만들 때 잣대나 온도계 같은 계측기에 의존하지 않는다. 자신의 분신인 물건의 느낌을 보고 판단한다. 마찬가지로 절대 무감각의 소유자가 아니라면 현장에서의 인터뷰와 통계 숫자를 들여다보면 몸으로 느껴지는 사실이 있을 것이다. 이 사실을 당신의 경험과 영감으로 발효시켜 보고서를 끌고 갈 핵심 근거로 만들어야 한다.

| 신문 · 잡지 스크랩 |

지금은 검색 엔진의 발달로 신문과 잡지의 스크랩 활용도가 많이 떨어졌다. 그러나 업계 동향, 경쟁사 동향, 미래 사업의 방향 예측과 같이 보고 범위가 넓고 사외 자료가 많이 필요한 보고서를 쓸 때는 여전히 중요하다. 그런데 스크랩하는 데도 원칙이 있다.

첫째, 자세한 숫자나 표가 들어간 자료가 가장 가치 있다.

근거 자료 중 숫자나 표는 가장 힘이 세다. 기자가 미처 발견하지 못한 함축된 의미를 도출해서 새로운 방향을 제시할 수도 있다.

둘째, 경쟁사 및 동종업계 자료다.

실적, 내년 사업 계획, 문제점, 성공 사례 등이 나온 자료다. 내부 자료는 많지만 경쟁사 자료는 수집이 거의 불가능하다. 즉시 동원 가능한 자료는 당신이 평소에 모아놓은 자료, 인터넷 검색, 카더라 통신 등으로 매우 제한적이다.

셋째, 유사 사업에 관한 자료다.

앞에서 사장들은 신사업에 관심이 많다고 했다. 매출을 늘려야 하므로 현재의 조직과 시설을 이용해서 사업을 확장할 수 있는 신규 사업을 펼치거나 신상품 만들기를 희망한다. 현재의 조직과 시설을 이용해서 만들려면 컨버전스(Convergence) 제품이나 유사한 생산 공정을 가진 제품밖에 없다. 유사 생산 공정을 가졌다 하더라도 업종이 다르면 조직을 새로 구성해야 하므로 쉽지가 않다. 그래서 사장들은 컨버전스 제품에 관심이 많다.

인류 최초의 컨버전스 상품은 아마도 돌망치였을 것이다. 누군가는 돌을 던지고 또 다른 누군가는 막대기를 휘두르며 사냥했을 것이다. 그런데 어느 날 누군가 돌을 막대기에 묶어서 사냥을 했다. 막대기만 휘두르는 업종이라서 막대기와 나무에 관한 정보만 수집해서는 컨버전스 제품을 만들 수 없다. 돌과 나무를 묶을 수 있는 끈을 만드는 방법에 대해서 관심을 가져야 한다.

| 인터넷 |

인터넷의 정보와 자료를 사용할 때는 특히 주의해야 한다. 오염되거나 반쪽뿐이거나 출처가 불분명한 자료들이 대부분이기 때문이다. 그래서 인터넷으로 얻은 자료는 '그런 사실이 있었나 보다'라는 정도로만 활용해야 한다. 물론 정보의 출처가 신뢰할 만한 것이라면 자료로서의 가치가 있다. 따라서 인터넷

검색으로 얻은 자료를 보고서에 사용할 때는 출처를 필히 명기해야 한다.

특히 외국의 인터넷 자료는 대부분 처음부터 정보를 교류하기 위해 만들어 놓은 것이므로 참고할 만한 것이 많다. 이 자료들도 출처는 분명히 밝혀야 한다.

인터넷 자료에 대한 불신에도 불구하고 인터넷 조사의 최대 이점은 빠른 시간 내에 조사 범위를 넓혀준다는 것이다. 따라서 인터넷을 통해 '어떤 사건이 있었음'을 확인한 후 직접 눈으로 보고 발로 뛰어서 '심층 조사'를 하는 것이 바람직하다.

'Garbage in garbage out'을 우리말로 해석하면 '콩 심은 데 콩 나고 팥 심은 데 팥 난다'라는 뜻이다. 내용이 부실하거나 엉터리 자료로는 가설을 제대로 검증하지 못한다.

❸ 자료 수집 시 주의점

자료가 많으면 많을수록 좋다고 생각하는 것은 착각이다. 자료가 필요 이상으로 많으면 검토해야 할 내용이 늘어나 시간만 더 낭비된다. 조사된 자료 내용이 비슷비슷하면 필요 이상으로 자료 수집에 시간을 허비했다는 증거다. 가설을 입증하기에 적당한 자료를 충분히 수집했다고 판단하면 즉시 자료 수집을 중지해야 한다. 자료를 보는 순간 가설 입증이 가능한 정보인지 즉시 판단할 안목이 없으면 자료 수집에만 열을 올리게 된다.

적절한 시점에 멈출 줄 모르고 자료 수집만 여기저기서 하는 것은 학원을 여러 군데 다니면 성적이 저절로 오를 것이라 생각하는 것과 같다. 골프 실력이 없는 것을 골프채 탓으로 생각해서 끝없이 골프채를 바꾸고, 요리 실력이 없는 것을 요리 기구 때문이라고 생각하여 요리 기구를 열심히 사는 것과 같다.

자료 수집은 자료의 보안 유지와 희소성 때문에 은밀히 해야 한다. 보고서가 신규 사업 준비에 관한 것이라면 회사의 주가에 영향을 미치고 조직 개편에 관한 것이라면 조직의 사기와 분위기에 영향을 미치기 때문이다. 희소성이란 혼자만 알고 있는 것이 아니다. 소수의 인원이 알고 있고 그 가치를 인정해 줄 수 있는 사람이 있어야 한다. 남들이 다 아는 것은 자료로서 가치가 없다.

❹ 자료 수집 사례

| 사례 1 : 자료 하나가 결론도 바꾼다 |

1942년 6월 4일 새벽, 도모나가 대위를 선두로 108대의 일본 함재기가 미드웨이 공격을 시작했다. 1차 공격이 끝나고 도모나가 대위는 '2차 공격 필요'라는 무전을 날리고 귀함한다. 이 무전을 받은 일본 해군은 혹시 모를 미 해군 함대의 출현에 대비해서 어뢰와 철갑탄으로 무장하고 있던 예비대에 2차 공격을 위하여 지상공격용 폭탄으로 교체를 하라고 지시한다. 폭탄 교체가 거의 끝날 즈음 나구모에게 날벼락 같은 보고가 들어왔다.

'적 함대 발견'

일본군은 미드웨이를 공격하기 전에 정찰기들을 발진시켰다. 통상 정찰을 하면 각 정찰기마다 정찰 구역을 부채꼴 모양으로 정해서 180도를 커버하게 날린다. 예기치 못한 적의 기습에 대비하기 위해서다. 그런데 순양함 도네의 정찰기가 캐터펄트(Catapult) 고장으로 출격이 30분 지연되었다. 정찰기들이 모두 발진한 후 정찰기들로부터 '적 함선 발견'이라는 보고는 들어오지 않았다. 그러던 중 30분 늦게 출발한 도네의 정찰기로부터 보고가 들어온 것이다.

　일본 해군은 미드웨이를 공격하기 전에 미 해군 함대의 출항을 감시하기 위해 하와이 인근 해역에 잠수함대를 매복시켜 놓았다. 그런데 일본 잠수함대는 하와이 해역에 늦게 도착해 미 해군 함대의 출항 사실을 몰랐다. 순양함 도네의 정찰기가 미 해군 함대를 발견하기 전까지 일본 해군은 미드웨이 해역에 미 해군이 없는 것으로 철석같이 믿고 있었던 것이다.

미 해군이 출항한 것을 일본 잠수함이 파악했거나 일본 해군 정찰기가 조기에 미 해군을 발견했다면 일본 해군은 미드웨이 공격보다 미 해군 함대 공격에 주력했을 것이다.

| 사례 2 : 홈시어터 사업 |

　가설 분석을 하기 위해서 가설과 관련된 자료를 찾아야 했다. 또한 '홈시어터의 정의'에 대한 근거도 찾아야 했다. 그 당시의 제품 수준은 홈시어터 기기로 사용되기에는 외국 전문 회사의 제품에 비해 너무 떨어져서 사업을 꿈꾼 적조차 없었다. 그래서 홈시어터 정의에 관한 자료는 외부에서 구했다. 외국에서는 이미 취미 활동이 활성화되어 있어 전문 잡지가 있었다. 국내 동호인들을 만나 인터뷰도 했다. 이렇게 해서 홈시어터의 정의에 대한 자료를 구했다.

　가설의 내용을 검증하기 위해서는 '홈시어터 기기를 만들기 위한 기술, 패키지 가능성, 판매 준비'에 관한 자료를 수집해야 했다.

　기술 분야는 당시 회사가 보유하고 있던 기술과 경쟁사들과의 기술의 격차가 어느 정도인지, 경쟁사의 기술을 따라잡는 데 시간은 얼마나 걸리고 어느 정도의 투자가 필요하며 기술만 사오면 되는 문제인지 등을 조사해야 했다. 또한 회사 내 엔지니어의 인터뷰와 기술 자료를 참고했고 동호인과 수입상들을 인터뷰했다. 최신 기술 동향은 해외 잡지와 인터넷 사이트를 참조했다.

패키지는 '제품들을 어떻게 묶어 팔 것인가'에 대한 것이다.

패키지를 구성하려면 경쟁사의 패키지 현황부터 조사해야 한다. 이것은 인터넷으로 베스트바이(Bestbuy) 같은 미국의 유통 시장을 조사하는 것이 가장 정확하다. 경쟁사의 패키지에 대응하기 위한 기술과 관리상의 문제는 회사 내부의 문제다. 따라서 경쟁사의 패키지 현황은 디자인, R&D, 판매부서와의 인터뷰를 통해 조사했다.

판매 준비는 제품 개발 완료 후에 판매원 교육, 설치 및 배송, 애프터서비스, 마켓커뮤니케이션 등을 하는 것이다. 이 자료들은 마케팅부서의 담당자들을 인터뷰하며 수집했다. 자료를 수집한 상황을 표로 정리하면 다음과 같다.

구 분	기 술	패키지	판매 준비
메일 자료	X	X	X
인 맥	O	O	O
현장 조사	O	O	O
신문·잡지	O	X	X
인터넷	O	O	X

신사업인 탓에 관련 자료가 전혀 회사 내에 유통되지 않아 주로 인맥과 현장 조사를 통해 자료를 수집했다. 신사업을 진행할 때는 대개 노하우가 없기 때문에 노우웨어(Know-where)를 가진 인물이 중요하다.

4_ 가설 분석

분석이란 한눈에 보이지 않는 복잡한 것을 개별적인 요소나 성질로 나누어 자세히 들여다보는 것이다. 개별적인 요소나 성질로 나누면 복잡하게 얽힌 요소들이 단순해져서 이해하기 쉬워진다. 따라서 가설 분석은 하나의 가설이 정설이 될 수 있는지 혹은 여러 개의 가설 중 어느 것이 정설이 될지 수집된 자료를 기반으로 하나하나 풀어 헤쳐 가며 검토하는 일이다.

❶ 가설 분석
형사들은 사건 조사 시 조그만 단서 하나에도 주목한다. 그리고 이 단서를 분석하여 숨겨진 사실을 유추해 낸다. 이렇게 조금씩 밝혀지는 사실을 이리저리 조합하고 추리하여 범인을 잡는다.
코난 도일의 추리소설『네 사람의 서명』중에서 셜록 홈즈의 분석을 살펴보자.

"자네 형님은 칠칠치 못한 분이셨네. 앞길이 훤히 트여 있을 때도 있었으나 마지막에는 술을 마시는 버릇이 붙어 그만 돌아가셨군. 내가 알 수 있는 것은 이 정도일세."

"자네답지 않네. 홈즈, 자네가 이런 비열한 짓을 하리라곤 꿈에도 생각하지 못했네. 자네는 전에 불행한 형님의 경력을 나 몰래 알아본 적이 있었군."

"내 말 좀 들어보게. 나는 이 일을 추상적인 문제로 다루었기 때문에 자네에게 형님이 있었다는 사실조차 몰랐네."

"그렇다면 정말 놀라운 사실이네만 어떻게 그런 여러 가지 일을 알아낼 수 있었나? 하나에서 열까지 사실과 같으니."

"운이 좋았을 뿐이네. 가능성을 말했을 뿐이지."

"멋대로 짐작한 것이 아니었단 말이지?"

"당치도 않네. 자네가 이상하다고 느끼는 것은 추리의 기초가 될 수 있는 조그만 사실을 못 보고 넘겼기 때문일세. 회중시계 뒷면 아래쪽을 보게. 움푹 파인 곳이 두 군데 있을 뿐만 아니라 화폐며 열쇠며 다른 딱딱한 것들을 같은 주머니에 넣는 습관이 있는 것처럼 온통 긁힌 자국투성이임을 알 수 있을 걸세. 50기니(guinea : 옛 영국 화폐 단위) 씩이니 하는 시계를 아무렇게나 다루는 이라면 틀림없이 칠칠치 못한 사람이라고 추리하는 것도 무리는 아닐세."

나는 고개를 끄덕였다.

"영국의 전당포에서는 뒤 뚜껑 안쪽에 핀 끝으로 전당표의 번호를 새겨 두는 습관이 있네. 이런 번호가 네 개가 있네. 이 사실로부터 형님은 돈이 궁할 때가 자주 있었다는 첫번째 추리가 가능하네. 또한 이따금 경기가 좋아질 때 시계를 찾을 수 있었다는 두번째 추리가 가능하지. 마지막으로 열쇠 구멍이 있는 안쪽의 뚜껑을 보게. 구멍 둘레에 온통 자국이 나 있지. 열쇠가 부딪혀서 생긴 자국일세. 술을 마시지 않는 사람이라면 열쇠로 이런 금을 그을 리가 없지 않겠나. 그런데 술꾼의 시계는 반드시 이런 식으로 되어 있거든. 밤에 술에 취해 떨리는 손으로 태엽을 감아 이런 자국을 내게 되지. 어떤가, 지금 내가 한 말에 이상한 점이 있나?"

셜록 홈즈는 와트슨의 회중시계에 남아 있는 흔적들에 주목하여 와트슨의 형님이 어떤 사람인지 추리해냈다. 보통 사람들은 알아채지 못하고 지나칠 조그만 글씨나 홈 등을 근거로 과거 소유자의 습관과 생활상을 분석해냈다.

이 글을 통해 분석이란 어떤 과정인지 짐작할 수 있는데 셜록 홈즈의 분석 내용을 정리해 보면 아래와 같다.

사 실	분 해	가 설
오래된 비싼 회중시계	뒷면의 긁힌 자국	칠칠치 못한 사람. 관리를 잘 못하는 사람
	전당포 표식 4개	경제적으로 어려웠다가 풀렸다가를 반복했다
	태엽 구멍의 상처	술고래. 술에 취했거나 손을 떨어서 태엽 구멍에 상처를 냄
	아버지 시대의 것으로 관습상 장남이 승계	와트슨은 장남이 아닌데 가지고 있었다. 형님이 있었는데 사망했거나 와트슨에게 인계했을 것

홈즈는 시계에 남은 흔적을 하나씩 분해해서 '이 상처는 왜 생겼지?', '이것이 의미하는 것은 무엇인가?'를 따졌다. 이렇게 분석된 결과는 셜록 홈즈의 배경 지식 하에서 재구성되었다.

이렇듯 분석이란 복잡한 것을 풀어서 개별적인 요소나 성질로 나누어 들여다보는 일이다. 가설이란 이것들을 다시 재조립해 본 생각이다. 조립이 되지 않으면 가설이 틀린 것이다. 이 과정을 반복하면 숨어 있던 사실을 밝혀 낼 수 있다.

보고서를 쓸 때도 마찬가지다. 우선 정의한 가설을 최소 단위로 분해해야 한다. 최소 단위란 하나의 주장으로 정의된 내용과 사실이라고 가정한 것들이다. 그리고 이것들을 수집된 자료들과 비교 분석해서 일치하는지 조사한다. 만약 일치하지 않는다면 왜 그런지를 다시 파고들어야 한다.

❷ 가설 분석 사례

| 사례 1 : 홈시어터 사업 |

사장과 경영진의 의도 분석 후 다음과 같은 가설을 선정하였다.

"대부분의 소비자는 음질에 둔감하므로 현재 양산 중인 제품은 패키지로 내년부터 판매를 시작하고 본격적인 제품은 지금부터 준비해서 2년 후 양산한다."

이 가설의 타당성을 분석하기 위해서는 셜록 홈즈가 와트슨의 시계의 상처를 낱낱이 들여다보고 상처별로 의미를 부여한 것처럼 각 주장별로 나누어야 한다.

대다수 소비자들은 소리의 질에 둔감하다.
현 제품을 패키지화한다.
제품을 판매하는 데 큰 문제는 없다.
2년 동안 준비해서 본격적인 홈시어터 사업을 한다.
이와 같이 나누어진 항목들이 가설의 타당성을 뒷받침하는지 살펴본다.

1 대다수 소비자들은 소리의 질에 둔감하다.

IFA 쇼에서 사장과 참석자들이 청취했던 오디오는 고급 제품이 아님에도 불구하고 모두 그 소리에 만족했다. 그리고 오디오 동호인들도 처음에는 저가의 오디오에서 시작하여 점점 귀가 고급이 되면서 고급 기종으로 업그레이드를 한다고 증언했다.

2 현 제품을 패키지화한다.

전자 산업계에서 패키지화한다는 뜻은 여러 제품을 묶어서 하나의 제품으로 만든다는 뜻이다. 그런데 몇 개의 제품을 묶어서 판매하려면 여러 가지 조건이 맞아야 한다.

첫째, 디자인이 맞아야 한다. 거실에 설치했는데 조화가 이루어지지 않으면 안 된다.

둘째, 영상신호와 음성신호를 연결하는 잭(Jack)이 같아야 한다. 즉 TV 같은 디스플레이 기기와 DVDP 같은 소스플레이어 간에 신호를 주고받는 잭이 동일해야 한다.

셋째, 사용자 환경에 맞추어 제안할 수 있도록 패키지가 다양해야 한다.

이 세 가지 조건이 충족되어야 제품을 패키지해서 판매할 수 있다. 패키지가 가능한지 불가능한지는 일일이 눈으로 확인하는 수밖에 없다. 그래서 각 사업부 간 제품의 스펙(Specification)과 실물을 확인한 결과, 디자인의 조화가 잘 이루어지지는 않았지만 패키지는 가능했다.

3 제품을 판매하는 데 큰 문제는 없다.

패키지 제품은 제품을 개별적으로 판매할 때와 판매 성격과 업무 범위가 달라진다.

첫째, 추가 교육이 필요하다. 대부분의 영업사원들은 제품 하나하나에 대해서는 잘 설명한다. 그러나 그 외에도 패키지의 장점이 무엇인지에 대해 소비자를 설득시킬 지식과 전달 능력이 있어야 한다. 따라서 이들에 대한 추가 교육이 필요하다.

둘째, 전시 공간 확보가 필요하다. 가전 매장은 제품별로 분류해서 전시한다. 그런데 홈시어터는 TV와 DVDP와 앰프와 스피커가 한 장소에 모여 있어야 한다. 따라서 새로운 공간을 확보하기가 쉽지 않다.

셋째, 물류 및 설치가 필요하다. 각 제품마다 담당하는 사업부가 다르기 때문이다. 예를 들어 TV는 재고가 넘치는데 오디오는 결품이 생길 수 있다. 그리고 홈시어터는 TV나 세탁기, 냉장고처럼 배달 후 전기만 꽂아 주고 가면 되는 것이 아니라 최소 열 개 이상의 전선을 연결해야 한다. 즉 제품 공급이 원활하지 않고 배달 기사에게 설치 기술이 없으면 불가능한 사업이다.

이것은 현장을 확인하면서 검증했다. 손님을 가장해서 영업사원들을 시험해 본 결과 일부 문제가 있으나 교육 프로그램을 만들어 개선하면 문제가 해결될 것으로 판단했다.

전시 공간은 문제가 없었다. 이미 대리점마다 점장의 권한에 따라 제품을 조합해서 전시하고 있었다. 다만 제품의 아이덴티티와 전시 상태가 좋지 않았다.

물류 및 설치는 패키지 발주를 위한 별도의 제품 코드가 있어야 했다. 그러나 이것은 당장은 불가능한 일이었다. 대신 대리점에서 별도 관리하면 될 사안이었다.

4 2년 동안 준비해서 본격적인 홈시어터 사업을 한다.

왜 '2년 동안'의 준비인가? AV제품이 디지털화, 평면화(Flat Panel)되면서 시장에서 신제품의 수명이 1년에서 1년 반으로 줄었다. 이 때문에 1년 안에 제품의 컨셉 설정부터 양산까지 끝마쳐야 한다. 더구나 해마다 1월이면 그해의 신제품을 출시해야 한다. 그런데 어디 내놔도 손색없는 홈시어터 제품을 만들기 위해서 당시의 기술로 1년이라는 기간은 턱없이 짧은 시간이었다. 컨셉 설정, 상품 기획은 날밤을 새워서 하면 되지만 영상 기술과 음향 기술은 날밤을 샌다고 해결될 일이 아니었다. 1년 동안 준비해서 사업을 제대로 하겠다고 하면 사장은 기뻐하겠지만 나는 연구실 근처에 발도 붙이기 힘들게 뻔했다. 동호인과 업계 거장들의 훈시, 하루를 12시간으로 생각하는 엔지니어들의 이야기를 감안하면 3년이 필요했다. 그런데 '3년의 개발 기간이 필요합니다'라고 보고했다가는 내가 집으로 갈 판이었다. 그래서 2년을 제시하기로 했다. 개발 기간을 3년이 아닌 2년으로 제시하면 엔지니어들이 나를 원망은 하겠지만 도전해 볼 만한 기간임에는 틀림없었다.

"왜 2년이면 되는가?"라는 예상 질문에는 "엔지니어는 3년이 필요하다고 하지만 3년 후에 손색없는 제품이 나오면 우리 제품을 샀던 소비자들을 다 놓쳐버립니다"라고 대답하기로 했다.

그리고 향후 문제가 예상되는 부분은 외국의 인력과 자금을 집중 투자하는 계획을 세워 보완하기로 했다. 이 항목은 수집된 자료로 입증이 되는 것이 아니라 보고자의 '사업 의지'에 따라 달라지는 부분이었다. 사장에게 '도와 달라'는 의미와 '리스크'를 사전에 보고하자는 의도였다.

가설을 각 항목별로 검토해 본 결과 큰 무리는 없는 것으로 판단했다. 비로소 이 가설은 결론 즉 전략이 될 자격을 얻은 것이다.

| 사례 2 : 일본 해군 참모들의 격론 |

일본 해군 참모들 간에 격론이 벌어졌다.

시간이 촉박하므로 육상 공격용 폭탄을 탑재한 채로 함재기를 발진시켜야 한다는 안, 어뢰로 바꾸어 공격하자는 안, 항공모함이 없으므로 우선 육상 공격부터 하자는 안이 나왔다. 각각 장단점이 존재했다. 그러던 중 다시 정찰기로부터 보고가 들어왔다.

"적 항공모함 1척 발견."

최종결정권자인 나구모는 지상공격용 폭탄을 어뢰로 바꾸는 정공법을 선택했다. 이 방법대로 하면 폭격기의 지상공격용 폭탄을 어뢰로 바꾸는 동안 1차 공격대를 항공모함에 착륙시킬 시간을 벌고 전투기를 미 해군 함대 공격에 호위대로 보낼 수 있었다. 그러나 함재기를 착륙시키는 동안 기습을 받으면 꼼짝도 못하는 문제가 있었다. 어뢰를 폭탄으로 바꾼 장병들이 지쳐 있는 상태에서 또다시 폭탄을 어뢰로 바꾸라는 지시가 내려왔다. 장병들은 시간이 없어 폭탄을 무기고에 넣지 못하고 갑판에 방치해 놓았다. 한바탕 법석 끝에 함재기를 출격시킬 준비가 끝났다. 5분이면 함대의 전 함재기가 발진한다. 그런데 갑자기 공습경보가 내리고 하늘에서는 까만 점이 항공모함을 향해 내려왔다. 폭탄이었다.

미 해군 함재기의 기습으로 일본 해군은 주력 항공모함 아카기, 소류, 카가 세 척을 한순간에 잃어버렸다. 마지막 남았던 항공모함 히류까지 곧 침몰했다.

일본 해군 참모들 간의 격론은 가설 분석과 결론을 내리는 과정을 보여 준다.

당시의 미 해군의 전투 능력과 전황을 제대로 분석하지 못한 상태에서 일본 해군이 결론을 내린 정공법은 최악의 결과를 초래했다. 대개는 변칙 공격보다 정공법이 위험이 적다. 그러나 시간이라는 변수가 제일 중요한 요소였던 전장에서는 원칙보다 변칙이 더 적합했다.

분석을 제대로 해야 올바른 결론을 내릴 수 있다는 것을 알 수 있다.

❸ 분해하는 분석 도구

필자는 업종이 다르고 문화가 다른 회사를 여러 군데 다녔는데 어느 회사를 가든 대기업은 보고서로 움직였다. 한 장짜리 메모 형식이든 열 장짜리 기획 형식이든 그 중심에는 보고서가 있었다. 보고서가 없으면 기획부서에서 '무엇을 어떻게 하자는 것인지' 실행부서에 명확하게 전달되지 못한다. 대부분 보고서에는 '○○전략'이라는 제목이 붙는데 성취해야 할 목표와 이를 실행할 방법이 언급되어 있다. 그런데 이 보고서에는 빠지지 않는 것이 있다.

바로 분석이다. 분석이 빠진 전략은 '소금 빠진 김치'다.

원인 분석, SWOT 분석, Gap 분석, 장단점 분석, 전략 분석, STP 분석, 4P 분석, 3C 분석, 속성 포지션 분석, PLC 분석, 손익 분석을 제외하면 듣기는 했는데 실제로 구경조차 못해본 분석법이 오히려 더 많다. 사실 이외에도 분석이라는 접미사만 갖다 붙이면 분석의 종류는 더 생길 수도 있다. 그러나 글로벌 마켓에서 1,2등 하는 대기업에서도 자주 사용하는 분석법은 몇 종류밖에 되지 않는다.

회사에서 사용하는 '분석'이라는 용어를 행위 관점에서 보면 크게 두 종류다. 하나는 사실을 분해하는 도구이고 다른 하나는 잘게 나누어진 사실을 재조립하는 도구다. 분해 도구는 칼이나 드라이버처럼 풀어 헤치는 기능을 한다. 반면에 조립 도구는 '어떤 관점에서 들여다볼 것인가'를 규정한 일종의 창틀, SWOT이니 5F니 하는 프레임(Frame)이다. 이 프레임에 맞추어 사실을 재조립하면 숨어 있던 사실이 드러난다. 분해 도구와 조립 도구는 실과 바늘처럼 함께 다닌다.

분해 도구에는 5Whys, 휘쉬본다이어그램(Fish Bone Diagram), 로직트리(Logic Tree) 등이 있다.

| 5Whys |

5Why는 1970년대에 일본 도요타 자동차에서 문제 해결을 위한 기법으로 고안되었다. 문제가 생길 시에 "왜 그렇지?"를 다섯 번만 물으면 문제의 본질에 접근할 수 있다는 발상이다.

"홈시어터 개발에는 2년의 개발 기간이 필요합니다."
"왜, 2년이나 필요해?"
"1년은 너무 짧습니다."
"왜, 짧아?"
"개발 경험이 없어서 그렇습니다."
"왜, 경험이 없어?"
"홈시어터용 제품은 개발이 어려워 해본 적이 없습니다."
"왜, 어려워?"

"설계 방식부터 다릅니다."

"왜, 설계 방식부터 달라?"

"목표 품질이 훨씬 높습니다."

"그러면 어떻게 해결해야 해?"

"해외에서 설계 전문가를 데려와야 합니다."

다섯 번의 질문(Why)으로 홈시어터 제품은 높은 수준의 설계와 품질이 요구된다는 것을 알아냈다. 그리고 이를 해결하기(How) 위해서 해외 전문가가 필요하다는 것도 알아냈다.

이 방법은 품질 담당자, 실무 경력이 짧은 사원, 업무의 속성을 파악하지 못한 관리자, 경력이 짧은 컨설턴트가 활용하기에 적합하다.

대부분 품질 문제는 겉으로는 개미구멍처럼 작고 단순해 보인다. 그러나 그 원인을 조사하기 시작하면 개미굴처럼 복잡하게 얽혀 있다. 그래서 품질 문제 담당자들은 경력과는 무관하게 셜록홈즈가 와트슨의 시계를 관찰했던 것처럼 하나씩 따져보아야 한다. 특히 업무 경력이 짧은 사무직 직원이 문제의 핵심을 찾아내기에 5Whys는 좋은 방법이다. 또한 경력이 많다 할지라도 문제의 핵심을 제대로 찾을 수 없다면 이 방법을 쓰는 것이 좋다.

| 휘쉬본다이어그램 |

휘쉬본다이어그램은 1960년경 일본 가와사키 중공업의 품질 담당자인 이시카와가 고안했다. 문제의 근원을 찾는 데는 어디에나 응용이 가능하기 때문에 주로 생산이나 품질 분야에서 많이 사용된다.

"홈시어터 사업에 진입하지 않은 이유가 뭔가?"

"제품력, 커뮤니케이션 능력, 판매 지원 시스템 및 물류 체계가 준비되지 않아서 그렇습니다."

"제품력은 왜 떨어지는가?"

"화질, 음질, 디자인, 사용자 편의성, 호환성이 떨어집니다."

"커뮤니케이션은 무엇이 문제인가?"

"우선 브랜드력이 약하고 여러 개의 제품을 통합해서 커뮤니케이션해야 하는데 전 제품을 조율하면서 전략을 짤 전문가가 없습니다."

"판매 지원 시스템은 무엇이 문제인가?"

"우선 제품을 통합해서 품질을 평가할 규정이 마련되지 않았습니다."

이 대화를 그림으로 그리면 아래와 같이 된다. 그런데 자세히 보면 이 휘시본다이어그램을 이끌어가는 방법도 5Why임을 알 수 있다.

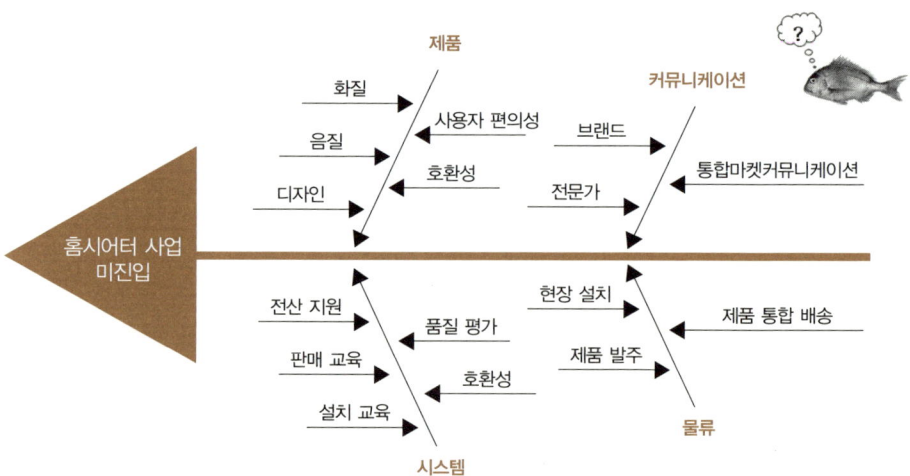

개발이나 생산 현장에서는 문제의 원인을 찾기 위해서 사용하지만 마케팅 분야에서는 사업을 성공시키기 위한 요소를 찾기 위해 응용할 수 있다. 생선 머리 부분에 있는 '홈시어터 사업 미진입'을 '홈시어터 사업 성공'으로 바꾸고 홈시어터 사업 추진에 관한 항목으로 바꾸어 생각해 보라.

사업을 성공시키기 위해서는 무엇을 해야 할지 말하는 '실행 계획의 항목'을 표시하는 것이 된다.

그런데 필자는 보고서를 쓸 때 이 방법을 선호하지 않는다. 눈으로 보기에는 '열심히 한 티'를 낼 수 있지만 알고 보면 파워포인트 화장 작업을 하느라 시간을 많이 허비한 것이기 때문이다. 따라서 휘시본다이어그램은 다음과 같은 표로 바꿀 수 있다.

홈시어터 사업의 문제점 및 해결 방안

항목	주요 문제점	해결 과제	개선 방안	담당자	일정	비고
제품	화질	화질의 정확도 떨어짐 패널 품질 문제	컨설턴트 영입 패널 공급사 협의	홍길수	8/1	컨설팅비 필요
	음질	중역, 고역 찌그러짐	컨설턴트 영입		9/1	컨설팅비 필요
	디자인	하이엔드 기기 컨셉가 아님	상품 기획 변경		2/1	
	사용자 편의성	사업부마다 UI가 상이	UI통합 디자인 추진		2/1	
	호환성	Jack 호환성 없음	호환성 커미티 추진		3/15	
시스템	전산 지원	통합 발주 코드 개발 사업부간 계리 문제	개선 TF 운영 재무관리팀간 협의	허길	4/30	
	판매 교육	AV 전제품 숙지	출시 3개월 전 교육		5/1	교육장 확보
	설치 교육	교육 공간 및 강사 부재	출시 3개월 전 교육		5/20	교육장 확보
	품질 평가	통합 테스트 규격 신설 필요	규격 신설 TF 추진		5/5	
	호환성	사내 호환 규격 신설			6/15	
커뮤니케이션	통합마켓커뮤니케이션	전략 변경	해외 Comm. 업체 협업	삼국진	9/10	별도 품의
	브랜드	브랜드 열세 대책			7/30	
	전문가	제품 전문가 부재	전문가 영입		6/30	
물류	현장 설치	배송 시간 지연	설치 교육시 해결	조자령	10/15	
	제품 발주	제품별 재고 물량 확보	전산 시스템 개선시 해결		11/30	
	제품 통합 배송	제품별 재고와 도착시간 상이	물류 개선 TF 추진		12/15	

휘시본다이어그램에서는 표에서 점선으로 표시한 부분만 포함하고 있다. 즉 휘시본다이어그램을 보고서에 쓰면 구체적인 실행 계획(점선으로 표시된 사각형의 우측 내용)은 별도의 페이지가 또 나와야 한다는 뜻이다. 만약 실행 계획까지 갠트 차트(Gant chart)같이 마우스와 키보드를 움직이는 방법을 쓴다면 휘시본다이어그램과 갠트 차트 만드는 데 하루가 소모될 것이다.

이 때문에 관리자 입장에서는 실무자들의 '파워포인트 그림 장난'이 못마땅한 경우가 많다. 우선 시간 낭비가 싫고 이미지가 많으면 '무엇을 어떻게 하겠다'는 것이 명확하게 드러나지 않기 때문이다.

| 로직트리(이슈트리) |

로직트리는 컨설팅 사인 매킨지에서 사용하는 방식이다.

이것도 휘시본다이어그램의 일종이다. 한국에서는 언제부터 시작되었는지 알 수 없으나 매킨지의 컨설턴트인 오마에 겐이치의 『기업 경영과 전략적 사고』에서 '이슈다이어그램'을 소개한 이후가 아닌가 싶다. 로직트리가 소개된 이후 휘시본다이어그램은 사라졌다. 『기업 경영과 전략적 사고』에 나오는 방법을 응용해서 홈시어터 사업을 로직트리로 그리면 다음과 같다.

홈시어터 사업의 문제점 및 해결 방안

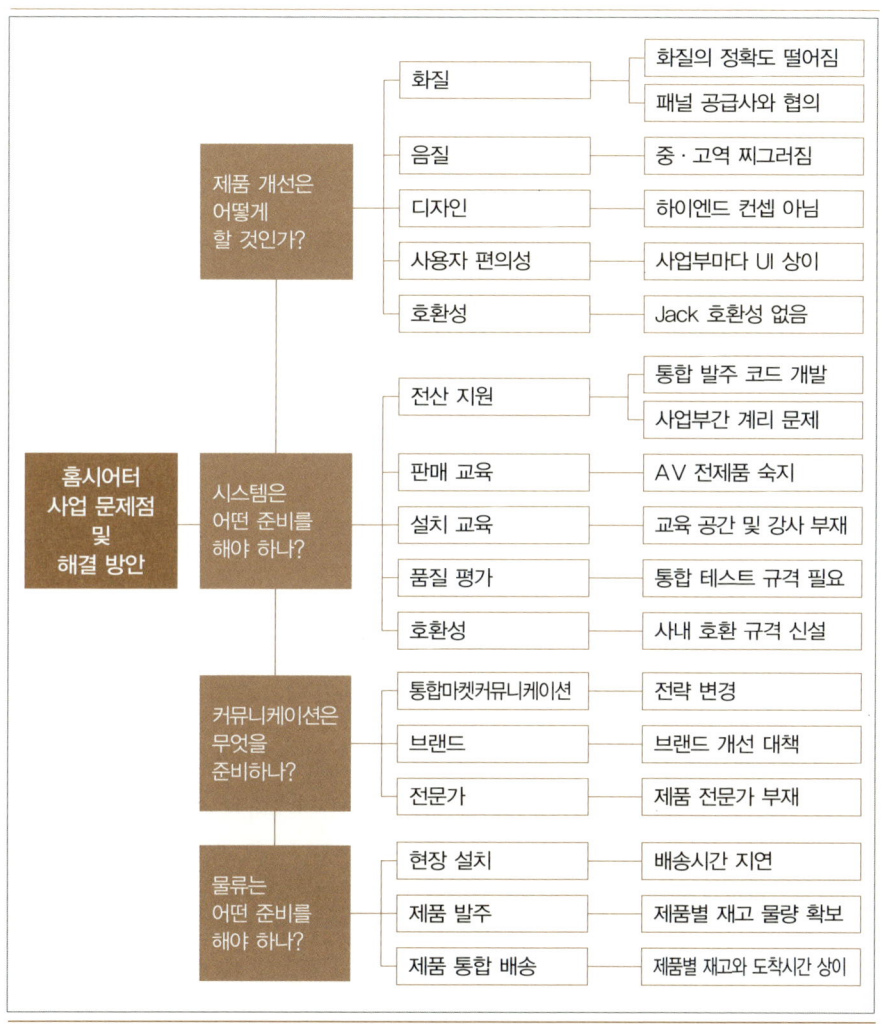

이 정도면 로직트리나 휘시본다이어그램이나 모두 필자가 선호하는 사각형의 표와 별 차이점이 없음을 알 수 있을 것이다. 다만 끝까지 고유한 속성을

유지하고 있는 것은 5Whys뿐이다. 5Whys도 사실은 도요타의 누군가가 경험적으로 다섯 번이라고 했을 뿐이다. 초보자는 문제의 핵심을 찾기 위하여 열두 번도 더 파고들어 가야 할 것이고 '선수'는 단 한 번에 핵심을 짚어낼 수도 있다. 장인들도 '척 보면' 무엇이 문제인지 안다. 이들은 경험이라 불리는 '패턴과 프로세스의 그림책'을 장기 기억 속에 넣고 다닌다.

사장과 관리자들은 핵심을 찾기 어려운 화려한 이미지로 도배된 보고서를 싫어한다. 실무자들은 보고서 페이지가 쓸데없이 늘어나는 것을 싫어한다. 그렇다면 사장과 실무자의 이해는 맞아떨어진다. 보고서를 작성할 때는 그래픽이 많아 시간이 많이 걸리는 것보다 단순하고 검소한 표를 활용하는 것이 더 좋다.

❹ 조립하는 분석 도구

사실을 분해한 후 분해된 사실들을 틀(Framework)에 맞추어 재조립하면 자료가 정보가 된다. 이 정보는 전략을 수립하는 데 영감을 줄 수 있어야 한다. 그렇지 않으면 분석의 틀을 잘못 사용했거나 사실에 대한 적절한 분석을 할 능력이 없거나 업무와 관련된 지식이 모자란다고 생각하게 된다.

| 장단점 분석 |

장단점 분석은 더 이상 단순해질 수 없다.

하이엔드를 추구하는 진공관 앰프와 같다. 진공관 앰프는 파워 스위치와 볼륨 컨트롤밖에 없어 더 이상 빼낼 기능이 없다. 그럼에도 불구하고 여전히 '아날로그적인' 소리로 오디오 마니아들을 사로잡고 있다. 마찬가지로 장단점 분석도 가장 단순한 비교 방법이어서 더 이상 간단하게 만들 수 없다. 그러나 비교 대상의 우열을 가리거나 대안을 선택하기 위해서 사용하기에는 가장 편한 방법이다.

다음 표는 홈시어터 사업을 하는 데 2년이 필요하다는 근거를 제시하기 위해 사용된 보고서다.

개발 기간별 장단점 분석(2001년 10월 말)

	적용	장 점	단 점

1안	2003년 1월	1. 최단 시간내 홈시어터 사업 진입	1. 경쟁력 있는 제품 개발 불가
			  - 컨설턴트 영입 시간 없음
			  - 개발 실패 시 만회할 시간 없음
			  - 시장 조사 시간 불충분
			  - 개발 인력 부족
			  - Design Concept Study 불가
			2. 충분한 홈시어터 패키지 구성 곤란
			3. 각종 인프라 구축 시간 부족
			  - 전산 시스템, 물류, 교육 등
			4. 사내 표준 개발 일정 준수 불가

2안	2004년 1월	1. 개발 Risk 낮추며 최단 시간내 출시
		  - R&D에 1년의 Buffer 기간 확보
		2. 최소한의 Package 구성 가능
		  - High end는 시기 상조나 Mid 및 Value급 구성 가능
		3. 각종 인프라 구축 시간 확보
		4. 표준 개발 일정 준수 가능
			1. 개방 Risk가 완전히 제거되지는 않음
			2. High end급 홈시어터 개발은 불가

3안	2005년 1월	1. 손색없는 High end급 홈시어터 개발 가능 2. 홈시어터 Full line up 구축 가능 3. 현 수준의 Brand Image Up 효과 4. 표준 개발 일정 준수 가능	1. 홈시어터 사업 진입이 늦음 - 홈시어터 시장 성숙 시점으로 예상

사실 이 보고서 자료만 가지고 "2년이 필요하다"는 근거로 제시하기에는 약하지만 앞에서 사례로 든 '홈시어터 사업 문제점 및 해결 방안'은 보고자가

전문가라는 것을 이미 대변해 주고 있기 때문에 이 정도의 분석만으로도 충분히 설득력이 있다. 그러나 이렇게 여러 가지 안을 제시해야 하는 이유는 사장이나 중간관리자가 당신이 결정한 선택을 변경하거나 또 다른 안을 검토해 보라는 지시를 할 수도 있기 때문이다. 다시 말해 '여러 안을 이미 검토했으나 이 선택이 최선' 이라는 숨은 뜻을 전달하기 위해서다.

장단점 분석은 여러 개의 안이나 전략을 동일한 잣대에 올려놓고 비교 평가를 하기 때문에 장단점이 쉽게 드러난다. 입찰을 하기 위해서 여러 항목에 점수를 주는 것도 대표적인 장단점 분석이다.

| SWOT 분석 |

SWOT는 스탠포드 대학의 앨버트 험프리(Albert Humphery)가 고안한 분석법으로 전략의 방향을 결정하는 데 큰 도움을 준다.

S(강점 : Strength)와 W(약점 : Weakness)는 회사 내부 역량이다. O(기회 : Opportunity)와 T(위협 요인 : threat)는 회사를 둘러싸고 있는 외부 환경이다. 내부 역량과 외부 환경을 경쟁사와 비교하고 종합적으로 검토하여 의사 결정을 한다. 따라서 이 분석은 신규 사업을 검토하면 '김밥 속의 단무지' 처럼 꼭 들어가 있다. 사업을 추진하면서 예견되는 위협 요소와 기회 요소를 확인하여 사전에 대비하기 위해서다.

S는 추진을 검토 중인 사업을 달성하는 데 경쟁사보다 우위에 있거나 핵심이 되는 회사의 인적 자원에서부터 제품, 브랜드, 유통망 같은 물적 자원까지를 지칭한다. W는 경쟁사보다 뒤떨어져 있거나 사업 추진에 걸림돌이 되는 요소들이다. O는 도움이 되는 외부 환경, T는 해가 될 수 있는 외부 환경이다.

홈시어터 사업을 SWOT으로 분석하면 다음과 같다.

SWOT 분석

- A/V 기기 설계 능력은 보유했으나 홈시어터용으로 사용하기에는 제품력이 떨어짐
- 홈시어터 시장은 급성장, 저가 업체도 진입 가능 → 디지털 기술은 진입 장벽을 낮춤

Home Theater 사업을 한다면?

S	W
■ 주요 기기 설계 및 생산 능력 확보 • Display부터 Source Player까지 – 주요 부품은 수직 계열화 ■ Global Sales Network • 전 세계 60개 법인 및 80여 개의 주요 판매망	■ 개발 능력 취약 • 홈시어터급 기기로는 화질, 음질이 떨어짐 ■ 브랜드 인지도 떨어짐 • 현재의 홈시어터 기기는 명기 생산 업체 ■ 인프라 취약 • 홈시어터 사업은 일종의 Solution 사업

O	T
■ 대다수 오디오 입문자는 음질에 둔감 • 단계별 제품 개발 시 기회 있음 ■ Home Theater 시장의 급성장 • 9.11 이후 Life Style 변화(실외 여가 활동에서 실내로) ■ 새로운 형태의 홈시어터 필요성 대두 • 기존 홈시어터의 문제점은 고가 및 설치의 어려움	■ 신규 투자 • R&D 능력 향상 및 Process 전반 변경 ■ 경쟁 심화 • 디지털화로 진입 장벽이 낮아져 중국 업체도 진입 가능 ■ 시장 대규모 확대 시 실기 가능 • 저가화, 사용자 편의성 증가 등으로 시장 조기 확장 시

그런데 이것은 제대로 된 SWOT 분석이 아니다. 필자가 근무하면서 봐왔던 보고 자료들 대부분은 위의 사례처럼 사실 나열만 한 후 바로 전략의 방향을 결정했다. 그러나 이것은 두 가지 면에서 비약이 있다.

첫째, 각 상황의 조합에 따라 선택할 수 있는 전략이 많은데 그 과정을 생략하고 넘어가 버렸다. 다시 말하면 SWOT 분석이라고는 했지만 자신의 감으로만 전략을 결정한 것이다.

둘째, S,W,O,T의 각 요소가 어디서 왔는지 명확하지 않은 경우가 대부분

이었다. S와 W는 자신의 회사를 중심에 두고 경쟁사들과 비교한 분석 매출, R&D 능력 등에서 나온다. W와 T는 자신의 회사를 향한 경쟁자들의 위협과 모든 외부 환경이 미치는 영향에서 나온다. 따라서 SWOT 분석을 하려면 이 두 종류의 분석이 선행되어야 한다. 그리고 전략의 방향을 선택하려면 각 상황을 조합해야 한다.

다음 그림은 상황의 조합을 염두에 둔 SWOT 분석이다.

각 항목에는 S1, S2, T1 같은 분류 기호가 붙어 있다. 이것들을 조합해서 전략을 제안해 보기 위해서다. 이 표를 다시 전개하고 각 사실들은 다음과 같이 조합할 수 있다.

SWOT 분석

- A/V 기기 설계 능력은 보유했으나 홈시어터용으로 사용하기에는 제품력이 떨어짐
- 홈시어터 시장은 급성장. 저가 업체도 진입 가능 → 디지털 기술은 진입 장벽을 낮춤

Home Theater 사업을 한다면?

S1 주요 기기 설계 및 생산 능력 확보
- Display부터 Source Player까지
  - 주요 부품은 수직 계열화

S2 Global Sales Network
- 전 세계 60개 법인 및 80여 개의 주요 판매망

W1 개발 능력 취약
- 홈시어터급 기기로는 화질, 음질이 떨어짐

W2 브랜드 인지도 떨어짐
- 현재의 홈시어터 기기는 명기 생산 업체

W3 수익성 떨어짐
- 경쟁사는 동일 사업군에서 지속적으로 이익 창출

S	W
O	T

O1 대다수 오디오 입문자는 음질에 둔감
- 단계별 제품 개발 시 기회 있음

O2 Home Theater 시장의 급성장
- 9.11 이후 Life Style 변화(실외 여가 활동에서 실내로)

O3 새로운 형태의 홈시어터 필요성 대두
- 기존 홈시어터의 문제점은 고가 및 설치의 어려움

T1 신규 투자
- R&D 능력 향상 및 Process 전반 변경

T2 경쟁 심화
- 디지털화로 진입 장벽이 낮아져 중국 업체도 진입 가능

T3 시장 대규모 확대 시 실기 가능
- 저가화, 사용자 편의성 증가 등으로 시장 조기 확장 시

전략 방향 설정(주요 전략 위주)

- SO 전략과 WO 전략은 현재의 R&D와 마케팅 투자를 유지하는 소극적 전략
- ST 전략은 경쟁사의 위협에 대항하기 위한 신규 투자 결정 시 가장 유용한 전략

	Home Theater 사업을 한다면?		
외부 환경 \ 내부 환경	**S** S1 주요 기기 설계 및 생산 능력 확보 S1 Global Sales Network	**W** W1 개발 능력 취약 W2 브랜드 인지도가 떨어짐 W3 인프라 취약
O O1 대다수 오디오 입문자는 음질에 둔감 O2 Home Theater 시장 급성장 O3 새로운 형태의 홈시어터 필요성 대두	**SO** – S1S2O1(틈새 공략) 기 확보 설계 능력과 영업망을 기반으로 입문자 위주 공략	**WO** – W1O2(약점 보완) 개방 능력이 떨어지므로 OEM 사업화
T T1 신규 투자 T2 경쟁 심화 T3 시장 대규모 확대 시 실기 가능성	**ST** – S1S2T1(전면전) 기 확보 설계 능력과 영업망을 기반으로 본격 사업 시작	**WT** – WT(사업 포기) 대규모 투자가 필요하고 인프라가 없어 포기

각 항목의 조합에 따라 셀 수 없이 많은 전략이 나올 수 있다. 그러나 조합이 가능한 모든 조합을 나열하는 것은 시간 낭비다. 발생 가능성이 높은 것만 골라내어 정리하는 것이 효율적이다.

위 표는 실행 가능성이 높은 대표적인 사례만 표시했다. 이 상태에서 그대로 전략을 선택할 수도 있겠지만 다시 한 번 각각의 장단점을 따져보는 것이 좋다.

전략별 장단점 분석

- **틈새 공략과 약점 보완 전략은 애매모호하며 큰 장점이 없음 → 전면전 전략 채택**
- 전문가는 즉시 확보, 투자 규모 및 인프라는 상세 검토하여 최적화 진행 추진

구분	전 략	장 점	단 점
1	S1S2O1(틈새 공략) 기 확보 설계 능력과 영업망을 기반으로 입문자 위주 공략	• 투자비 3안에 비하여 적음 – 현 R&D 수준 최대한 활용 • 상황에 따라 본격 투자 가능	• 시장 주도권 확보 불가
2	W1O2(약점 보완) 개발 능력이 떨어지므로 OEM 사업화	• 투자비 최소로 사업 가능	• 시장 주도권 확보 불가 – OEM 사업을 위한 별도 관리 조직 필요
3	S1S2T1(전면전) 기 확보 설계 능력과 영업망을 기반으로 본격 사업 시작	• AV 사업의 주도권 확보 기회 – 단품 사업으로는 한계 있음 • AV 전 기기 설계 및 생산	• 대규모 투자 필요 – 전문가 확보, 인프라 투자
4	WT(사업포기) 대규모 투자가 필요하고 인프라가 없어 포기	• 투자비 없음	• 홈시어터가 AV제품의 중심이 되면 추격 곤란

위 표에서는 제안된 4가지 전략의 장단점을 분석하고 있다. 이 과정을 거치면 '왜 그러한 전략이 나왔는지'가 명확해진다. 그러나 홈시어터 사업처럼 사장이 사업을 추진하려는 의지가 강한 경우는 전략별 장단점 분석이 보고서의 내용에 꼭 들어갈 필요는 없다. '사업을 하라'는 방향으로 지시를 했는데 사업 방향을 결정하기 위한 분석에 대해서 구구절절 이야기 해봐야 '어떻게 사업을 할 것인지 방법을 찾으라고 했지. 분석이나 하라고 했냐!'는 잔소리만 듣는다. 따라서 '사장의 생각이 옳은 방향이라는 것을 가볍게 확인하는 차원 정도'에서 설명을 하든지 별첨으로 넣어 버리는 것이 좋다. 그러나 사장의 생각이 틀리다는 것이 확실하다면 분석 과정을 보여 주고 사업 방향을 바꾸도록 해야 한다.

| 3C 분석 |

다음은 오마에 겐이치의 『기업 경영과 전략적 사고』에 나오는 '전략의 삼각형' 그림이다.

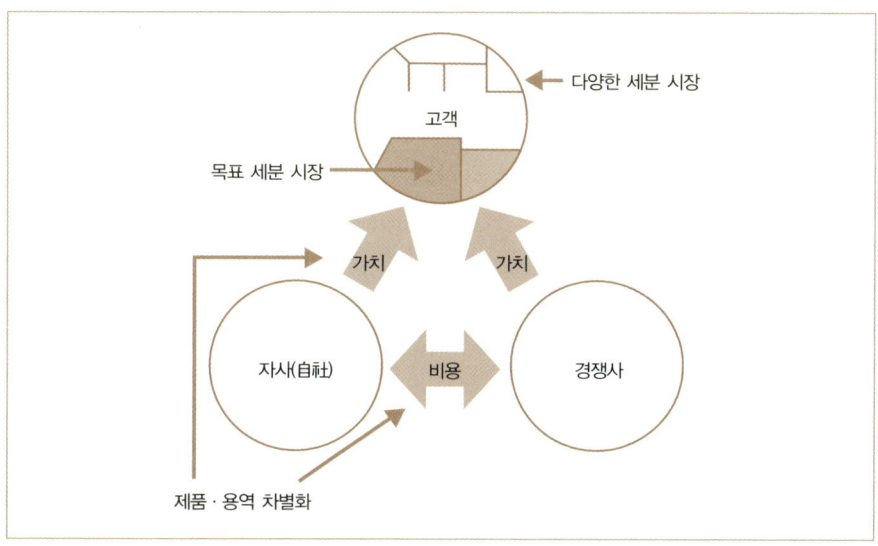

이 그림은 원본을 그대로 인용한 것이다. 이유는 그동안 회사 내에서, 경영 대학원에서, 그리고 인터넷에서 보았던 3C 분석 사례들이 저명한 컨설턴트가 주장한 것치고는 너무도 허술해 보였기 때문이다. '전략의 삼각형'이라고 불리기에는 너무 '환경 분석'에 치중해 있었다.

오마에 겐이치의 『기업 경영과 전략적 사고』는 1991년 일본에서 출간되었고, 한국에서는 2003년 5월에 출간되었다. 필자가 원서를 구해서 본 결과, 대부분의 3C 분석 사례들은 주창자의 생각과는 차이가 있다는 생각이 들었다.

오마에 겐이치가 말하는 전략 수립의 3가지 중심축에는 고객 중심(Customer-based), 자사 중심(Company-Based), 경쟁사 중심(Competitor-based)이 있다.

1 고객 중심 전략에서는 세분화(Segmentation)가 핵심이다. 이것은 다시 '목적에 의한 세분화'와 '시장 공급 범위에 의한 세분화'로 나눌 수 있다. '목적에 의한 세분화'는 커피를 잠을 쫓기 위한 목적으로 사용하는 고객과 기분 전환의 목적으로 하는 고객을 예로 들었다. 즉 동일한 제품이라도 용도가 다르다는 것을 표현하고 있다. '시장 공급 범위에 의한 세분화'는 제품 판매를 위해 거래선을 얼마나 효율적으로 가져갈 것인가에 대해서 말하고 있다. 예를 들어 '커피를 팔기 위해 모든 유통에 들어가지는 마라'고 한다. 즉 '비용 대 효율'을 고려하라고 한다.

2 자사 중심 전략은 '자사 경쟁력 강화'를 뜻한다. '업(業)의 개념'에 따라 회사의 주요 기능 강화를 주장한다. 우라늄 사업에서는 '고품질의 우라늄 광원 확보'에, 전자부품 산업의 경우는 '설계와 제조공정' 같은 부분에 초점을 맞춰야 한다고 주장한다. 궁극적으로는 '고정비 감소'가 되어야 한다고 주장한다.

3 경쟁사 중심 전략은 '차별화'를 강조한다. 구매, 설계 그리고 공정에서부터 판매와 서비스에 이르기까지 모든 기능들 중 차별화가 가능한 것을 관찰해 보라고 주장한다.

오마에 겐이치의 주장을 한마디로 요약하면 '고객을 세분화하고 유통 채널을 효율적으로 구축해서 비용을 효율적으로 지출하고(고객 중심 전략), 업의 개념에 맞추어 고정비를 낮추며(자사 중심 전략), 경쟁사보다 차별화된 제품과 서비스(경쟁사 중심 전략) 전략을 수립하라'는 것이다. 이 주장을 보면 3C는 환경 분석을 하라는 의미가 아니다. 3C는 전략을 수립하기 위해서 고려해야 할 세

가지 핵심 요소다. 더 정확히 표현하면 3C는 분석 도구라기보다는 일종의 경영 철학이거나 전략의 기본 사상이다.

마이클 포터가 1980년에 출간한 『경쟁 전략』에서 본원적 경쟁 전략이라는 이름 하에 '원가 우위', '차별화', '집중화'라는 세 가지 전략의 방향을 제시했듯이 오마에는 전략 수립을 '고객', '자사', '경쟁사'의 관점에서 설명한 것이다.

『기업 경영과 전략적 사고』가 출간된 시점은 1991년이었다. 그때는 몰랐겠지만 1991년은 일본의 잃어버린 20년의 시작점이다. 그 당시 일본은 테크노 헤게모니의 정점에 이르렀고 소니와 도요타로 대변되는 공산품이 전 세계를 휩쓸어 시장에 제품을 공급하느라 정신이 없었다. 이런 상황에서 고객 세그먼트를 잘 구분하고 공급선을 선별적으로 하라는 '비용 대 효율의 개념'과 '고정비 감소'를 강조했던 것으로 추정된다. 또한 1988년 미국에서 '슈퍼 301조' 같은 법안으로 일본을 압박하기 시작하고 한국 같은 추격자를 따돌리기 위해서는 '차별화'가 필요하다고 느꼈을 것이다.

그런데 이 정도의 지침은 2011년 현재, 대한민국의 대기업에서 기획이나 전략을 담당하고 있으면 기본에 속하는 사항이다. 20년 전에야 '만들면 팔리는 시절'이었으므로 선견지명이 있는 주장이었을 것이다. 포터의 집중화 주장은 대한민국의 기업들에게는 이미 철 지난 조언이다. 2000년 초 삼성전자는 PDP, LCD, DLP Projection 등 여러 Display Device를 운용하여 한 곳에 집중하지 않아 오히려 위험을 분산할 수 있었다.

차별화와 원가 우위 중 하나에만 집중하라는 것은 맞지 않는다. 보르도 TV 같은 경우는 금형 기술과 디자인 파워를 결합시켜 저원가로도 제품의 차별화를 가능하게 했다. 최근의 승용차들도 마찬가지다. 승용차 도어의 웨이스트라인 몰딩, 범퍼의 몰딩은 없어졌지만 승용차의 디자인은 더 좋아졌다.

전략의 삼각형에서는 '고객 세분화'와 '목적에 의한 세분화'를 언급하고 있다. 고객 세분화를 하려면 별도의 조사가 필요하다. 따라서 '홈시어터 사업을 어떤 방향으로 할 것인가' 같은 신규 사업에 전문가가 필요한 이유는 사업방향 결정 시점에서 고객 세그먼트처럼 '존재하지 않는 자료'가 있어도 신뢰도 높은 보고서를 만들 수 있기 때문이다. 게다가 전문가는 오랜 경험으로 자료가 없어도 추정만으로도 전략을 짤 수 있어 신규 사업의 적임자로 적절하다.

3C 분석(전략의 삼각형)

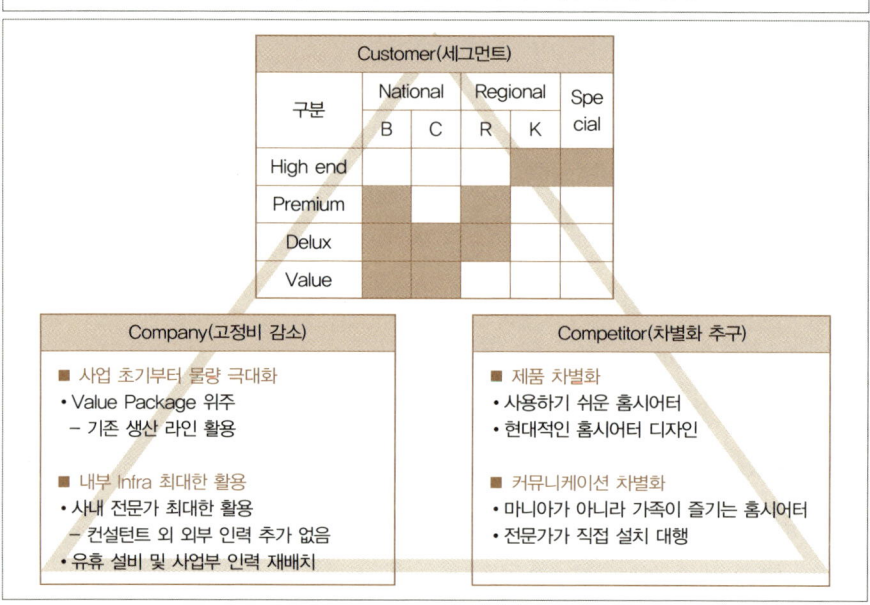

- 고객 세분화 – 홈시어터 사업 전략은 하이엔드 제품을 개발할 실력이 없으니 내년에는 엔트리(Entry)와 딜럭스(Delux), 3년 후에는 프리미엄(Premium)을 강화한다. 사업 초기부터 세그먼트 전체를 만족시킬 수 없기 때문이다.
- 시장 공급 범위의 세분화 – 유통은 베스트바이 같은 내셔널 유통으로 물량의 대부분을 공급한다.
- 자사 중심 전략 – 수요가 많은 엔트리에 집중해서 사업 초기부터 물량을 키워 초기부터 고정비를 낮추도록 한다.
- 차별화 – 낮은 원가를 기반으로 경쟁사 대비 110%의 품질에 95%의 가격으로 책정한다.

전략의 삼각형 분석 결과는 인건비가 싼 곳을 찾아 대규모 생산이 가능한 공장을 찾아야 함을 제안한다. 그래야 고정비를 빨리 낮추고 가격 차별화가 가능하며 유통망 관리도 쉬워지기 때문이다.

| 4P 분석 |

4P란 Product, Price, Place, Promotion의 머리글자를 따서 만든 약어다. 새로운 사업을 시작하거나 상품을 기획하고 출시하려면 전략 수립은 기본이다.

전략을 수립하려면 SWOT 분석이 필요하고 이에 선행하여 경쟁사의 4P를 분석해야 한다. 그래서 4P는 보고서 작성 초기에는 '분석'이라는 학술적 용어와 후기에는 '전략'이라는 군사적 용어를 꼬리처럼 달고 다닌다.

SWOT 분석에는 네 개의 사각형이 있다. 이 사각형을 채우려면 보고자는 두 가지 관점에서 분석 대상을 보아야 한다. SW는 내부 관점이고 OT는 외부 관점이다. 내부 관점에서는 자사와 경쟁사를 비교한다. 비교하는 항목은 제품, 유통, 브랜드, 개발 능력, 맨 파워(Man Power) 등 보고서 작성 상황에 따라 추가할 수 있다. S와 W는 경쟁사의 4P를 분석하면 도출된다.

경쟁사 4P 분석

■ 경쟁사는 '81년부터 홈시어터 사업을 시작. 생산 능력과 Sales Network을 제외한 모든 부분에서 자사를 압도
→ High end 설계 능력 및 Brand Power 향상이 중점 보완 사항

구분	경쟁사	자사	시사점
제품	• 일부 기기 외주 생산 – Display Panel 외부 조달 • 핵심 기술 확보 완료 – 홈시어터 기기 20년 전 시작 • 전문 개발 인력 100명	• 홈시어터 기기 일관 설계·생산 가능 – 핵심 부품 내작 가능 – 개발 경험 전무 – 해외 컨설턴트 지원 필요	■ 장점 • 홈시어터 기기 일관 설계·생산 가능 – 핵심 부품 내작 가능 • 전 세계 영업망 확보 – 법인 100개, 지점 60개 ■ 약점 • 경쟁사 대비 개발 능력 떨어짐 – 경쟁사는 20년 전 시작 • Brand Power 약함 – 기존 제품 평가 좋지 않음 • 유통 장악력 약함 – 제품력, 브랜드력 부재 • 가격 경쟁 어려움
가격	• 고가 전략 – Brand Power 활용	• 중·저가 전략 – Brand Power 취약	
유통	• 선진국 중심의 영업망 – 법인 60개, 지점 30개 • Full Line up 구축 – High end부터 Enty까지	• 전 세계 영업망 확보 – 법인 100개, 지점 60개 • Step Up 및 Enty에 집중	
판촉	• Premium Brand로 Position – 전문지 Review에서 Best Rank – 이미지 위주 광고 • High end 유통에 Focus – Mass Merchant는 형식적 지원	• 제품 Brand 취약 – 전문가 평가 So-so – 제품 위주 광고 • Mass Merchant에 Focus – High end에 들어갈 제품 없음	

위 표는 한 장으로 간단하게 경쟁사의 4P를 보여 준다.

자료가 부족하든가 "내일 아침까지 보고해"처럼 시간이 없는 경우에는 위

의 사례처럼 한 장으로 요약된 경쟁사 분석만 있어도 된다. 물론 자료와 시간이 충분하다면 이것보다 더 상세한 분석을 해야 한다. 경쟁사 분석에 공을 들여야 자사의 4P전략을 수립할 때 경쟁사의 약점에 대한 단서를 찾기가 쉽다.

다음 예로 든 'GAP 분석'은 경쟁사의 제품을 자세히 분석한 것이다. 경쟁사 제품들의 특징을 분해하고 밸류 커브(Value Curve, 『Product Management』를 쓴 Crawford는 Snake Plot이라고 불렀다. 윤종용 부회장의 『초일류로 가는 생각에서』에서는 Value Curve이라 하고, 김위찬 교수의 『블루오션 전략』에서는 전략 캔버스라고 부른다)로 그려 제품의 컨셉를 한눈에 알아볼 수 있다. 즉 각 회사마다 제품의 특성이 드러난다.

여러 회사를 대상으로 밸류커브를 그리면 현재 제품의 트렌드가 나온다. 반면에 특정 회사를 선택해서 그 회사의 제품들만으로 밸류커브를 그리면 그 회사의 제품 전략이 드러난다. 예를 들어 애플의 제품은 디자인과 소프트웨어 운용 관련 점수는 높게 나오지만 배터리 솔루션 같은 하드웨어 점수는 낮게 나온다. 즉 소프트웨어를 위해서 하드웨어를 희생시키는 전략이 드러나는 것이다. 반면에 한국 회사들의 제품은 이와 반대의 전략을 쓰고 있음을 알 수 있다.

세부 내역에서는 주요 경쟁자의 특징을 서술 형식으로 분석했다. 이는 내용을 보완하거나 더 상세한 분석이 필요해서 밸류커브로는 표현하기 곤란한 경우에 사용된다. 일종의 장단점 분석이다.

그리고 GAP 분석은 어떤 항목이든지 '경쟁사와의 격차'가 있고 그 정도를 파악하고자 하면 얼마든지 확장해서 응용할 수 있다. 특히 선발자를 쫓는 후발자의 입장에서는 중요하다. GAP을 알아야 어떤 항목에 투자를 할 것인가 파악할 수 있기 때문이다.

'01년 경쟁사 제품 분석(GAP 분석)

■ 가격을 제외한 디자인, 성능, 사용성 등 모든 면에서 열세 → 제품 성능이 경쟁사 대비 열세
• 디자인 Trend 예측 실패 및 Product Line Up, Audio 출력 열세 → 제값 받기 어려운 主이유

Product Concept

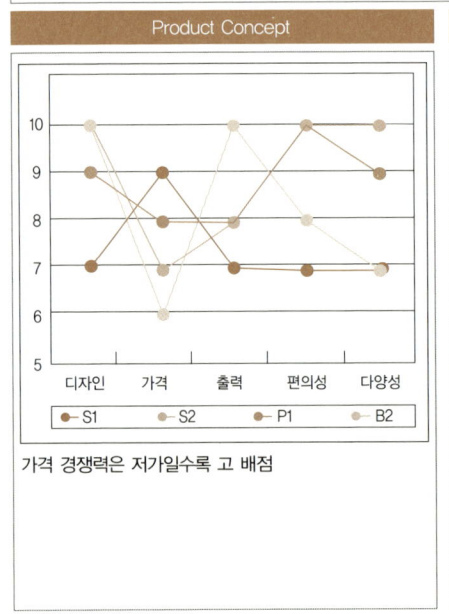

가격 경쟁력은 저가일수록 고 배점

세부 내역 비교

항목	S1	S2	P1
디자인	혼돈스러움 Gold or Silver	Minimal Concept Silver or Black	보수 성향 Silver or Black
가격 (US $)	299~499	499~999	399~699
출력 (Watt)	200~500	400~1,000	300~700
편의성	• 리모컨에 조그셔틀 없음 • 스피커 스탠드 설치 불편 • Wire 연결 불편	• 리모컨 조그셔틀 원터치식 스탠드 • Wire 색상 분리	• 리모컨 조그셔틀 원터치식 스탠드 • Wire 색상 분리
다양성	Type A만 운영	Type A, B, C 운영	Type A, B만 운영

사업 현황 분석

- 제품 전체 매출은 4~8% 증가하나 수익은 악화 진행. '03년은 전 제품 수익 4% 이하 예상
- 경쟁사는 매출 9~18% 증가, 수익 1% 내외 증가 예상 → 자사 사업 구조에 문제점 있음

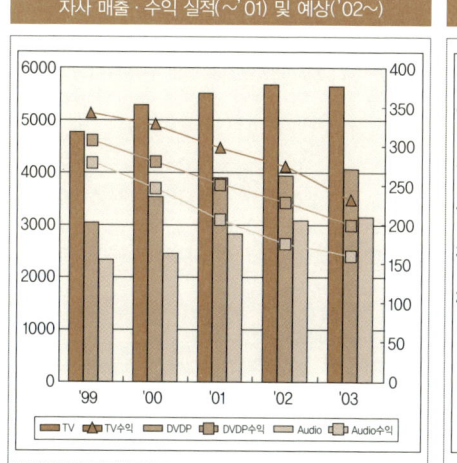
자사 매출·수익 실적(~'01) 및 예상('02~)

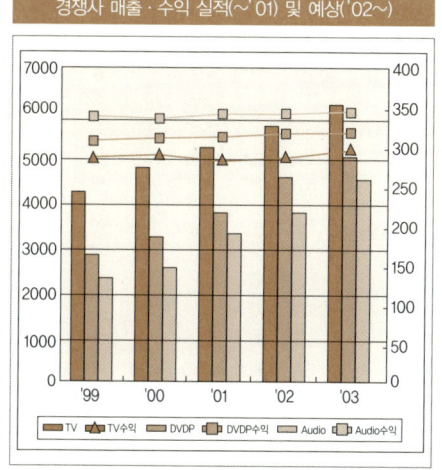
경쟁사 매출·수익 실적(~'01) 및 예상('02~)

위의 표를 보면 경쟁사는 매출이 늘고 이익도 향상되고 있으나, 자사는 매출은 늘고 있으나 손익이 악화되고 있음을 알 수 있다. 따라서 자사의 손익 악화 원인을 찾아야 한다. 그러기 위해서는 제품별로 매출 실적을 뽑아서 경쟁사의 그것과 동일한 조건하에서 비교해야 한다.

매출 현황 분석

- '01년부터 총판매대수 역전 → Audio 제품력 열세가 Package 판매 부진으로 연결
- 경쟁사 Package 판매율은 자사 대비 2배 → 新 Category인 DVD-Receiver가 중심

자사 매출 vs 경쟁사 매출
(단위 : 천 대, 백만 불)

구분		제품	'99	'00	'01	'02	'03
자사	판매	TV	4,750	5,300	5,510	5,690	5,650
		DVDP	3,020	3,540	3,890	3,940	4,070
		Audio	2,310	2,460	2,840	3,080	3,160
	패키지 판매량	TV	0	0	28	62	158
		DVDP	0	0	28	62	158
		Audio	0	0	28	62	158
	패키지 (%)	TV	0	0	1	1	3
		DVDP	0	0	1	2	4
		Audio	0	0	1	2	5
경쟁사	판매	TV	4,300	4,840	5,300	5,760	6,270
		DVDP	2,900	3,310	3,840	4,620	5,090
		Audio	2,360	2,600	3,370	3,850	4,580
	패키지 판매량	TV	0	52	169	308	458
		DVDP	0	52	169	308	458
		Audio	0	52	169	308	458
	패키지 (%)	TV	0	1	3	5	7
		DVDP	0	2	4	7	9
		Audio	0	2	5	8	10
판매 물량 차이		TV	450	460	210	-70	-620
		DVDP	120	230	50	-680	-1,020
		Audio	-50	-140	-530	-770	-1,420

자료 출처 : 내부 및 AV Bank

판매 내용 분석

- **경쟁사는 전통 Audio 강호**
  - '99년부터 지속적으로 자사 대비 우위 유지
- **'02년부터 TV 및 DTVP 판매도 역전**

제품	'01		'02		'03	
	자사	경쟁사	자사	경쟁사	자사	경쟁사
TV	5,510	5,900	5,690	5,760	-180	-460
DTDP	3,890	3,840	3,940	4,620	-50	-780

- **판매 역전 사유**
- Package 판매 열세
  - 경쟁사는 '00년부터 Package 판매 준비
  - 자사는 '01년부터 시작
- Package 부진 이유
  - Package 중심은 Audio이나 자사는 Audio 사업이 취약
  - 경쟁사는 Audio를 중심으로 홈시어터 패키지 판매 주력
* Package 판매 : Display와 Source Player를 동시에 판매
  음향 및 영상 Matching이 필요
  DVD-Receiver가 Package 중심

위의 표는 제품별로 매출을 분석한 것이다.

매출 현황을 분석한 결과 오디오 제품의 열세가 Package 판매 부진까지 이어졌음이 밝혀졌다. 그리고 Package 판매를 주도한 것은 DVD-Receiver라는 새로운 카테고리였다. 즉, 현재 회사 내부의 큰 문제점은 새로운 카테고리

인 홈시어터 제품의 부재라는 것이 밝혀진 셈이다. 이러한 사실은 전략의 방향을 잡는 데 실마리가 되고, '영양가 있는 보고서'를 작성하는 데 핵심적인 요소가 된다. 그리고 이것은 분석을 하는 근본적인 이유다.

| 5F 분석 |

SWOT의 기회와 위협은 외부 환경 분석에서 도출된다.

PEST 분석과 마이클 포터의 5F 분석은 외부 환경 분석에 사용된다. 포터의 5Force 분석은 1980년 그의 저서 『경쟁 전략』에서 소개되었다. 주요 내용은 경쟁에서 우위에 서기 위해 자사에 영향을 미치는 5가지 힘에 대한 분석 방향과 본원적 전략에 대한 것이다. 5가지 힘이란 시장에 관여하는 '5종류의 역학 관계'다. 이 역학 관계가 진행 중인 사업에 어떻게 영향을 미치는가를 분석하는 것이다.

본원적 전략이란 '기업이 경쟁 우위에 서기 위해서 기본적으로 수행해야 할 전략'으로 원가 우위(Cost Leadership), 차별화, 집중화를 제안하고 있다. 포터가 이렇게 제안을 하는 이유는 경제학에서 "완전경쟁하에서 기업은 한계 수익밖에 얻을 수 없다"라는 이론 때문이다. 그는 자신의 본원적 전략으로 완전 경쟁이 불가능하도록 일종의 '진입장벽'을 만들라는 것이다.

이 전략을 실행하기 위해 다섯 종류의 시장 참여자들 간의 역학 관계 분석을 해야 한다. 그 이유는 신사업을 검토할 때는 자사와 자사를 둘러싼 외부 환경과의 관계를 검토해야 하기 때문이다. 자사가 아무리 막강한 기술력과 마케팅력을 가졌어도 신규 진입자, 대체 상품 등장, 소비자들의 힘, 협력업체의 힘, 경쟁사의 공격을 고려하지 않으면 낭패를 볼 확률이 높다.

이 관점에서 홈시어터 사업의 환경 분석을 하면 다음과 같다.

환경 분석(포터의 5Force Graphic 중심의 표현)

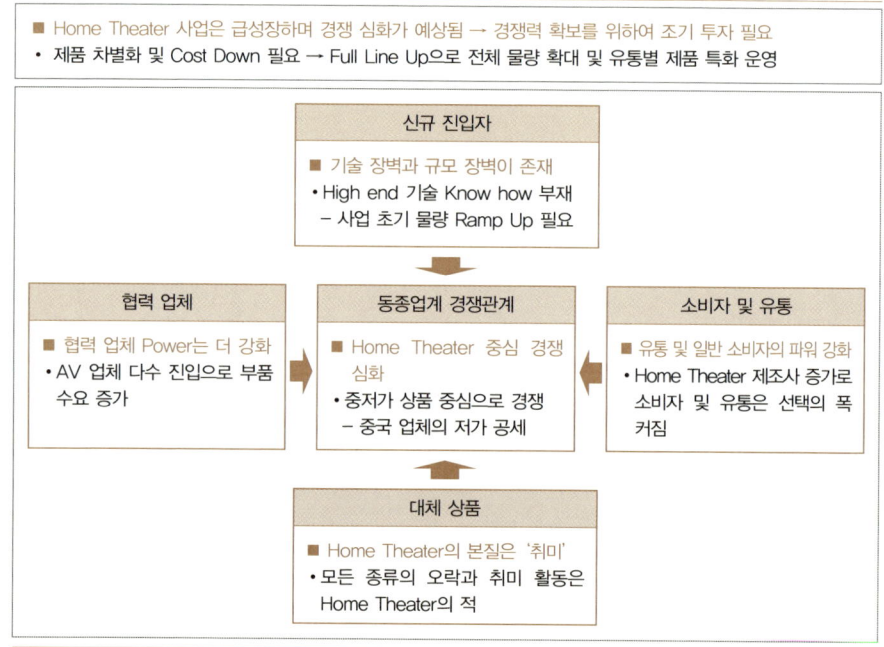

포터의 『경쟁 전략』에 나오는 5Force 그림은 일종의 개념도다. 따라서 이 그림에 충실하게 5Force 분석을 하면 '구름 잡는 이야기' 만 하게 된다.

핵심 내용만 전달하는 프레젠테이션에는 나쁘지 않으나 보고서용으로는 너무 공간이 좁아 내용을 충분히 설명하기가 곤란하다. 무엇보다도 5F를 분석한 후 나오는 시사점을 적기에는 공간이 없다. 따라서 보고가 주목적이면 SWOT 분석의 환경 항목에서 다음과 같이 상세히 서술하는 것이 좋다.

환경 분석(포터의 5Force 관점)

- Home Theater 사업은 급성장하며 경쟁 심화가 예상됨 → 경쟁력 확보를 위하여 조기 투자 필요
- 제품 차별화 및 Cost Down 필요 → Full Line Up으로 전체 물량 확대 및 유통별 제품 특화 운영

Force	내 역	시사점
신규 진입자	■ 후발주자는 홈시어터 사업 진입 어려움 • 기술 장벽 : High end 기기 생산의 Know how 부재 • 가격 경쟁 : 사업 초기부터 물량 Ram up 하지 않으면 원가 압박으로 전 Line up 적자 → 그럼에도 불구, 대다수 AV 업체 진입 예상(향후 Trend)	■ Cost Down 관점 • 시장 급성장이 예상되어 조기 불량 Ramp Up 및 Full Line Up 필요 – 초기부터 大物量 운영, 고정비 절감 필요 ■ 차별화 관점 • 입문자들을 위한 Line Up – 입문자들은 음질에 둔감 • 사용성이 개선된 제품 – 조작이 쉬운 새로운 개념의 Home Theater 필요 ■ 집중 관점 • 사업 2년차까지는 중저가에 Focus
대체 상품	■ 모든 종류의 가정용 오락은 홈시어터로 대체 가능 • Audio 마니아 → Home Theater로 진화 → 개인 취미에서 가족 취미로 발전 • 지속적으로 소비자를 유혹하지 못하면 모든 종류의 Entertainment 산업이 경쟁자로 부상	
구매자의 힘	■ 유통의 Power는 더 강해짐 • 유통의 숫자는 불변. 신규 Category인 Home Theater를 업체마다 진입시키기 위한 Shelf 확보 싸움 가속. 제품 선택의 폭 또한 넓어짐. ■ 소비자의 Power도 더 강해짐 • Home Theater 기기는 소수의 Reviewer, 마니아가 유행을 주도함. 초기는 이들의 영향력이 막강할 것. 저변 확대 후 중저가 군은 이들의 영향에서 벗어날 것임.	
협력 업체의 힘	■ 협력업체의 Power도 더 강해짐 • 대다수 기존 AV업체가 Home Theater 산업에 진입하여 부품 수급 차질이 예상되고 일시적으로 부품 업체들의 위상은 강화	
동종업계 경쟁관계	■ Home Theater를 두고 경쟁 심화 • High end급 Home Theater는 진입 불가했으나 중저가 시장은 진입이 가능하여 선발 업체는 Line up 강화 및 저가 공세를, 중국 업체는 가격 공세를 펼칠 것으로 예상	

그런데 위와 같은 분석이 나오기 위해서는 사전에 '업계 현황'과 같은 분석이 선행되어 있어야 한다. '홈시어터 업계 현황'은 5F에서는 동종업계의 경쟁 관계다. 이 표는 경쟁사들이 어떤 제품에 집중하는지를 나타낸다. 또한 표를 통해 경쟁사의 역량을 알 수 있으므로 경쟁을 피할지 정면 돌파할지를 결정할 수 있다. 즉 사업을 전개할 방향을 알 수 있다.

Home Theater 업계 현황(2001년)

- High end에서 Low end까지 분류. High부터 Step Up은 일본 및 미국, 유럽 회사가 장악
- Step Up부터 Low급은 한국 및 중국 회사 → 디자인, 브랜드, 기술 등 모든 면에서 열세

대표적인 Home Theater Component 브랜드

구분	특징	Display	Source Player	Amplifier	Speaker
High end 및 Premium	• 원본 화질, 원음 재생을 목표로 제작 • 디자인보다 성능 • 1천 만원 이상	BARCO MADRIGAL SHARP SONY marantz SIM2	mark Levinson lexicon DENON	McIntosh mark Levinson DENON	MERIDIAN THIEL
Step Up	• High end~High로 설계·제작되기에는 원가 감당이 어려워 적절한 선에서 타협 • 500만~1천만 원	Panasonic SANYO TOSHIBA HITACHI	Panasonic Pioneer SONY	YAMAHA marantz	B&W YAMAHA JBL
Entry (HTiB)	• 설계 목표가 적절한 수준의 화질, 음질 재생을 목표로 함 • 성능보다는 가격이 중요 • 500만 원 이하	InFocus BenQ	K社, C社	K社, C社	K社, C社

다음 표는 홈시어터의 전략적 가치에 대한 것이다. 이러한 종류의 분석에서는 포터의 5F에서 공급자나 구매가 어떻게 얽혀 있는지 나타난다. 홈시어터 사업을 AV업계와 고객의 관점에서 바라본 것이다. 포터의 5F 중 한 종류의 Force로 들어가기 위해서는 다음과 같은 사전 분석을 해야 한다.

Home Theater in Box의 의미와 전략적 가치

- 홈시어터 사업의 진입 문턱이 낮아짐. 전문가들만 즐길 수 있는 영역을 낮추는 데 기여
- 후발 주자들에게는 신사업 기회 제공. 전문 오디오 업체에는 위기

구분	비교 항목	HT가 활성화되지 못한 이유	HTiB가 신사업 기회인 이유
A/V Industry	진입 장벽	높음 • 미국과 유럽 브랜드 강세 → 고가의 사치품 - 디자인 및 설계 기술 부재	낮아짐 • HTiB는 입문자를 Target, 설계·생산이 용이
A/V Industry	Speaker	• Transducer 및 Enclosure 설계·제작 어려움	• 전문용은 3Way Wooden Enclosure이나 HTiB는 Plastic Enclosure Satellite Speaker
A/V Industry	Amplifier	• 핵심 부품은 전부 미국 및 일본에서 생산 (DAC, Transformer)	• HTiB 출현하면서 생산 New Category 고가의 Trans 필요 없으며 DVDP와 일체형
A/V Industry	Source Player	• 핵심 부품(Optical Pickup) 및 특허 다수 외국 보유	
A/V Industry	Display	• Reference Picture Quality Setup 및 Tune 기술 없음	• PDP, LCD 가격 하락으로 Projector 대체 가능
Consumer	가격	• 대다수 장비가 고가	• 비싸도 $999면 장만
Consumer	설치	• 설치에 특별한 기술이 있어야 하며 추가 비용 필요	• Box 하나에 필요한 기기들이 다 들어 있으며 설치도 간편해짐

| PEST 분석 |

PEST 분석은 정치, 경제, 사회, 기술 네 부문을 모두 살펴본다.

대기업에서 근무하더라도 그룹 전체의 전략 기획을 담당하지 않거나 특정 국가에 신규 진출을 검토하지 않으면 PEST 분석처럼 거창한 분석을 할 기회는 거의 없다. 대기업은 그룹 소속의 경제연구소에서 이런 분석을 전문적으로 하기 때문이다. 오히려 해외 진출을 꿈꾸는 중소기업이나 벤처기업의 실무자들이 특정 지역이나 국가에 진출하기 위한 사전 검토 자료로 PEST 분석을 할 필요가 많을 것으로 생각된다.

그런데 왜 하필 분석의 이름이 뜻도 안 좋은 페스트(흑사병)일까?

신조어를 만들 시 가장 먼저 고려하는 것이 그 단어가 부정적인 의미를 내포하는지 여부를 검토하는데 말이다. 이유는 PEST는 분석에 순서가 있음을 암시하는데 정치, 경제, 사회, 기술의 순서대로 분석하라는 뜻이다. 즉 정치가 안정되지 않으면 사업은 고사하고 안전부터 걱정해야 한다. 정치적 상황이 좋지 않아도 감당할 정도가 되면 경제적인 상황을 검토한다. 이 중요도의 순서대로 분석해야 한다.

홈시어터 사업을 검토할 때는 사실상 포터의 5F 분석도, PEST 분석도 필요 없다. 사장은 이미 홈시어터 사업에 미래가 있다고 '감'을 잡았는 데 거물 경영학자들의 이름을 붙인 분석을 해 본들 '시킨 것은 안하고 딴짓 하는 놈'으로 낙인찍힐 게 분명하기 때문이다. 그러나 전략 수립과 실행 계획 수립의 절차상 원론적인 관점에서는 필요하다. PEST 분석은 다음과 같은 사항을 검토한다.

1. 정치적 환경(P) • 정치 제도 • 정책 방향 • 무역에 대한 태도(규제 및 제한) • 각종 규제 　(환경 규제와 보호, 소비자 보호, 노동자 보호)	2. 경제적 환경(E) • 시장 전망 • 금리 & 통화 정책 • 실업 정책 • 과세 • 인플레이션율 • 경기 순환 단계 • 임금 • 소득 분배
3. 사회 · 문화적 환경(S) • 소비자의 라이프스타일 • 인구 통계 • 사회 윤리 및 규범 • 환경에 대한 관심 • 가치관 • 노동 및 여가에 대한 태도 • 교육 • 복지 • 생활 조건	4. 기술적 환경(T) • 제품의 트렌드 • 기술 라이프사이클의 변화 • 정보 기술의 변화 • 신기술의 출현 • 기술의 확산 • 정부 연구 지출 • 기술적 성과에 대한 산업의 초점 • 새로운 발명 및 개발 • R&D 인력

주의해야 할 점은 PEST 분석이 포터의 5F 분석에서 다루지 못한 영역을 다루어야 한다는 점이다. 그러다 보니 범위가 너무 넓어 실무자 혼자서 하기에는 벅차다. 게다가 정치나 경제 환경 같은 거시적인 문제는 사장이 더 많은 관심을 가지고 있는 분야다. 따라서 분석을 어설프게 하면 질문이 쏟아질 것이고 이에 대응하기가 힘들어 보고를 망치는 경우도 있다. 다른 분석들과 마찬가지로 이 분석을 할 때 제일 중요한 점은 '시사점을 도출' 해야 한다는 것이다. 시사점 없이 사실만 열거해 놓으면 "그래서? 뭘 어쩌겠다고?"라는 질책만 나온다. 그럴 바에는 차라리 하지 않는 것이 낫다. 그래서 좌측 표에 언급된 항목을 전부 점검해서 시사성 있는 내용만 뽑아 보고 자료에 넣어야 한다. 모든 항목을 점검한 자료를 폐기하기 아깝다면 별첨에 넣어두면 된다.

홈시어터 사업에 대한 PEST 분석을 하면 다음과 같다.

PEST 분석(홈시어터 사업 관련)

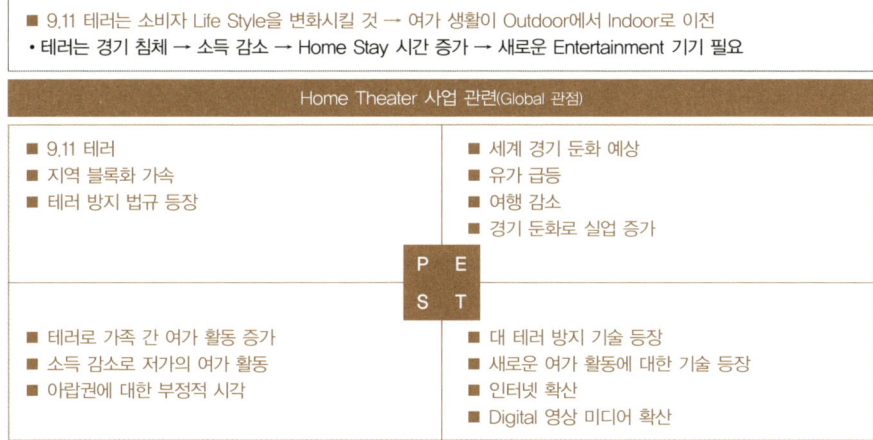

당시의 가장 큰 이슈는 9.11 테러였다. 그래서 '테러라는 정치적 이슈가 국제적으로 정치, 경제, 사회, 기술에 미치는 영향이 홈시어터라는 새로운 사업에 어떤 영향을 미칠 것인가' 라는 관점에서 PEST 분석을 했다. 여기서 주는 가장 큰 시사점은 '테러로 사람들이 여행을 하기보다는 가정에 머무를 것' 이라는 점과 '경제가 나빠져서 저가의 오락거리를 찾을 것' 이라는 점이었다. 즉 홈시어터 시장이 커질 것이라는 암시를 한 것이다. 그리고 2001년에 HDTV와 DVD가 본격적으로 보급되기 시작했다. 이 두 가지가 홈시어터 사업의 당위성을 확보해 주었다.

홈시어터 사업에서 PEST 분석이 적절하지는 않지만 PEST 분석의 개념도에 맞추어 분석해 보았다. PEST 분석을 엄격하게 한다면 정치적 환경부터 시작하여 경제, 사회 문화와 기술 상황에 대해 각 항목을 순차적으로 검토해서 '통과' 혹은 '불합격' 등을 명시해서 사업을 판단해야 했다.

예를 들어 중국의 내륙 지방에 공장을 짓는다고 가정해 보자.

중국은 공산주의 국가다. 투자에 규제가 있기는 하지만 투자 자체를 막지는 않는다. 그렇다면 '통과' 다. 그 다음은 정책 방향이다. 그런데 투자하려는 지방의 사업 조건이 까다롭다. 리스크 부담이 있지만 통과시키기로 한다. 그 다음은 각종 규제인데 근처에 수원지가 있어 상당히 까다롭다. 그래서 포기하기로 한다.

PEST 분석은 이렇듯 사업을 계속 진행할 것인가 말 것인가를 검토하는 데 활용하기 좋다.

홈시어터 사업에서는 외부 환경을 분석하는 데 5F나 PEST라는 거창한 제목을 쓰지는 않았다. 대신 소비자 동향 분석이라는 수수한 제목으로 외부의 상황을 분석했다.

소비자 동향 분석

- '01년부터 Package 판매 활성화, '02년부터 고성장 예상(CAGR 70%) → 컨텐츠 저가 공급
- 9.11 이후 소비자들의 생활 패턴이 바뀌었음(Outdoor → Indoor) → Home Theater 사업 추진 필요

Package 판매

■ Package 판매 비중
• AV기기 교체 시 일부가 아니라 전체를 교체하는 경향 대두
 – 연결 Jack 호환성 및 Design 중시 경향으로 추정

(단위 : 천 대)

구분	패키지	'99	'00	'01	'02	'03	CAGR
자사	판매량	0	0	28	62	158	77.2%
	TV(%)	0	0	1	1	3	
	DVDP(%)	0	0	1	2	4	
	Audio(%)	0	0	1	2	5	
경쟁사	판매량	0	52	169	308	458	72.3%
	TV(%)	0	1	3	5	7	
	DVDP(%)	0	2	4	7	9	
	Audio(%)	0	2	5	8	10	

■ DVD 및 DVDP 판매량
• 기기 가격 저가화 및 다량의 컨텐츠 보급

(단위 : 백만 대)

품목	'99	'00	'01	'02	'03	CAGR
DVDP	12	14	19	23	25	20.1%
DVD	480	700	1,200	2,000	3,000	58.1%

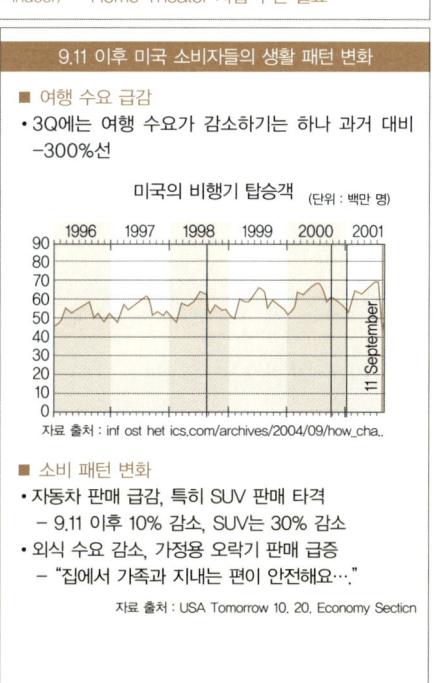

9.11 이후 미국 소비자들의 생활 패턴 변화

■ 여행 수요 급감
• 3Q에는 여행 수요가 감소하기는 하나 과거 대비 –300%선

미국의 비행기 탑승객 (단위 : 백만 명)

자료 출처 : inf ost het ics.com/archives/2004/09/how_cha..

■ 소비 패턴 변화
• 자동차 판매 급감, 특히 SUV 판매 타격
 – 9.11 이후 10% 감소, SUV는 30% 감소
• 외식 수요 감소, 가정용 오락기 판매 급증
 – "집에서 가족과 지내는 편이 안전해요…"

자료 출처 : USA Tomorrow 10. 20. Economy Section

사실상 포터의 5F의 '소비자 및 유통'이나 PEST의 사회 부분은 '소비자' 동향에 대해 파악하는 것이다. 통상 5F나 PEST가 큰 방향만 훑고 가는데 반

해 위의 분석은 타깃 고객의 동향을 깊이 있게 조사한다. 깊이 들여다보지 않으면 인사이트 있는 결과를 도출할 수 없기 때문이다. 위의 표에서는 소비자들이 패키지 제품을 선호하기 시작하며 여행 수요가 과거에 비해 급감했다는 사실을 보여 준다. 즉 가정에서 즐길 거리를 찾을 확률이 높아졌다는 것을 알 수 있다.

5F 분석이나 PEST 분석 같은 외부 환경 분석을 할 때 주의할 점이 있다.

너무 넓거나 깊이 들어가면 '뜬구름' 잡는 분석이 될 수 있으므로 보고서의 스토리가 잘 이어지는 수준에서 멈추어야 한다. 특히 정치나 사회 동향처럼 근거를 찾기 어려운 분석에서는 신중한 접근이 필요하다.

❺ 분석 도구 사용 시 주의점

보고서를 작성할 때 외국의 분석 기법으로 도배하는 직원이 있다.

이러한 기법을 활용하는 것이 나쁘다는 것이 아니라 남용하거나 오용을 하는 것이 문제다. 예를 들면 MECE가 그렇다. MECE는 특정 컨설팅 회사에서 만든 분석 기법이다. 하나도 빠뜨려서는 안 되고 (혹은 전체로서 누락 없이) 중복되어서도 안 된다는 취지다. 이는 컨설팅 회사에서 경험이 충분치 못한 신입 컨설턴트를 의뢰인의 회사에 보내기 전에 하는 '내부 잔소리' 이지, 자신이 근무하는 회사에서 동일한 패턴의 문제를 여러 번 경험한 베테랑들에게 하는 소리가 아니다.

그런데 경험이 짧은 컨설턴트는 컨설팅을 의뢰한 회사의 문제점을 파악하면서 자신이 문제점을 하나도 빠뜨리지 않았다는 것을 어떻게 알 수 있을까? 모든 문제점을 다 알고 있는 사람만이 다 빠뜨리지 않았다는 것을 알 수 있지 않을까? 그런데 경험이 짧은 컨설턴트가 무슨 재주로 그것을 알 수 있겠는가? 즉, 모순이 있다는 뜻이다.

하여튼 문제점을 하나도 빠뜨리지 않았다고 치자. 그리고 이것을 분해하는 로직트리를 그렸다고 가정하자.

로직트리의 끝은 대개 문제의 핵심이거나 원인이다. 그렇다면 이 핵심과 원인들 간의 관계는 어떻게 연결해서 인사이트를 찾아낼 것인가? 어쨌든 인사이트를 찾아냈다 치자. 그러면 이것이 옳은 것인지 아닌지는 어떻게 알 수 있는가? 비교해야 할 유사 사례나 과거의 경험이 있어야 하는 것 아닌가?

보고자가 아무리 로직트리를 잘 만들고 외국산 기법들을 많이 알아도 문제를 풀어갈 배경 지식과 추리력, 경험으로 구체적인 목표와 실행 계획을 세우지 못하면 '텅텅 빈 머릿속'과 '별 볼일 없는 사회적 지위'를 감추기 위해 명품과 외제차로 도배한 졸부와 다를 바 없다. 따라서 분석의 달인이 되려면 분석 기법만 공부하지 말고 세상사와 사물의 본질을 꿰뚫어 볼 수 있는 인문학과 기초 과학부터 공부해야 한다.

❻ **마케팅 프로세스 분석**

5Whys라는 분해 도구로부터 출발하여 SWOT, 전략의 삼각형, 4P 분석, PEST 분석과 포터의 5F 분석이라는 조립 도구까지 살펴보았다.

이 도구들을 코틀러의 마케팅 프로세스라는 잣대에 놓고 보면 다음 그림과 같다.

마케팅 대가의 제안과 한국 대기업들이 쓰는 절차는 거의 일치한다. 그런데 위의 표 내용 중에서 필자는 BCG 매트릭스에 대해서 설명하지 않았다. 다음의 세 가지 이유 때문이다.

첫째, 필자는 1995년 삼성의 자동차 진출 같은 대규모 기획 관련 업무를 많이 했음에도 불구하고 BCG 매트릭스로 신사업을 검토해 볼 기회가 없었다. 그 이유는 BCG 매트릭스를 사업부(Business Unit) 단위에서 쓰기에는 규모가 너무 크기 때문이다. 그리고 사업부는 이미 '본업'이 정해져 있어 다른 영역으로 넘어가기가 곤란했다.

둘째, BCG 매트릭스는 시장성장률 및 시장점유율이 있어야 한다. 그런데 시장성장률 및 시장점유율이 있다는 것은 이미 누군가가 사업을 하고 있다는 이야기다. 게다가 점유율이나 성장률이 나올 정도면 시장조사업체가 활동을 할 정도이므로 이미 활황인 시장이다. 따라서 BCG 매트릭스 그 자체가 이미 신사업을 검토하기에는 적절치 않다는 의미다.

셋째, 데이터 조사업체의 자료는 그다지 믿을 것이 못 된다. 필자는 신사업과 신상품 기획을 주로 했던 관계로 데이터 리서치 업체와 미팅을 많이 했다. 이들은 인터뷰를 통해 때로는 부풀려지고 왜곡된 향후 시장 동향과 판매 계획 등에 관한 자료들을 받아 갔다. 그러나 이것은 나만 그런 것은 아닐 것이다. 그들은 나와 미팅한 후 경쟁사로 가거나 중국이나 대만 업체로 가서 해당 업계의 담당자를 만날 것이다. 이런 이유로 조사업체에게 정확한 자료를 줄 수가 없다. 보안 문제 때문이다. 또 다른 이유는 부정적인 데이터를 주면 회사의 주가나 이미지에 악영향을 미치기 때문이다. 증권회사의 애널리스트들은 축소된 매출 계획 등을 보면 그것이 그 회사를 위해 장기적으로는 긍정적인 것

분석 과정(필립 코틀러의 절차와 기업에서의 일반적 분석 절차)

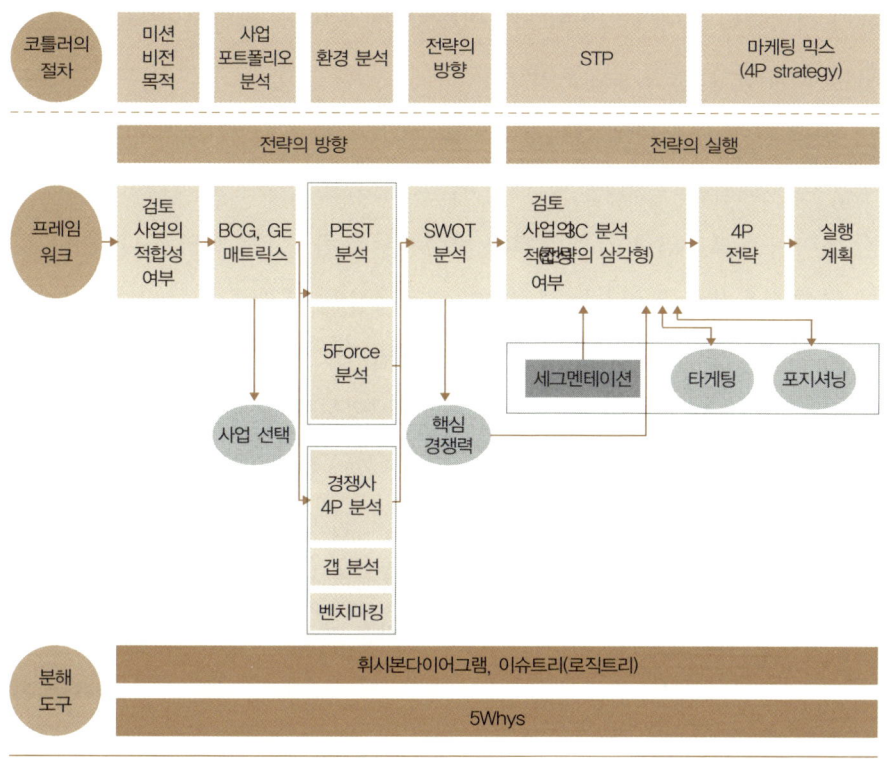

 일지라도 부정적인 평가를 낸다. 그래서 주로 이스트가 뿌려진 자료를 줄 수밖에 없다.

 따라서 조사업체에서 발행하는 시장 자료는 각 사의 담당자들이 부풀리거나 축소한 자료를 바탕으로 예측한 수치의 총합이다. 그러나 이 데이터를 전적으로 신뢰하지 말라는 뜻은 아니다. 오차는 있으나 이것마저 없으면 세상의 모든 기획자들은 기댈 데가 없어서 '정신적 공황' 상태에 빠질지도 모른다.

보고를 받는 중간 관리자들이나 경영자들도 비록 이 데이터가 믿을 것이 못 된다 하더라도 그나마 있어야 마음이 편하다. 적어도 '객관적인 자료를 인용했다'고 주장할 수 있기 때문이다.

'분석 여행'은 오마에 겐이치의 3C(전략의 삼각형)으로 끝냈다. 전략의 삼각형은 어느 회사든지 전략을 짤 때는 기본적으로 고려해야 할 사항이다. 3C 대신에 마이클 포터의 본원적 전략의 관점에서 전략을 분석해도 된다. 어느 것에 더 초점을 맞출 것인가는 보고자가 결정해야 할 문제다.

3C로 분석을 끝냈다면 분석한 내용을 기반으로 전략을 수립해야 한다.

필자가 사례로 보여준 분석 이외에도 컨설팅회사에서는 수십 여종이 넘는 분석 방법 및 프레임워크를 사용한다. 그러나 이 분석 방법을 소개한 책에서는 각 분석 과정의 사례에서 데이터는 어디서 들어오고 그 분석을 거치는 동안 어떠한 결과물이 나왔는지 자세히 설명하지 않는다. 사실만 단순하게 나열할 뿐이다. 더 심각한 것은 분석을 하든 전략을 짜든 전체적 프로세스를 보여주지 않는다. 따라서 책을 보는 사람은 어디서 시작해서 어떤 과정을 거쳐 어떻게 끝내야 할지 알 수 없다.

왜 분석을 해야 하는지 다시 살펴보자.

분석의 궁극적인 목적은 통찰(Insight)의 발견이다. 그리고 통찰은 결론 혹은 전략을 수립하는 데 실마리가 되어야 한다. 이것이 분석의 궁극적인 목적이다.

5_ 결론

결론에는 목적 달성을 위해 최종적으로 도달해야 할 '목표'와 이 목표에 도달하기 위한 '수단'이 있어야 한다. 목표란 실행 계획이 종료되었을 때 얻을 수 있는 결과물이다. 이 결과물은 매출 달성, M&A, 기술 제휴, 전략적 의사 선택처럼 다양하다. 수단이란 목표를 달성하기 위한 구체적 방법, 실행 계획이다.

결론은 상황에 따라 다른 모습을 보인다.

보고 지시가 내려 올 때 구체적으로 결과물을 명시한 경우는 '실행 방안'만 있으면 된다. '내년 매출은 8% 증가, 손익은 5% 증가시키는 전략을 세울 것' 혹은 '재료비를 분기별로 5%씩 내리는 방안을 보고할 것'과 같은 보고 지시가 내려 왔다면 목표가 도출된 경위나 목표를 달성해야 하는 이유를 설명할 필요는 없다. '목표를 어떻게 달성할 것인가'에 대한 방법만 설명하면 된다. 이때 보고 지시의 결론은 '실행 계획'이다.

반면에 보고 지시가 애매모호하거나 두루뭉술할 경우는 보고서에 목표와 실행 방안 둘 다 적시(摘示)해야 한다. '홈시어터 사업을 어떻게 할 것인지 보고해!', '앞으로 뭘 먹고 살 건지 고민해봐!', '내년에는 어떻게 해야 하나?' 이런 유형의 보고 지시는 마케팅 프로세스에 근거한 분석 과정을 거쳐야 한다. 이 과정을 거쳐 목표를 수립하고 목표에 도달하기 위한 실행 방법을 제시해야 한다.

❶ 전략에 명시해야 할 것

전략에는 '목표'와 '실행 계획'이 구체적으로 명시되어 있어야 한다.

목표는 'OO사를 M&A한다' 처럼 일의 방향이나 선택을 결정하고 명시하는 문장으로 끝낼 수도 있지만 가급적 숫자로 표현해야 한다. 영업이면 매출 목표, 손익, 시장점유율(Market Share) 등이고, R&D이면 개발 일정, 목표 재료비 등이 될 것이다.

실행 계획은 6하 원칙이 아니라 5하 원칙에 예산, 비용과 지원 요청 사항 등이 들어가야 한다. 예산이 전략에 들어가야 하는 이유는 '예산이란 전략을 수치화시켜 놓은 것'이기 때문이다. 5하 원칙인 이유는 '왜'가 빠지기 때문이다. 실행 방법을 표현하는 데 정해진 것은 없다. 중점적으로 관리가 되어야 할 사항을 부각시키는 방법으로 작성하면 된다. 업무 수행 항목이 많지 않고 일정의 관리가 중요하면 갠트 차트(H. L. Gantt) 형식으로 하는 것이 무난하다. 그러나 수행해야 할 일의 범위가 커지고 복잡하면 갠트 차트는 전체 일정 관리 차원에서만 사용하고 일의 주체별로 또다시 상세한 업무 계획을 수립해야 한다.

제조업의 경우 대개 4P를 사용해서 전략을 수립한다. 4P는 사실상 회사에서 일어나는 대부분의 업무를 포함하고 있기 때문이다.

❷ 결론 사례 : 홈시어터 사업의 4P 전략

홈시어터 사업을 분석한 결과 사업을 성공시키기에는 다음의 두 항목이 선결 과제라는 것이 드러났다.

단기 기획으로 현 제품을 패키지화 한다.
중·장기 기획으로 2년 동안 준비해서 본격적으로 홈시어터 사업을 한다.
이 과제는 시간의 흐름에 따라 장·단기 목표를 설정했다. 단기 목표는 '현재의 제품으로 패키지 상품을 구성해서 판매하는 것'이다. 반면에 장기 목표는 '제대로 된 홈시어터 제품을 개발하고 판매하는 것'이다. 단기 목표 달성을 위해서는 다음의 사항이 선행되어야 한다.

첫째, 사업부별 제품 디자인이 조화될 수 있도록 재구성한다.

둘째, 제품의 연결이 제대로 되는지 확인한다.

셋째, 위 사항이 만족되는 가운데 가능한 여러 종류의 패키지가 있어야 한다.

넷째, 패키지 판매를 위한 교육 프로그램을 구성하고 교육을 해야 한다.

다섯째, 패키지 제품을 전시할 공간을 확보한다.

여섯째, 패키지 제품을 배송하고 설치할 수 있어야 한다.

이런 사안을 실행할 수 있다면 단기 목표를 달성하는 것은 무난하다.

장기 목표는 티어(Tier) 1에 위치하는 것이다. 장기 목표 달성을 위한 조치는 다음의 사항을 실행해야 한다.

첫째, 설계 능력 향상을 위해 해외에서 음향 및 영상 컨설턴트를 영입한다.

둘째, 디자인 향상을 위해 외국 회사에 용역을 준다.

셋째, 소비자들의 사용 행위에 대해 장기적으로 정밀 조사를 실시한다.

넷째, 사용성 개선을 위한 연구 UI, 연결(Connectivity)을 시작한다.

다섯째, 차세대 홈시어터 컨셉에 대한 연구를 진행한다.

이 내용들은 보고서에서 4P와 단계별 업무 일정 관리가 합쳐진 형태로 나타낸다.

4P 전략은 "제품을 어떻게 만들어서, 얼마에, 어떤 방법으로 판매할 것인가"에 대한 대답이다. 홈시어터 사업을 3C 분석에서 주장하는 전략의 차별화, 집중, 원가 우위에 근거하여 4P 전략을 세우면 다음과 같다.

4P 전략 요약

- 3년 후 Qty 2백만 대, AMT 750백만 불, MS 7% 확보, Global Tier 2에 Rank
- 자사 내부 Infra 최대 활용, 제품 차별화 → 사업 초기부터 Volume Drive

목표

■ 양적 목표

(단위 : 천 대, 백만 불)

구분		1년차	2년차	3년차
Entry	Q	500	700	1,000
	A	150	196	250
	MS	3%	5%	8%
Step Up	Q	300	500	800
	A	150	225	320
	%	2%	4%	7%
Premium	Q	100	150	200
	A	90	128	160
	%	1%	2%	4%

■ 질적 목표
- World Best Quality 확보(3년 후)
  - 신성장 사업으로 본궤도 진입
- 핵심 설계 기술 확보
  - Unit에 따라 Cone, 평판 Type 등 5.1 Ch 이상 필수

핵심 과제

■ 자사 내부 역량 최대 활용
- 설계 및 부품 개발 능력
  - 부품 공용화, 000000000
- Global Sales Network 활용
  - 기존 법인과 지점 최대 활용

■ 제품 차별화
- 신개념 홈시어터
  - 마니아보다는 입문자를 Target으로 시작
- 디지털 시대에 맞는 디자인
  - 정통 홈시어터 기기는 중후 → 입문자들에게는 부적합

■ 시장 조기 확대
- 전 지역 런칭
  - 중국 업체 진입 전 시장 사전 확보
- 사업 초기부터 Volume Drive
  - 고정비 감소, Buying Power 최대 확보

위 표에는 양적 목표와 질적 목표 그리고 이 목표를 달성하기 위한 3가지 수단(과제)이 나타나 있다. 다시 말해서 이 과제들을 해결하면 목표 달성이 가능하다. 혹자는 ROIC(Return On Invested Capital) 등도 전략에 포함되어야 한다고 주장하기도 한다. 그러나 이 주장은 우물에서 숭늉 찾기 식이다. 설령 있어도 믿기 어렵다. 사업을 시작하는 제품을 만드느냐 못 만드느냐도 불확실하고 설령 만들었다 할지라도 제품의 원가와 손익이 처음 계획과 맞을 리가 없으므로 ROIC 같은 재무적 성과는 이론가들의 꿈일 뿐이다.

따라서 사업 초기의 기획에서는 시점별 판매 물량과 손익 계산만 있어도

된다. 재무적 성과는 제품의 BOM(Bill of Material Cost)이 고정된 시점쯤에 산출해도 된다.

| 제품 |

제조업이든 서비스업이든 업종을 불문하고 기업과 소비자와의 관계는 제품(서비스도 일종의 제품으로 간주)에서 시작된다. 그래서 4P 중에서 제품 전략이 제일 먼저 나와야 한다.

제품 전략에서는 제품 컨셉을 정의하는 것이 우선이다.

첫째, 제품 컨셉이 없으면 기획자가 어떠한 제품을 시장에 출시하려는지 회사 내부의 관련부서에서는 알 길이 없다. 디자이너도 기획자가 컨셉을 제시해야 제품을 디자인할 수 있다.

둘째, 설계자도 제품 컨셉이 있어야 설계를 하기 위한 방향, 소재, 마이크로 컴퓨터(Micro Computer) 같은 핵심 부품, 생산 설비 변경을 검토할 수 있다. 그리고 제품의 초기 원가를 검토하기 위해서도 필요하다.

셋째, 영업부에서는 제품 컨셉을 보고, 판매 가능 여부를 검토한다. 물론 판매 가격과 영업 사원들의 반응 조사도 필요하다.

넷째, 커뮤니케이터(Communicator)나 광고 담당자가 USP(Unique Selling Proposition는 광고 기획자 로저 리브스(Rosser Reeves)가 『광고의 실체』(1961년)에서 주장했다. 그는 USP란 "이상적인 설득에 관한 이론이며 캠페인을 성공하게 만드는 법"이라고 했다)를 찾아내거나 광고 컨셉을 찾는 데 필요하다.

이렇듯 제품 컨셉은 전략 실행의 첫 단추가 되어 4P 중에서도 제일 먼저 나와야 한다. 제품 컨셉을 제대로 잡기 위해서 경쟁사 조사(주로 강점과 약점), 소

4P(제품 전략 - Concept)

■ 입문자도 사용하기 편한 Home Theater → 3S(Slimmer, Smaller, Simpler) 추구
• AV Receiver → 50% Slimmer, Speaker → 80% Smaller, Installation → 80% Time-saving

	AV Receiver	Speaker	Installation Scene
현재의 홈시어터	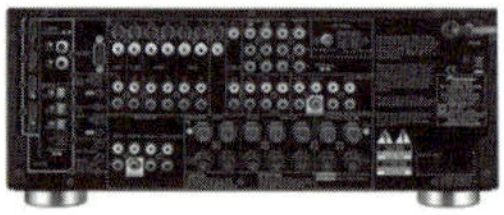		
신개념 홈시어터	Slimmer ! 	Smaller ! 	Simpler ! 

사진출처 : 로이코, 헤이스

비자 조사(잠재의식 관점), 기획자의 통찰(Insight)이 조화를 이루어야 한다.

제품 전략을 세운 후에는 가격, 유통, 커뮤니케이션 전략 순으로 전개된다. 이 순서에 맞추어 홈시어터 사업 사례를 전개하면 다음과 같다.

위의 그림은 기획자가 3S(Slimmer, Smaller, Simpler)라는 컨셉으로 제품을 만들겠다는 것을 보여 준다.

이 컨셉에 따라 디자이너는 경쟁 제품보다는 더 얇고 더 작은 제품을 디자인해야 하며 설계자는 디자이너가 3S를 구현하도록 기술적 지원을 해야 한다. 영업 담당자는 이러한 제품을 시장에서 판매할 수 있을지 조사해야 한다. 마켓 커뮤니케이션 담당자는 경쟁사보다 차별화된 디자인, 기능 등을 USP로 하여 구체적인 커뮤니케이션 계획을 수립한다. 이렇듯 제품의 컨셉은 제품 설계, 유통, 커뮤니케이션 계획 수립의 근거가 된다.

아래 표는 제품 컨셉을 제품의 핵심 기능과 운영 방안으로 구체화한 것이다.

4P(제품 전략 - Concept)

- Reference급 Audio/Video Signal을 재생하는 사용하기 쉬운 Home Theater Package
- 사업 초기부터 Full Line Up 진입 → Home Theater 전문기기 제조사로 Positioning

Product Concept

- **Full Package**
- 홈시어터 입문자를 최대한 배려
  - Easy UI, Easy Connectivity, Easy Installation
- **Display**
- 暗室 환경에 적합한 화질 및 사용성
  - BT709, 601 및 RMT 및 Back Light 적용
- **Source Player**
- Reference Video/Audio Signal Out 및 Easy UI
  - BT 709, 601 및 RMT Key 구조 개선
- **Audio**
- 다양한 음장 모드 개발
  - 입문자들의 불리한 청취 환경 최대한 감안
- **Speaker & Accessory**
- 스피커 소형화 및 액세서리 단순화
  - 총 6개의 스피커 설치 필요, 이로 인한 Wirlng 복잡

Product Line Up

- 1년차 Line Up

Type	TV	Source Player	Audio
High end	CH-900	SH-900	AH-900
Premium	CP-7X0	SP-7X0	AP-7X0
Step Up	CD-4X0	SD-4X0	AD-4X0
Entry	CE-100	SP-100	AP-100
	CE-200	SP-200	AP-200

- High end 및 Premium급 Life Cycle은 2년
- Deluxe 및 Entry는 매년 신모델로 교체

제품의 구체적인 기능은 엔지니어들에 대한 요구 사항이다. 이 항목을 보고 엔지니어들은 기술적 측면을 검토한다. 제품 라인 업은 몇 개의 제품이 어떻게 운영될지를 나타낸다. 영업 담당자들은 이것을 근거로 판가 전략과 유통 전략을 수립한다. 커뮤니케이션 담당자들은 광고 컨셉와 USP를 검토한다.

이 단계는 컨셉이 확정되어 제품의 개발에 들어가기 전이므로 관련 부서와 조율을 거쳐 수정·보완하는 것이 일반적이다.

다음 표는 개발하려는 제품의 포지셔닝(Positioning) 계획이다.

4P(제품 전략 - Product Positioning)

- 브랜드 - 판가 Position은 Tier 2와 Tier 3 사이 → 3년 후 Tier 2에 Rank
- 성능 - 사용성 Position은 Tier 2 → 3년 후 사용성은 Top, 성능은 Tier 1과 2 사이

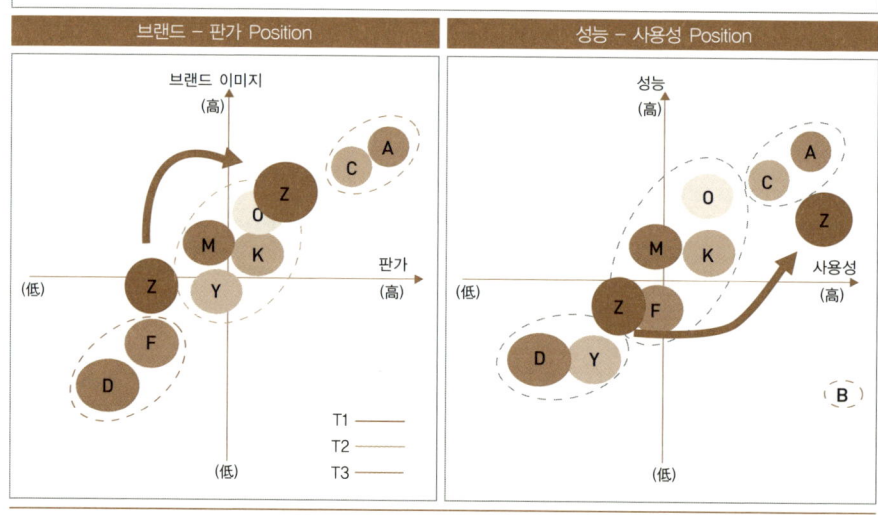

　컨셉을 잡고 있는 제품이 출시가 되면 현재 판매되고 있는 제품의 위상이 한 단계 더 올라갈 것임을 알 수 있다. 좌측의 그림은 브랜드와 판가의 위치 변동이고 우측의 그림은 성능과 사용성의 위치 변동이다. 이 그림을 보면 기획자는 사용성은 최고로 하고 판가와 브랜드 이미지는 티어 1과 티어 2 사이에 놓겠다고 한다. 즉 이 표에는 "우리 회사는 기술은 있으나 제품의 브랜드가 떨어져 제값을 받기 어렵다"라는 숨은 뜻이 있다. 다시 말해서 우선 제품부터 1등을 하고 그후에 브랜드 위상을 올려 제값을 받겠다는 뜻이다.

　다음 표는 달성해야 할 기술적 과제에 대한 것이다.

　4P 전략에 필수 항목은 아니지만 컨셉의 도출 경위와 향후 포지션을 보여

4P(제품 전략 – 달성 방안)

■ 홈시어터 기기 전 부문에서 선진사 대비 열세. 특히 Audio 부문은 격차가 심각. 액세서리 사업은 無
• Display 및 Source Player는 Video Consultat 영입하여 3년 후 선진사 동등 수준 달성

구분	항목	선진사		자사		Gap	격차 해소 방안
Display	화질	• 화질 정확도	高	• 선명한 화질 주의	下	大	• 해외 Video consultant 영입
	디자인	• 중후한 디자인	高	• 좋지도 나쁘지도 않음	中	中	
	사용성	• 초보자 어려움	中	• UI 가독성 좋지 않음	下	小	
Source Player	신호 정확도	• 정확	高	• 부정확	下	大	• 통합 디자인으로 DI 개선
	Read 속도	• 빠름	高	• 느림	下	大	• UI Lab. 신설
	UI	• 쉽고 편리	高	• UI 가독성 좋지 않음	中	中	
앰프	출력	• 동급 대비	高	• 동급 대비	下	大	• Speaker 설계 기술자 영입
	음장 모드	• 다양함	高	• 단순함	下	大	• Sound Lab.에서 신규 음장 개발
	연결성	• 다소 복잡	中	• 단순함	中	小	
스피커	디자인	• 중후한 편	高	• 저가 제품	下	大	• 스피커 디자인은 통합 디자인 팀에서 협업
	음질	• 고유 음색 확보	高	• 사운드 ID 없음	下	大	
	소형화	• 소형부터 대형	高	• 소형 일색	下	大	
액세서리	디자인	• 다양함	高	• 액세서리 사업 부재	無		• 액세서리 팀 신설
	사용성	• 편리	高				
	가격	• 비교적 고가	中				

주므로 기획자가 만든 컨셉의 신뢰도를 높여 준다.

여기서는 홈시어터 기기들의 성능에 대한 선진사와의 격차를 보여 준다. 기획자는 이 "갭(Gap)을 줄여 달라"는 말을 엔지니어에게 하고 있는 셈이다. 포지셔닝에서 사용성과 성능을 티어 1에 근접시키겠다고 했기 때문에 그 실현을 위한 구체적인 방향을 제시하고 있다.

| 가격 |

다음은 가격 전략이다. 가격 중에서도 제일 중요한 것은 원가와 예상 판가이다. 그리고 가격 전략에서는 사업부의 수익이 어떻게 되는지가 나와야 한

다. 이것은 4P 전략을 보고할 때 가장 중요하다. 적자가 나면 특별한 목적이 아닌 경우 사업을 진행시키기 어렵기 때문이다.

4P(가격 전략 – 원가 및 손익)

- 사업 초기 한계이익 24%, 경상이익 '0' 수준에서 시작 → M/S확보 및 O/H감소 추진하여 손익 개선
- 5년 후 Set 누계 손익 90억 원, 액세서리 포함 시 500억 원 예상 → 액세서리 사업 검토 후 별도 보고

원가 구조

국내 생산 기준		대리점	비고
출고가		₩ 890,000	
	세금	80,909	10.0%
반출가		809,091	
	에누리	169,909	21.0%
순매출 단가		639,182	100%
재료비		397,320	62.2%
핵심 부품		79,750	72.5
회로 합계		245,300	
기구		27,500	
기타 및 액세서리 합계		44,770	25
O/H		238,415	37.3%
한계이익		150,459	23.5%
총 원가		635,735	99.5%
경상이익		3,447	0.5%

손익 Simulation

구분		'02	'03	'04	'05	'06
수요	총수요	600	1,560	2,990	4,810	6,770
	원룸용	150	460	770	1,090	1,400
	범용	450	1,100	2,220	3,720	5,370
본체	예상 MS(%)	5	6	15	20	23
	판매 예상	23	66	333	744	1,235
	판가	890	757	605	514	437
	재료비	398	318	255	204	163
	손익	3	23	17	27	34
	누계 손익	68	1,518	5,661	20,088	41,993
	사업 5년차 누계 이익					9,328
액세서리	판매율(%)	10	10	10	10	10
	판매	2	7	33	74	124
	손익	100	100	100	100	100
	누계	225	660	3,330	7,440	12,351
총 누계손익		293	2,178	8,991	27,528	54,344

(단위 : 천 대, 천 원, 백만 원(누계))

위 표에서는 가장 기본이 되는 모델을 하나 선택하여 원가 구조를 설명하고 있다. 원가 구조를 작성하기 위해서는 영업과 설계, 원가관리부서의 협조를 받아야 한다. 영업부서와는 딜러 마진(Dealer Margin)을, 설계부서와는 부품 원가를, 원가관리부서와는 오버 헤드(Over Head)를 협의해야 한다.

다음은 가격 전략 중 판가 운영 전략이다.

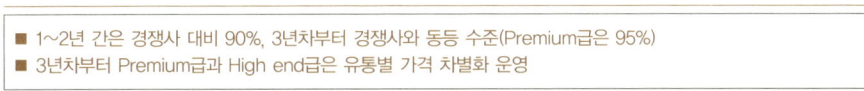

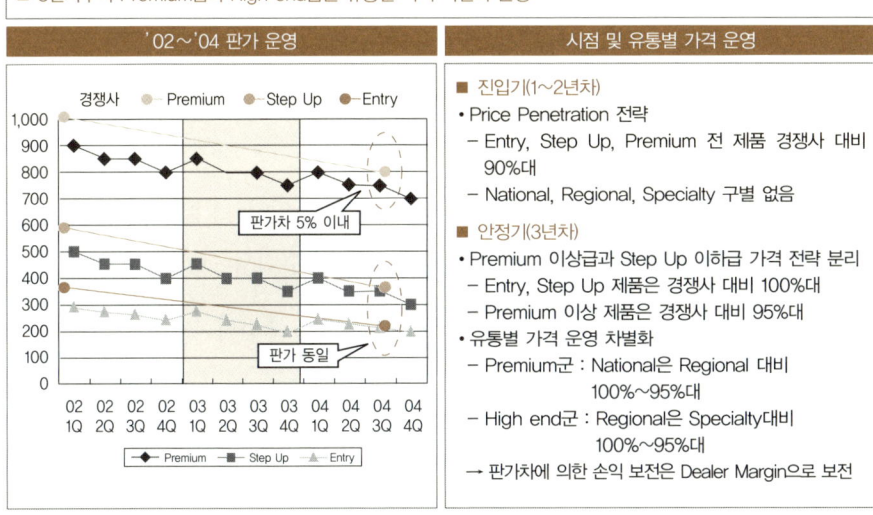

필자가 담당했던 전자 산업의 제품들은 가격이 오르지 않았다. 위 표는 매년 가격이 내려가는 것으로 예상하고 있다. 프리미엄급은 3년 후 경쟁사와 대비하여 95%선에서 가격을 설정했고 중저가 제품(Step Up, Entry)은 경쟁사와 동일한 수준에 놓겠다고 하고 있다. 기획자는 영업자에게는 판가 계획에 맞춘 마케팅 계획 수립을 지시하고, 설계자에게는 판가가 이렇게 내려가니 여기에 맞추어 설계하라고 하며, 구매 담당자에게는 원가 절감 계획을 협력업체와 미리 수립하라고 지시하고 있다.

참고로 제품의 판가를 결정하는 방법에는 두 가지가 있다. 하나는 마켓 마이너스 혹은 세일즈 마이너스이고 다른 하나는 코스트 플러스다. 세일즈 마이너스는 시장 상황에 맞추어 판가를 고정하고 원가를 맞추는 방법이고 코스트 플러스는 제조 원가에 이윤을 붙이는 방법이다. TV처럼 기술 경쟁이 심한 업종은 대부분 세일즈 마이너스 방식을 택한다. 누군가는 기술 혁신을 통해 지속적으로 성능을 높이고 원가는 낮추기 때문이다.

| 유통 |

요즘은 생산 공장이 해외에 흩어져 있는 경우가 많으므로 해외의 생산 공장과 그 공장에서의 물동량을 보여 주어야 한다. 생산지에 따라서 제품의 원가가 달라지고 리드타임을 계산해야 영업에서 유통 계획을 수립할 수 있기 때문이다.

4P(유통 전략 – 생산 및 물류)

- 제품 생산은 중국(90%) 및 멕시코(10%). 중국은 Enty 및 Step Up, 멕시코는 High end 위주 생산
- 물류 거점은 미국 서부, 유럽 중부, 남미 3개소 → 향후 물량 증가 시는 재고 일시 단축으로 Cover

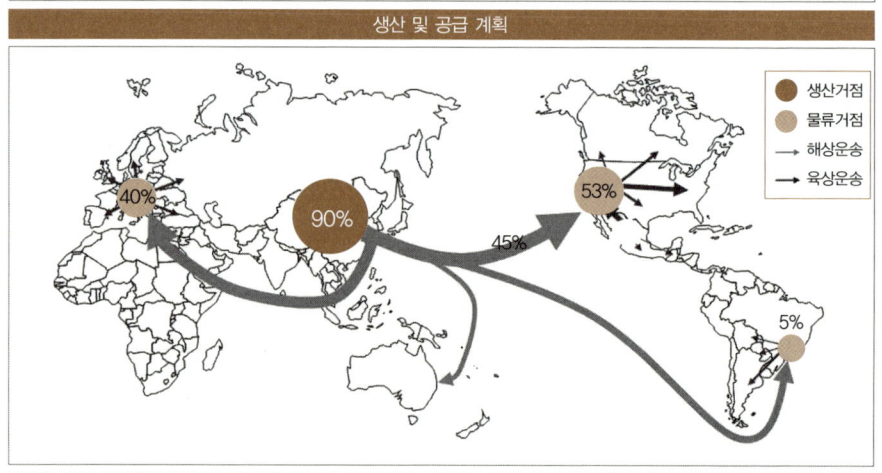

앞의 지도에서는 홈시어터 주 생산 공장이 중국이라는 큰 그림만 보여 준다. 제조원가를 낮추기 위해서 중국으로 생산 물량을 집중하려는 기획자의 의도가 드러난다. 물류 센터는 전 세계에 세 곳만 운영하고 중국 공장과 물류 센터는 해상 운송을, 물류 센터 내에서는 육상 운송을 할 것을 보여 준다. 이것을 지역별, 국가별로 분할하면 더 상세한 묘사가 가능하다. 그리고 영업과 물류 이동 담당자에게 필요한 자료이다.

다음 표는 특정 국가의 유통 전략이다. 이를 통해 한 국가 내에 어떤 제품을 어떻게 넣을 것인가를 알 수 있다.

4P(유통 전략 - Channel 운영)

- 초기 2년은 National 유통에 집중 → 물량 확대. 제품력 향상 후 Specialty 유통 확대 → Image 개선
- 유통 차별화는 Front Case 및 Packaging → One Platform으로 Cost Down

1~2년차

■ 유통별 전개(미국)

구분	National			Regional		Special
	B	C	R	K		
High end						CH900 SH900 AH900
Premium	CP700 SP700 AP700		CP750 SP750 AP750			
Delux	CD400 SD400 AD400	CD410 SD410 AD410	CD450 SD450 AD450			
Value	CE100 SP100 AP100	CE200 SP200 AP200				

3년차~

■ 유통별 전개(미국)

구분	National			Regional		Special
	B	C	R	K		
High end					CH933 SH933 AH933	CH903 SH903 AH903
Premium	CP703 SP703 AP703	CP723 SP723 AP723	CP753 SP753 AP753	CP733 SP733 AP733		
Delux	CD403 SD403 AD403	CD413 SD413 AD413	CD453 SD453 AD453			
Value	CE103 SP103 AP103	CE203 SP203 AP203				

사업 초기는 일부 유통에만 진입한다. 일종의 교두보 확보 전략이다. 그러다 제품력이 향상되는 시점인 3년차부터는 풀 라인 업(Full Line Up)으로 전 유통을 대상으로 하는 사업을 계획하고 있다. 위 표는 유통별 제품 운영만 보여 주지만 원을 사용하여 크기를 다르게 하거나 판매 물량을 포함하면 더 상세한 설명도 가능하다.

| 판촉 |

판촉 전략은 매체 운영과 광고 컨셉 개발로 나누어진다. 광고 컨셉 개발은 광고 대행사에서 하지만 이들은 제품을 모르므로 상품 기획자가 꼭 참여한다. 매체 운영은 마켓커뮤니케이션 담당자의 업무지만 제품의 성격에 따라 기획자가 결정해야 할 때도 있다. 생전 듣지도 보지도 못한 제품을 출시할 경우가 그렇다. 현재 판매되고 있는 제품의 후속작이면 커뮤니케이션 담당자가 알아서 잘하겠지만 혁신 제품에 대해서는 알 수 없기 때문이다.

4P(Promotion 전략 – 매체 운영)

- TV 및 신문 광고는 단시간 동안 강한 강도로, 잡지 및 온라인 광고는 약한 강도로 지속적으로 추진
- Review는 3개 계층으로 분리하여 접근 → Professional 및 Mania 계층 초기부터 접촉, 집중 관리

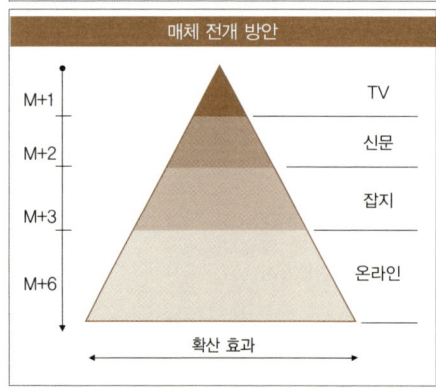

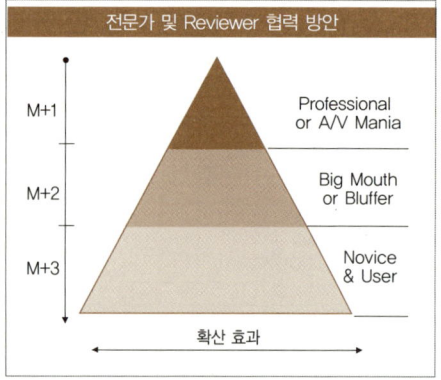

위의 그림은 TV 같은 매스미디어와 온라인을 통한 커뮤니케이션 계획을 보여 준다.

매스미디어는 3개월 동안만 집중 운영하고 그 이후부터는 온라인만 운영한다. 온라인도 초기에는 전문가나 마니아부터 시작한다.

다음은 광고 컨셉 제시다. 기획자는 다음과 같은 내용을 광고 컨셉으로 활용할 것을 제안하고 있다.

4P(Promotion 전략 - USP)

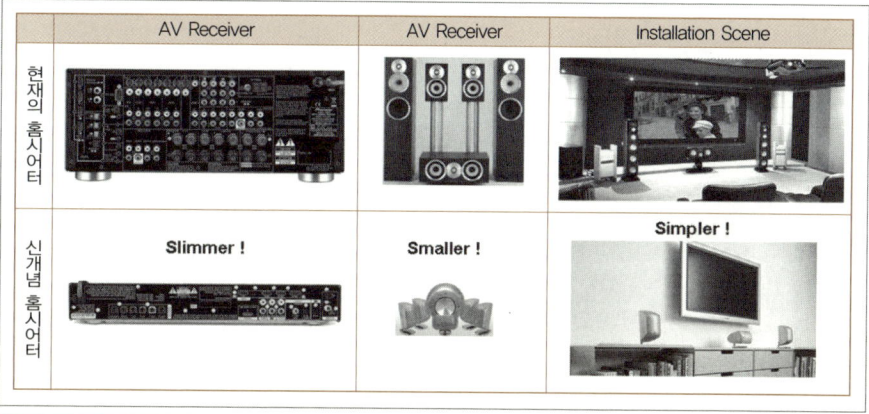

■ 사용하기 편한 Home Theater → 3S(Slimmer, Smaller, Simpler)
 - 경쟁사들의 약점(구식 디자인, 큰 부피, 설치의 어려움) 공약

위의 그림에서 경쟁사 대비 차별화는 설치의 편리성이다. 그래서 3S(Slimmer, Smaller, Simpler)라는 일종의 컨셉 카피를 제시하고 있다.

이와 같은 카피가 나온 과정을 보면 다음과 같다.

기획자는 소비자를 관찰한다. 소비자 관찰 결과 홈시어터 구매를 주저하는 이유는 설치의 어려움 때문인 것으로 나타났다. 경쟁사들의 제품 조사 결과,

실제로 제품의 설치가 어려웠다. 따라서 사용하기 편한 홈시어터를 만들면 소비자들이 좋아할 것이다. 그런데 사용하기 편한 홈시어터란 무엇인가? 소비자 관찰 결과와 기획자가 직접 홈시어터를 사용해 본 결과 앰프와 스피커의 중량과 부피가 홈시어터 사용을 어렵게 하는 것으로 밝혀졌다. 즉 이것만 해결하면 사용하기 편해지므로 기획자는 가장 얇고 가벼운 앰프와 작은 스피커만 개발하면 누구나 설치하기 쉬운 홈시어터가 되어 히트할 것이라는 가설을 세우고 제품의 컨셉을 잡았다.

이 제품 컨셉을 광고 대행사의 크리에이티브 디렉터(Creative Director)가 보면 아마도 '세상에서 가장 편안히 즐길 수 있는 홈시어터'나 '설치가 쉬운 홈시어터' 같은 광고 카피를 만들 것이다. 소비자로부터 얻은 상품 기획자의 인사이트가 회사 내부를 한 바퀴 휘젓고 나서 세상에서 제일 편안하고 안락해 보이는 이미지와 광고 카피로 소비자 앞에 다시 나서는 셈이다.

제품 컨셉의 흐름

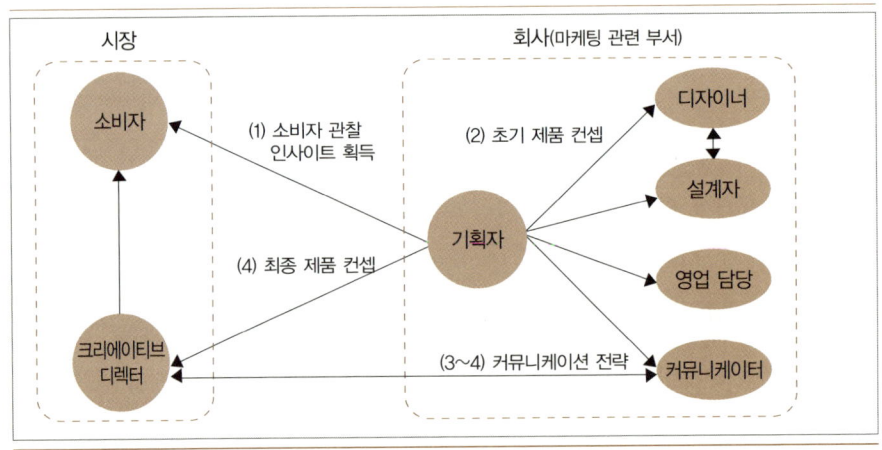

지금까지 보여 준 4P 전략은 필자가 실무에서 실제 사용했던 것들의 일부를 변형한 것이다. 사례로 든 자료를 만들기 위해서는 충분한 백 데이터(Back Data)가 준비되어 있어야 한다. 따라서 도토리를 저장하는 다람쥐들처럼 평소에 업무와 관련된 자료를 수집하는 생활을 해야 한다.

그런데 이렇게 모은 자료들은 인사이트를 찾기 위한 것에 그쳐야 한다. 보고서의 중심에 들어가면 흐름을 깨뜨리기 때문이다. 대신 별첨 자료로 활용하면 된다. 그리고 프레젠테이션을 할 때는 자료의 내용을 머릿속에 외워 두어야 한다.

❸ 단계별 업무 추진 일정

1단계는 긴급 대응 단계로서 단기간 내에 처리해야 할 업무다. 그래서 마감 일정, 업무 항목, 지원 요청 사항을 표를 이용해 구체적으로 표시했다.

Phase 1(긴급 대응 : '01년 11월~'02년 2월)

- 운영 개념 : 현 시점의 자원을 최대한 활용. 차년 제품 출시 시점부터 HTS사업 진행
- 각 부분별 대규모 투자 및 인력 운영은 지양. 한국 지역을 대상으로 시험적 운영

Master Schedule				
일정	항목	유관 부서	지원 요청	결과물
11/1주	HTS TF 구성(VD, DVS, BT, 총괄)	TF, 사업부, 총괄	사업부별 1명 지원 TF 활동 예산 1천만원	조직도
11/2주	개발 현황 점검(출시 일정, ID)	VD, DVS, BT		점검 보고서
11/2~11/3주	Package 1차 구성	TF	HTS 제품 시연 공간	제안서
11/4주	한국 마케팅 Package 제안	TF, 한국 마케팅		부문장 보고
12/1주	제품별 변경 사항 결정	TF, 한국 마케팅		개발팀장 보고
12/2주	변경 가능성 R&D 협의	TF, 사업부 R&D		회의록
12/3주	한국 마케팅 Package 제안(2차)	TF, 한국 마케팅	HTS 제품 시연 공간	부문장 보고
12/4~'02 1/1주	Package Test	TF, 사업부 R&D	조사비 5천만원	조사 보고서
1/1주	'02년 HTS Packege 결정 및 보고	TF, 총괄		사장 보고
1/2주	HTS Sales Guide 작성	TF, 총괄		카탈로그
1/2~2/1주	대리점 사원 교육	TF, 총괄, 한국 마케팅	행사비 7천만원	현장 교육
1/3~2/2주	Shop Display 점검	TF, 총괄, 한국 마케팅		결과 보고서
2/3주	HTS TF 활동 결과 보고	TF, 총괄		사장 보고

2단계는 중기 업무다. 전략적으로 확보해야 될 항목은 사각형의 표 안에 언급했고 실행할 시기는 갠트 차트로 표시했다.

Phase 2 (본격 개발 : '02년 3월~'03년 2월)

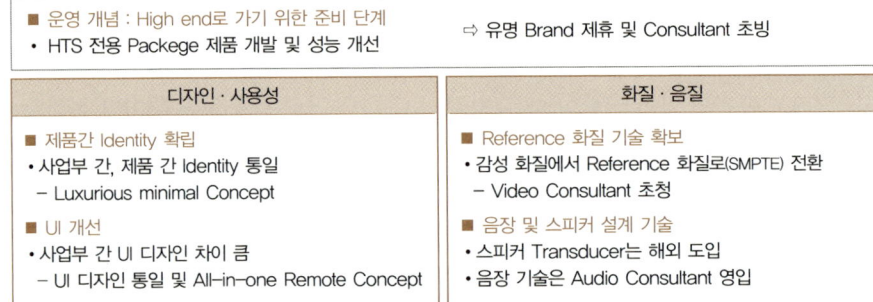

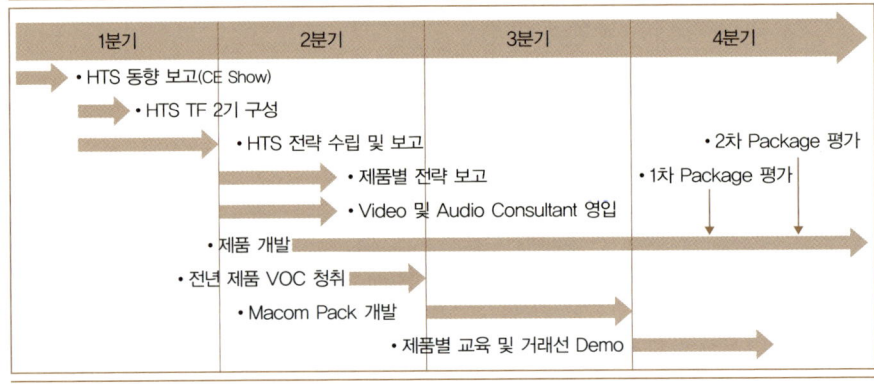

3단계는 장기 업무다. 2단계와 비슷하나 성취해야 될 목표가 좀 더 크다. 일정도 빡빡하게 확정하지 않았다.

Phase 3(Jump Up : '03년 3월~'04년 2월)

- 운영 개념 : High end 본격 개발 단계
- HTS Component별 명품 개발 추진

⇨ 전문 HTS Brand Position 준비

6_ 검증

 제품 생산 라인의 마지막은 검수 공정이다. 검수 공정의 목적은 소비자에게 불량품이 판매되는 것을 막기 위해서다. 보고서도 결론을 내리고 나면 검수 공정을 거쳐야 한다. 불량 보고서가 올라가면 질책과 함께 반품을 받아야 한다. 불량 보고가 반복되면 자신의 브랜드 이미지가 실추되면서 상반기나 하반기에는 원하지 않는 '능력씨, 업적씨'라는 컨트리 클럽(Country Club) 회원이 될 수밖에 없다.

보고서 검수는 항공기나 선박의 검수와 비슷한 면이 있다. TV나 자동차 같은 일반 소비자를 대상으로 하는 제품은 최종 조립과 외관 마감이 끝난 후에 검수를 하지만 항공기나 선박은 의장 작업이 들어가기 전에도 한다. 이 검사를 통과해야 의장 작업으로 들어간다.

보고서 작성자의 손으로 작성한 아이디어 스케치 초안이 완료되면 검증에 들어가야 한다. 여기서 검증은 주로 논리와 관련된 것들이다. 이 과정을 통과하면 파워포인트로 옮기고 그후에는 주로 미적 관점에서 검수한다.

검증의 첫걸음은 '객관적 마음가짐을 갖는 것'이다.

객관적 마음가짐을 갖지 않고 작성자의 관점에서 보고서를 검증하면 엄격한 잣대로 내용을 평가할 수 없기 때문이다. 보고서 검증이란 보고서를 써 내려간 각 과정의 객관성과 정당성을 확인하는 것이다.

우선 사장이 보고 지시를 한 의도를 제대로 파악하였는지부터 시작한다. 그리고 자료 수집 과정, 분석 과정이 적절했는지 살펴보고 결론이 사장의 의도에 맞는지 검토해야 한다.

'과정의 적절성'이란 정도 경영, 객관성 유지, 논리 전개, 다양한 시각에서 보고서를 점검했는지 여부를 살펴보는 것이다. 가장 기본적인 검증의 관점은 정도 경영을 했는지를 살펴보는 것이다. 다시 말해서 '회사마다 금기시하는 행동'과 '사업을 적극적으로 추진해 보려는 보고자의 창의적인 생각'이 있는지를 보는 것이다.

'보고자의 창의적인 생각'이란 컨설턴트나 유명한 경영 구루(Guru)의 조언을 그대로 옮겨 쓴 '혼이 빠진 보고서'가 아니라 보고자만의 독특한 생각이 들어간 '개성 만점 보고서'를 뜻한다.

'객관성의 유지'란 보고서를 쓰는 동안 편견, 과일반화, 선입견, 사전 기대 등에 영향을 받지 않는 것이다. 객관성을 유지하지 못하면 입맛에 맞는 자료만 수집하고, 분석 과정에서는 데이터를 유리하게 해석하는 '숫자 마사지 기술'이 자신도 모르게 새어 나온다.

다양한 시각에서 보고서를 본다는 것은 '당신의 입장이 아니라 사장의 입장에서, 경쟁사의 입장에서 그리고 회사 내의 라이벌 관점에서' 보는 것을 의미한다.

검증 과정을 구분하면 기본적 관점, 의도 파악, 자료 수집, 분석, 결론 다섯 부문으로 나뉜다.

❶ 기본적 관점

| 보고서의 진정한 주인은 누구인가 |

보고서의 주인이 되기 위해서는 '자신의 주관이 100% 들어간 보고서'를 써야 한다. 그 이유는 세 가지다.

첫째, 신뢰의 문제다.

사장은 당신을 믿고 보고서 작성을 지시했다. 따라서 당신의 보고서는 회사 경영에 영향을 미친다. 그런데 보고서의 결론이 '유행하는 경영 서적', '컨설팅 회사의 화려한 기법', '유명 교수의 조언' 등을 그대로 옮긴 것이라면 회사의 운명을 남에게 맡긴 꼴이 된다. 이것은 게으른 종에게 회사를 맡긴 격이

나 마찬가지다. 일종의 직무유기다. 보고서 결론의 옳고 그름은 그 다음 문제다. 외부의 도움을 받더라도 자신의 것으로 소화해서 회사의 실정에 맞도록 변형하고 개선해야 한다. '○○ 컨설팅사의 사례, ○○ 박사의 조언' 같은 것은 절대 활용하지 않는 것이 좋다. 회사 자존심의 문제이기 때문이다.

당신의 보고 때문에 사업이 실패하더라도 '실패한 경험'은 회사에 남는다. 이것도 큰 자산이다. 그러므로 당신에게 보고서를 쓸 기회가 찾아 오면 명예를 걸고 소신대로 작성하라. 구자경 명예회장은 『오직 이 길밖에 없다』에서 '새로운 사업을 시작할 때는 그 사업을 맡길 만한 사람을 먼저 찾아보고 마땅한 사람이 없으면 포기해야 한다'고 했다. 이것은 보고 내용을 떠나서 '양심'의 문제다.

둘째, 저작권의 문제다.

당신의 지식만으로 보고서를 쓸 수는 없다. 선배와 상사의 조언을 구해야 한다. 그러나 조언을 통해서 얻은 경험과 지식을 그대로 보고서에 옮기면 그것은 '보고서 저작권' 위반이다. 남의 지식을 당신의 것으로 위장했기 때문이다. 보고서 저작권을 위반하지 않으려면 얻은 지식을 당신의 경험으로 발효시켜 새로운 것을 창조해야 한다. 그래야 지식을 빌려준 사람도 당신을 통해 배운 것이 있어 보상을 받는다.

셋째, 자신감의 문제다.

프레젠테이션 요령을 설명하는 책에서는 '자신감을 가져라', '심호흡을 하라'고 조언한다. 그러나 자신감은 갖고 싶다고 해서 바로 가져지는 것이 아니고 심호흡을 한다고 해서 생기는 것도 아니다. 자신의 주관대로 보고서를 썼을 때, 데이터를 직접 수집하여 분석했을 때, 보고서 내용에 정통하고 있을 때 비로소 자신감이 생긴다. 그리고 사장의 질문을 충분히 예상하고 답변을 준비했을 때, 충분히 발표 연습을 했을 때 자신감은 '지름신' 처럼 강림하는 것이다.

이러한 준비 없이 먼지 가득한 도시의 공기 속에서 심호흡을 해봐야 가슴만 아프다. 질문을 여러 번 받으면 빌려온 지식, 남 몰래 실례(?)해 온 지식으로는 대답할 수가 없다. 그 지식의 뿌리를 모르기 때문이다. 자신감이란 보고서에 투입한 노력에 비례해서 따라오는 선물이다.

| 핵심은 한마디로 무엇인가 |

"그래서 뭘 어쩌겠다는 건가?" 이 말은 핵심이 분명하지 않은 보고서를 올렸을 때 듣게 되는 소리다. 여기서 핵심이란 '내가 무엇을 언제까지 어떻게 하겠다' 또는 '무엇을 어떻게 하려고 하니 어떤 도움이 필요하다' 는 것을 뜻한다.

보고서를 쓸 때 핵심이 분명히 드러나지 않는 것은 다음 세 가지 이유 때문이다.

첫째, 자신의 주관 없이 보고서를 작성한다.

주관이 없으면 '컨설턴트의 조언', '유행하는 이야기', '선·후배나 동료'의 이야기로 보고서 내용이 도배된다. 물론 이러한 조언은 대부분 옳다. 그러나 내용이 서로 충돌하는 것도 많다. 예를 들어 '아는 것이 힘이다' 도 있지만 '모르는 것이 약이다' 라는 상반된 속담이 있듯이 말이다. 하지만 어느 것이 옳은지 판단할 수 없으니 모든 경우에 대비해 조사한 사실과 대책을 모두 열거한다. 즉 '이런 경우는 이러면 좋다. 저런 경우는 저러면 나쁘다' 라는 내용만 나열한다. 그러나 이것은 일종의 책임 회피다. 주관이 없으면 사업을 추진하거나 업무를 주도적으로 진행하고 싶은 생각이 들지 않는다. 이런 상태에서는 보고서를 써 봐야 '무엇을 어떻게 하겠다', '무엇을 어떻게 할 테니 도와주십시오' 라는 주장이 나올 수 없다.

둘째, 상세한 실행 계획이 없다.

현장에서 일한 경험이 없으면 일을 깊이 있게 볼 수가 없다. 또한 업무 속성이 다른 여러 부서에 일을 해 본 적이 없으면 경험을 넓힐 수 없다. 이 두 가지 경험이 없거나, 있더라도 조화를 이루지 못하면 실행 계획을 자세하게 세우기 어렵다. 특히 신규 사업에서 그렇다. '무엇' 을 '어떻게' 해야 할지, '무엇을 도와 달라' 고 해야 할지 모르는 것이다. 공부 못하는 학생이 질문을 하고 싶어도 할 수 없는 것과 마찬가지다. '무엇을 알아야 질문을 하지!' 라는 말이 이 상황에 딱 맞는 표현이다.

셋째, 컨셉의 도출과 카피를 쓰는 실력이 부족하다.

앞에서 컨셉이란 '사물의 공통점을 뽑아낸 관념', '소비자가 느끼게 될 제품의 가치를 문장이나 이미지로 표현하는 것' 이라고 정의했다. 따라서 보고서의 컨셉이란 '보고서에서 주장하는 내용의 선명함', '사장이 느끼게 될 보고서의 가치를 표현하는 것' 이다. 카피와 컨셉은 가급적 짧은 문장이나 단어로 표현하는 것이다. 컨셉과 카피를 잘 쓰지 못하면 보고 내용을 '주절주절' 거리게되고, 결국 보고서의 내용이 좋든 나쁘든 간에 듣는 사람은 짜증이 나고 보고서가 마음에 들지 않게 된다.

| 역지사지(易地思之) |

야당은 여당이 하는 일을 견제해야 한다. 그러나 무조건 견제만 한다면 野黨이 아니라 爺黨이 된다. 명분을 가지고 균형과 조화를 이루면서 반대해야

한다. 다시 말해서 야당도 타당한 이유가 있다면 여당에 대해 긍정적 관점을 가져야 한다는 뜻이다.

이와 마찬가지로 보고서를 잘 쓰기 위해서는 긍정적 마인드가 중요하다. 그러나 검증 단계에서는 부정적 마인드를 가져야 한다. 보고 내용을 확정하는 마지막 순간까지 '잘 될 거야'라는 긍정적 마음가짐을 가지고 있으면 잘못된 부분을 걸러낼 수 있는 마지막 기회를 버리는 것과 마찬가지다. 보고서를 부정적 시각으로 바라보기 시작하면 보고서 작성 과정에서 적당히 넘어갔던 부분들이 마음에 걸리기 시작하고 결국은 그러한 부분들을 수정·보완할 수 있다.

그러나 부정적 시각으로만 보고서를 검증하면 또 다른 문제가 발생한다.

검증 자체가 불가능한 항목들이 있다. 특히 분석과 가설 단계에서 그렇다. 예를 들어 '2년 동안 준비해서 본격적인 홈시어터 사업을 한다'라고 한 부분은 선례가 없는 일이므로 검증이 불가능하다. 무슨 재주로 2년 이후에 일어날 일을 검증할 수 있으며 2년은 왜 충분한지를 따지기 시작하면 증거나 사례 제시가 불가능하다. 따라서 이런 부분은 보고자의 사업 추진 의지와 치밀한 계획으로 신뢰를 주어야 검증을 통과할 수 있다. 다시 말해서 야당이 잠시 동안 긍정적 시각으로 보고자의 적극적인 자세와 치밀한 계획에 점수를 주지 않으면 통과가 불가능하다는 뜻이다.

아무리 자세히 검토한들 검증이 불가능한 것을 내놓으라고 해봐야 나올 재간이 없다. 업무에 자신감이 없는 관리자들은 검증한답시고 나오지도 않을 근거를 찾느라 보고서 발표 전날까지 시간을 허비한다. 정작 중요한 부분은 허겁지겁 밤을 새워 작성하고 보고 당일날 질책을 당하는 경우가 종종 있다. 그리고 실무자들 탓만 한다.

통과시키는 것이 주목적인 여당의 시각 즉 긍정적 마인드로는 문제점을 잘 찾지 못한다. 그러나 보고서를 뒤집어엎는 것이 목적이 아니라 보완점을 찾는 것이 목적이므로 상황에 따라 '긍정적 야당'의 시각으로 균형과 조화를 이루면서 검토해야 한다.

❷ 의도 파악

| 사장의 지시 사항 중 누락되거나 변형된 것은 없는가 |

부장이나 상무가 사장의 보고 지시를 당신에게 전달할 때 이들이 배달 사고를 냈을 확률이 있다. 그 이유는 두 가지다.

첫째, 배달이 지연되면서 사고가 생긴다.

당신의 상사가 오전 10시 회의를 끝내고 와서 바로 보고 지시를 전달한다면 사고가 날 확률은 낮다. 그런데 점심 식사가 끝난 오후 2시부터 6시까지 회의를 하고 난 후 참석자들과 회식을 했다면 이야기는 달라진다. 우리나라 회사의 관행상 대개 큰 회의를 하고 나면 참석자들은 술을 마시면서 담배를 피워 댄다. 술은 기억 감퇴의 특효약이다. 그리고 담배는 마약이다. 게다가 밥을 먹으면서 개인적인 이야기와 회사 업무 이야기를 나누는 동안 보고 지시 '원본'과 '술자리에서의 이야기'가 섞이기 시작한다. 술자리가 끝나면 '필름 끊긴 영화사'에서 알코올로 세척된 뇌를 가진 영혼을 집으로 데려다 준다. 그리고 밤 사이 꿈이라는 대리 작가가 마지막으로 원본을 고쳐 놓는다. 그리고 다음날 출근과 동시에 '오늘 오후 1시에 보자'라는 말과 함께 어제의 회의 내용을 전한다.

둘째, 인간의 정보 처리 체계의 문제다.

친구가 1박 2일로 해운대에서 여름휴가를 보냈다.

A: "뭐하고 놀았냐?"

B: "하루 종일 모래 위에서 공만 찼다."

친구 B가 찬 공은 어떤 공일까?

대개는 축구공이라 생각할 것이다. 왜냐하면 '찼다'라는 단어는 축구를 연상시키기 때문이다. 그러나 바닷가에 놀러 가면서 축구공은 잘 가져가지 않는다. 모래사장은 축구화를 신기에 적합한 곳이 아니다. 모래 위에서 맨발로 축구공을 차면 엄지 발톱만 상하기 때문이다. 따라서 입으로 바람을 불어 넣는 풍선 같은 공이거나 배구공일 확률이 더 높다. 심리학자의 연구에 의하면 피실험자에게 "벽에 못을 박았다"라고 이야기하고 나중에 해준 이야기를 회상해 보라고 하면 망치라는 단어가 나오는 경향이 강하다고 한다(존슨 실험, 한규석의 『사회 심리학』).

이것은 우리가 뇌 속에서 정보를 처리할 때 도식을 사용하기 때문이다. 당신의 상사가 보고 지시를 할 때도 이러한 도식 때문에 어떤 내용은 추가되고 어떤 내용은 빠져 버린다. 따라서 주변의 인맥을 통해서 다시 한 번 사장의 의도를 확인할 필요가 있다.

| 사장의 속마음은 반영되어 있는가 |

사장은 체면 혹은 관리상의 이유로 그리고 언어와 지식의 한계 등으로 자신의 의도를 직원들에게 100% 전달할 수 없다. 이런 속마음은 보고 배경의 내용 속에 들어가는 것이 좋다. 보고서의 초반에 자신의 속마음에 관련된 이야기가 나오면 '내 지시를 제대로 이해했네' 하는 생각이 들어 보고가 시작

되자마자 보고자에 대해 긍정적인 태도를 보인다. 그리고 보고 배경에서 '이슈'(가슴속, 머릿속에 있었지만 구체적으로 표현하지 못한 것)를 도출해 내면 그 보고서는 이미 절반의 성공을 거둔 것이다. 갑갑했던 것을 집어내 주었기 때문이다.

❸ 자료 수집

| 자료의 양이 늘면 쓰레기의 양도 늘어난다 |

자료 수집의 목표는 '다다익선(多多益善)'이 아니라 '적재적소(適材適所)'다. 자료의 양에 목숨을 걸면 필요 이상의 시간이 소모된다. 이와 함께 자료를 분류하고 분석하는 데도 필요 이상의 시간이 허비된다. 자료가 많으면 쓰레기도 많이 섞여 있기 때문이다. 쓰레기가 많아서 자료를 분류하고 분석하는 데 시간이 많이 소요되면 '실수' 할 확률이 높아진다.

실제로 이라크와 아프가니스탄에서 미군이 무인정찰기를 다수 운영한 후 '정보의 과잉'으로 정확한 판단을 하지 못하는 경우가 늘어나고 있다고 한다.(한겨레 신문 2011년 1월 19일)

가설을 뒷받침하거나 결론에서 실행 계획을 짤 때 참고할 만한 자료가 수집이 되면 멈추어야 한다. 업무와 관련된 배경 지식과 자료들 중에서 인사이트를 찾아낼 능력이 없으면 자료만 열심히 수집하게 된다. 돈을 많이 갖고 있을수록 고민의 양이 늘어나듯이 자료의 양이 늘어날수록 고생의 양도 늘어난다.

| 자료 출처는 신뢰할 수 있는가 |

해외 출장을 100번 이상 다녀온 친구가 양주를 두 병 사 왔다. 그 친구가 "둘 중에 하나 마음에 드는 것 골라. 왼쪽에 있는 것은 영국 출장 갔을 때 산 조니워커 블랙이고 오른쪽에 있는 것은 베이징 출장 갔을 때 산 조니워커 블루야"라고 한다면 당신은 어떤 것을 고르겠는가? 아마도 조니워커 블랙을 고를 것이다.

이와 마찬가지로 상품 기획팀에서 만든 내년 매출 예상과 영업팀에서 만든 내년 매출 예상 중 어느 쪽이 더 신뢰가 가겠는가? 자료 출처의 신뢰도란 해당 부서가 아니면 만들어 낼 수 없는 자료를 사용했는가에 따라 달라진다. 예를 들면 상품 기획부에서 만든 자료 중 제일 신뢰도가 높은 것은 제품 라인 업(Line up) 계획이고, 영업팀에서 만든 자료 중 제일 신뢰도가 높은 것은 매출 현황이다.

특히 보고 지시를 받고 최초로 수집한 자료는 신뢰도가 높아야 한다. 앵커(Anchor) 효과 때문이다. 최초로 접하는 숫자나 사실이 자신도 모르게 기준점이 된다. 신뢰도가 낮은 부서의 자료 혹은 잘못된 자료를 처음 접하면 나중에 접하는 자료들까지 이상하게 보여 수집하지 않을 수 있다.

| 숫자로 된 자료가 최소한 1종은 있는가 |

수집 대상 자료가 가설과 관련된 것이면 무엇이든지 상관없다.

그런데 자료가 가진 설득력과 권위는 천차만별이다. 가장 힘센 자료는 숫자로 된 자료다. 그중에서도 특정 부서에서 가공하기 전의 자료나 회사의 전산 시스템에서 다운받은 로우(Raw) 데이터가 가장 힘이 세다.

특정 부서에서 가공한 자료는 이미 그 부서의 생각으로 오염되어 있다. 그러나 가공 전의 자료는 커팅되기 전의 원석과 같다. 이 원석을 이용해서 어떤 작품을 만드는가는 순전히 당신의 몫이다. 이 숫자의 덩어리들을 가공하면 아무도 보지 못했던 것을 볼 수도 있고 당신의 의도대로 결론을 내리기도 쉬워진다.

다음 표는 자료 수집의 순위다.

순위	분류	목적
1	사장에게 보고된 자료	사장의 의도 파악
2	가공되지 않은 숫자 자료	분석용
3	타부서가 가공한 숫자 자료	분석용
4	조사 기관의 숫자 자료	분석 및 보고서 결론 뒷받침
5	신문, 인터넷의 숫자 자료	분석 및 보고서 결론 뒷받침
6	관련 부서의 전략 자료	사장의 의도 파악 및 실행 계획 수립에 참조

숫자로 된 자료를 강조하는 이유는 다음과 같다.

첫째, 숫자를 분석하여 나온 결과는 반박하기 어렵다. '왜 그런 분석 방법으로 계산했는가' 라는 방법의 선택에 대한 이의 제기만 할 수 있을 뿐이다. '분석하는 방법'이란 보고자가 가지고 있는 일종의 사업 철학이다. 이 철학이 사장과 같으면 '감' 있는 직원이 되고, 다르다면 '감' 없는 직원이 된다.

둘째, 숫자를 더하고 빼고 곱하고 나누면서 분류하다 보면 남들이 발견하지 못했던 것을 발견할 수 있다. 예를 들어 당신이 담당하는 제품의 매출 수량이 전달 대비 10% 증가했다고 가정하자. 사장이 "전년 동기비로는 어떠냐?"라고 물었다. 그런데 전년도와 같은 시점의 데이터를 보니 15%가 늘었다. 그러면 전달보다 10% 증가한 것은 잘한 것은 아니다. 반대로 전년에는 2% 늘어났다. 그러면 이번 달에는 잘한 것이다. 또다시 사장이 "지난달 재고가 어떻게 되냐?"라고 물었다. 그런데 지난달 재고를 보니 잔뜩 쌓여 있었다. 즉 지난달에 매출이 부진해서 이번 달로 밀려난 것이다. 게다가 이달의 평균 판가를 들여다보면 떨어져 있음이 틀림없다.

이렇게 숫자 주무르기를 응용하면 가설이 맞거나 틀렸음을 증명할 수도 있고 또 전혀 새로운 가설을 세워야 하는 경우도 생긴다. 마치 밀가루 반죽을 주무르다 보면 반죽이 손가락 사이로 삐져나오는 것과 같다. 따라서 예상치 못한 창의적인 결론을 내기 위해서는 숫자로 된 자료가 필요하다.

숫자 자료가 아닌 것들은 대부분 '인용' 형식으로 보고서 속에 들어간다. 숫자 자료가 아니어도 이런 사실과 저런 사실을 대조하다 보면 새로운 사실을 발견할 수 있지만 이는 주관적인 해석이 되어 공격당하기 쉽다.

| 자료는 신선한가 |

식품에 유통기한이 있듯이 자료도 마찬가지다. 사용하기에 적절한 시점이 지난 자료를 사용하면 불량 보고서가 된다.

여기서 적절한 시점이란 정해져 있는 것은 아니다. 시장 상황이 바뀌면 어제 저녁에 만든 자료일지라도 쓸모없는 것이 된다. 또한 사장이 전략을 수정하면 어제 사용한 자료들은 휴지 조각이 된다. 보고서에 사용하는 자료에 별도로 정해진 유통기한은 없다. 다만 유행이 지나거나 경영 환경이 바뀌면 옛날 자료는 폐기해야 된다. 특히 SCM을 도입하고 있는 회사는 데이터가 실시간으로 바뀌므로 항상 최신 데이터를 확보하고 있어야 한다.

| 선호하는 자료만 수집하지 않았는가 |

위대한 과학자 중에 아이작 뉴턴(Issac Newton)과 멘델(Mendel)이 있다. 사람들은 이들이 만유인력을 발견하고 유전의 법칙을 발견한 과학자라는 것만 인식하고 있을 뿐 데이터를 조작한 과학자라는 사실은 잘 모른다. 이들은 과학사에서 위대한 과학자인 동시에 위대한 조작가로 기록되어 있다.

뉴턴이 한 조작은 당대의 과학자들로서는 도저히 알 수 없었다. 250년이 지난 1973년에서야 리처드 웨스트폴(Richard Westfall)이 사이언스(Science)지에서 뉴턴의 조작에 관한 논문을 발표함으로 그 사실이 세상에 낱낱이 드러났다.

이와 같이 위대한 과학자들도 데이터 조작의 유혹에 빠지는데 보통 사람인 우리들은 어떠하랴! 우리는 자신이 내린 결론 혹은 가설에 맞추기 위해서 데이터를 마사지하거나 가정과 잘 맞는 데이터만 사용하려는 경향이 있다. 즉 사람은 본능적으로 '보고 싶은 것만 보려는 경향'이 있다. 이것을 '확증적 가설 검증 방략'이라고 한다.

그러나 회사 업무에서 조작은 어렵다. 특히 보고 받는 사장의 별명이 '대리'라면 절대로 조작을 해서는 안 된다. 사장은 업무의 아주 상세한 부분은 몰라도 사업에 대한 전체 그림은 머릿속에 그려져 있다. 따라서 자료가 조작되었거나 적절치 못한 자료를 이용한 결론은 사장의 눈을 피해갈 수 없다. 이런 경우 십중팔구 형사의 심문처럼 날카로운 질문이 시작된다. 단 조작이 사장이 꿈꾸던 사업과 일치하면 예외다. 사장은 당신이 조작한 줄 알지만 그래도 한 번 당신의 실행 계획대로 추진해 보고 싶기 때문이다.

❹ 분석

| 객관적인 마음가짐을 유지했는가 |

사람은 이성보다 감정의 지배를 받는다. 인간은 원래 그렇게 태어난 존재이기 때문이다. 감정은 대뇌변연계에서 관장하고 이성은 전두엽이 관장한다. 전두엽은 사고와 판단을 담당하고 감정을 통제한다. 1848년 피니어스 게이지라는 철도 노동자가 뇌를 다치면서 전두엽의 기능이 발견되었다.

변연계는 생존에 필요한 모든 조치들을 한다. 예를 들어 사람들은 공포를 감지하면 심장 박동수를 높여 근육으로 혈액을 더 보내어 도망갈 준비를 한다. 털이 서기도 한다(맹수들은 털을 세워 몸집을 크게 보이려 한다). 즉 이때는 이성보다 감정이 앞서야 살아남을 확률이 높기 때문이다.

도식이란 어떤 내용을 체계화하는 것이다. 즉 자신의 경험을 기준으로 분류 체계를 만드는 것이다. 예를 들어 수풀 속에 숨어 있는 표범 얼룩무늬의 일부만 보더라도 표범 전체를 그려낼 수 있다. 즉 일종의 '본능적 단순화 작업'이다. 도식, 편견, 고정관념은 사람이 진화하면서 위험에 대처하는 생존 방식으로 추정된다.

편견이나 고정관념에 사로잡히면 그 결과는 공정하다고 볼 수 없다. 보고 싶은 것만 보고 듣고 싶은 것만 들으며 자신이 원하는 대로 분석 방향을 끌고 가기 때문이다. 당신은 고정관념이나 편견을 가지고 분석하지 않는다고 말할지도 모르겠다. 그럼에도 불구하고 주변 사람에게는 당신의 편견과 고정관념이 보인다. 흔히 고집으로 표현하기도 한다. 이것은 인간이기에 어쩔 수 없는 일이다.

보고서를 쓸 때 분석 단계에서 예상하지 않았고 원하지 않았던 중간 결과물이 나오면 편견이나 고정관념이 작동하기 시작한다. 머릿속으로 '이럴 리가 없는데…' 라는 생각이 든다. 이때는 분석을 잠시 중단하고 냉철하게 다시 생각해 보아야 한다. 예상치 않은 중간 결과물이란 가설이 틀렸거나 보고의 방향을 바꾸어야 된다는 신호다. 사장의 생각이 틀렸거나 당신의 가설이 틀렸을 확률이 높다. 이때 객관적인 마음가짐을 유지하지 않으면 잘못된 결론을 내리게 된다.

| 분석 방법이 적절한가 |

컨설턴트나 기획자들은 분석 방법을 흔히 툴(Tool)이라고 부른다. 툴이란 드라이버(Screw Driver)나 스패너(Spanner) 같은 공구류를 지칭한다. 툴은 사용해야 할 곳이 정해져 있다. 마찬가지로 보고서를 분석할 때도 툴을 적재적소에 사용해야 한다.

예를 들면 "내년에 경쟁사를 따라 잡을 방법을 보고해!"라는 지시를 받았으면 제일 먼저 갭(Gap) 분석을 해야 한다. 경쟁사와 비교했을 때 어떤 부문이 어느 정도 뒤쳐지고 앞섰는지 알아내야 하기 때문이다.

'10년 후 뭘 먹고 살지 고민해서 보고할 것' 이라는 지시를 받으면 PEST 분석같이 정치, 경제 등 큰 그림을 들여다보는 분석을 해야 한다. 또한 '중기 관점에서 어떤 사업을 해야 할지 검토해 볼 것' 이라는 지시를 받으면 포터의 5P 관점으로 접근해서 SWOT 분석을 하면 된다. 그러나 실제 상황에서는 보고 지시와 상황에 맞추어 논리 전개가 잘 되는 툴을 골라 써야 한다.

가장 좋지 않은 방법은 보고 규모에 관계없이 '거창한 툴' 즉 PEST 같은 툴을 사용하는 것이다. 또한 장단점 분석 같은 간단한 비교만으로도 충분한

데 SWOT 분석을 사용하는 것이다. 특히 갓 MBA를 마치고 입사했거나 전직 컨설턴트였던 사람이 이런 실수를 하면 제 버릇 못 버린다는 눈총을 받기 십상이다. 툴을 전혀 사용하지 않아도 문제지만 과용하거나 오용하면 더 문제다. 따라서 툴은 상황에 따라 적재적소에 사용해야 한다.

| 잘못된 논리에 대한 적절한 대안은 있는가, 기분 나쁘지 않게 제시했는가 |

'내년 사업을 검토하라', '홈시어터 사업에 대해서 보고하라'와 같이 구체적이지 않은 지시에는 해당되지 않는다. '내년에 매출 10%, 손익 5% 증가시켜라' 같이 구체적인 지시에만 해당된다.

구체적이지 않은 지시 소위 말하는 큰 그림 그리기를 받으면 대부분의 실무자들은 무엇을 어디서부터 손대야 할지 감조차 잡지 못한다. 이런 지시는 회사가 앞으로 나가야 할 방향과 목표, 그 목표를 달성하기 위한 실행 방법까지 스스로 결정하라는 뜻이다. 그래서 사장이 뜬구름 잡는 이상한 지시를 내렸다고 불평하면 오히려 당신의 자질에 문제가 있는 것이다. 이런 지시는 당신에게 '큰 그림'을 그릴 기회를 준 것이다. 이 경우 사장이 구체적인 방향과 결과물을 지정하지 않았으므로 당신 마음대로 큰 그림을 그려 보도록 하라.

대안이란 구체적인 지시를 받는데 그 지시대로 하면 문제가 발생할 수 있어 더 좋은 방법을 제시하는 것이다. 가령 '내년에 프리미엄 제품을 10% 정도 더 판매해서 수익을 5% 정도 개선시켜봐!' 라는 지시를 받았다고 하자. '검토한 결과 사장의 지시대로 하면 5%의 수익 개선이 이루어집니다. 그런데 프리미엄 제품은 2%만 증가시키고 스텝업 제품을 20% 더 판매하면 7%의 수익을 얻을 수 있어 스텝업 제품을 더 많이 판매하는 것이 좋겠습니다' 라고 제안하는 것이다.

그런데 이와 같이 단순하게 매출과 이익 같은 숫자만 비교해서 대안을 제시하면 '사장은 감 없는 CEO'가 되어 버린다. 따라서 최대한 사장의 체면도 살리면서 당신이 더 정교한 검토를 할 줄 아는 사람이 되는 방향으로 대안을 제시해야 한다.

사장이 "프리미엄 제품을 더 많이 판매하도록 하라"고 한 배경은 프리미엄 제품의 이익이 좋고 브랜드 이미지 향상에 도움이 될 것이라는 막연한 판단일 확률이 높다. 참고로 회사가 어떠한 원가 산정 시스템을 채택했는가에 따라 제품의 이익이 달라진다. 비용을 매출로 배분하는 전통적 원가 시스템하에서는 프리미엄 제품의 이익이 좋다. 그러나 실행에 근거한 원가 시스템(Activity Based Costing System)하에서 프리미엄 제품의 이익은 대부분 좋지 않다. 프리미엄 제품은 판매 물량이 적고 사내의 자원을 많이 소모하기 때문이다.

이런 경우 장단점 비교 분석표에 '브랜드 향상'이라는 항목을 넣고 '사장님의 안은 브랜드 이미지 향상에는 가장 적절했다'라는 문구만 넣어도 사장의 체면은 구겨지지 않는다.

상황에 따라 방법은 달라지겠지만 가장 중요한 것은 절대로 '사장을 바보'로 만들어서는 안 된다는 점이다. 사장이 체면을 잃어버리면 당신의 안이 아무리 좋아도 채택될 수 없다.

| 분석 과정이 논리적인가 |

표준국어 대사전에 의하면 논리란 '말이나 글에서 사고와 추리가 이치에 맞게 연결되도록 하는 과정'이다. 여기서 연결이라 함은 어딘가 시작점이 있

다는 뜻이다.

　보고서에서도 연결을 위한 시작점이 있어야 한다. 보고서에서 사고나 추리의 시작점은 보고서의 배경 분석이다. 배경 분석에는 보고서에서 해결해야 할 이슈(Issue)가 나와야 한다. 그리고 분석 과정에서 분석 툴을 사용하거나 추가 조사를 하면 대개 이슈를 해결할 방법이 도출된다. 해결책이 도출되었다는 것은 결론의 방향이 나왔다는 뜻이다. 결론의 방향이 나왔으면 실행 계획을 세워야 한다. 즉 보고서에서 논리란 실행 계획이 나오게 된 과정이 서로 연결되어 있어야 함을 의미한다.

　셜록 홈즈의 분석 과정을 다시 살펴보자.

　회중시계는 배경이다. 시계에 있는 미세한 흠집들은 배경 속에 숨어 있는 이슈들이다. 이 이슈들을 툴(그 시대의 생활상)에 맞춰 보면 시계 주인의 생활을 추리할 수 있다. 그리고 시계가 가지고 있는 숨은 이야기들을 조합해 보면 닥터 와트슨 형님이 어떤 사람인지 알 수 있다.

　여기서 분석 과정은 CSI 같은 영화에서 형사들이 수사하는 장면과 똑같다. 영화는 재미가 있어야 한다. 재미있는 영화란 위기와 갈등이 교차해야 한다. 위기나 갈등을 암시하기 위해서 영화의 도입부에 별 상관이 없어 보이는 물건이나 사람이 클로즈업(Close up)된다. 그리고는 이야기가 한참 전개된다. 클라이맥스(Climax) 근처쯤에 다다르면 처음에 클로즈업된 물건이나 사람이 다시 등장한다. 알고 보니 이것은 갈등의 핵심이면서 클라이맥스를 장식할 중요한 요소다.

　보고서도 내용에 빠져들게 하려면 시나리오 형식을 빌려서 작성해야 한다. 예를 들면 보고서의 서두를 사장의 지시가 '실현되기 어려운 것'처럼 전개해 보라. 그러면 사장의 표정은 금세 어두워질 것이다. 그런데 당신이 분석 과정에서 문제를 해결할 아이디어를 찾아내고 결론에서 해결책을 찾아내서 해피엔딩으로 끝내 보라. 처음부터 문제 해결책을 제시한 것보다 사장은 두 배로 기뻐할 것이다. 단 이 방법은 조심스럽게 써야 한다. 우선 사장이 보고서를 끝까지 다 읽는 스타일이어야 한다. 성격이 급하거나 다혈질인 경우는 질문 공세가 이어져 보고를 제대로 하지 못할 수도 있다. 그리고 이 방법은 결과가 항상 해피엔딩으로 끝날 때만 써야 한다. 보고서가 논리적인 것만으로 설득력이 강해지지는 않는다. 드라마틱한 부분이 있어야 한다.

❺ 결론

| 하마같이 생긴 보고서를 쓰지 않았나 |

하마는 머리와 몸은 거창한데 꼬리는 거의 장식품이다.

보고 배경과 가설은 하마의 머리나 몸 같은데 결론이 별 볼일 없는 것이 하마 같은 보고서다.

하마같은 보고서가 나오는 것은 다음의 세 가지 이유 때문이다.

첫째, 상세한 실행 계획을 세울 줄 모르기 때문이다.

배경 분석, 자료 수집, 가설 분석 과정을 제대로 다 거치면 목표가 도출된다. 그런데 업무 경험이 짧거나 다양하지 못하면 목표에 도달하기 위해서 무엇을, 언제, 어떻게 해야 할지 알 수 없다. 다시 말해서 어느 부서가 언제, 어떻게 움직여서 어느 정도의 예산으로 무엇을 해결해야 하는지 정밀한 계획을 짜지 못하는 것이다. 즉 실행 계획이 자세하지 않으면 있으나마나한 결론이 나온다.

둘째, 무의식적인 보상 심리 때문이다.

보고서의 서두와 분석 과정이 필요 이상으로 커지는 경우가 있다. 사장에게 제출할 보고서를 쓰다 보면 심야 퇴근은 기본이고 밤을 새우거나 주말이 날아가는 경우가 허다하다. 이런 난리법석을 떠는 이유는 대개 보고 지시를 전달하는 중간 관리자가 주관이 없어 실무자들끼리만 횡설수설하기 때문이다. 또한 분석 과정에서 이 방법, 저 방법을 찾다 보면 분석 내용만 산더미같이 쌓인다. 이렇게 고생을 했는데 보고서 한두 장만 쓰자니 고생한 것을 보여 주지 못했다는 억울한 생각이 든다. 이런 생각이 드는 순간 분석 과정을 전부 늘어놓는다. 특히 결론을 설명할 자신이 없는 관리자들도 이런 주문을 한다. 그러다 보면 결론이 상대적으로 짧아져 하마 꼬리가 되고 만다.

셋째, 자신감의 결여 때문이다.

결론은 전략이다. 전략에는 목표와 목표 달성 방법이 있어야 한다. 그런데 자신감이 없으면 목표 설정과 실행 방법을 세우기가 겁난다. 전략이 수립되고 나면 조직이 움직이고 투자가 실행되고 투자 후 성과가 나쁘면 책임을 져야 하기 때문이다. 그래서 구체적인 전략을 세우지 않고 분석 과정만 늘어놓다 보면 몸통만 큰 하마 같은 보고서가 된다.

보고서는 악어의 모습과 같아야 한다. 악어의 몸은 유선형으로 균형이 잡혀 있다. 작은 머리와 굵은 몸통을 지나면 무시무시한 꼬리가 있다. 말의 꼬리는 근사하기는 하나 무서운 힘은 없다. 원숭이의 꼬리는 유용하기는 하나 무섭지 않다.

보고서도 결론을 보는 순간 '이렇게 하면 일이 되겠다'라고 느낄 수 있어야 한다.

| 예상 질문을 검토했는가 |

보고서를 사장의 마음에 들게 쓰고 프레젠테이션을 훌륭하게 해도 중간 중간의 질문에 대답을 잘못하면 역효과가 난다.

'저 보고서는 부하 직원들의 생각으로만 만들었군', '그런데 저 녀석은 보고 준비도 제대로 안 해 왔구만' 하는 생각이 든다. 게다가 질문에 답을 못하면 보고서 내용 전체를 의심받는다. 모든 질문에 100% 원하는 답을 할 수는 없어도 80%~90%는 대답을 잘해야 믿을 만하다.

따라서 보고서를 다 쓰고 나면 수능 예상 문제를 뽑듯 예상 질문을 뽑아서 대답하는 연습을 해야 한다.

| 자신이 실행할 수 있는가 |

보고서의 결론은 목표와 수단이라고 했다. 목표는 승인을 받으면 끝난다. 하지만 수단, 즉 실행은 당신의 몫이다. 따라서 당신이 실행할 수 없으면 고양이 목에 방울을 달 쥐가 없는 형국이 된다. 그리고 실행 계획은 구체적이어야 한다. 실행 계획이 구체적이지 않으면 '일'을 여러 부서가 나누어서 하는 경우 협력 부서를 통제하기 어렵다. 여기서 구체적이란 5하 원칙에 따라 중간 결과물과 담당부서를 명기하는 것이다.

보고자 자신이 실행할 수 없는 실행 계획을 제시하면 자신이 무책임한 사람이라고 광고하는 것과 같다. 따라서 계획이 너무 거창해서 임원급이나 가능할 정도의 실행 계획을 세워서는 안 된다. 최악의 경우는 실행 계획 중 '실행하기 어려운 일'을 전부 타부서로 미루는 것이다. 그러면 당신의 보고서는 '핑계서'가 될 뿐이다. 흔한 사례로 실업 문제 같은 풀기 어려운 사회적인 이슈가 생겼을 때 언론은 교수나 전문가들에게 해법을 요청한다. 이들이 하는 가장 흔한 답변은 '정부가 중장기적인 대책을 세워야 한다'는 것이다. 그러면서 정작 자신들은 구체적인 대안과 실행 계획을 제시하지 못한다. 회사에서 이런 식으로 답변하면 직원들 사이에서 '립서비스(Lip Service) 전문가'라는 오명을 얻게 된다. 자신과 회사의 발전을 위해서 항상 스스로 주체가 되는 실행 계획을 세워야 한다.

| 사장의 바람을 반영했는가 |

의도 파악 단계에서는 사장의 속마음을 반영했는지를 확인해야 한다. 결론에는 사장의 속마음에 대한 답이 될 내용이 있어야 한다. 분석 결과가 사장의 예상과 같으면 결론을 작성하는 데 부담이 없다. 사장이 지원군이 될 것이 분명하기 때문이다.

그러나 분석 과정에서 사장이 의도하지 않은 방향으로 결과가 도출되면 이것은 '사건'이다. 사장의 희망과 당신의 생각이 충돌하는 것이다. 이런 경우 결론에서는 사장의 희망을 1안으로 하고 당신의 생각을 2안으로 해야 한다. 그러나 2안도 처음부터 끝까지 당신만의 생각대로 가서는 안 된다. 일단은 사장의 생각에서 출발해야 한다. 그러다 난관을 만나면서 방향을 약간 튼다. 당신의 생각이 들어가는 시점이다. 당신의 생각을 위주로 보고서를 진행해 나가다가 중간 중간에 사장의 희망과 관련된 부분을 끼워 넣어야 한다. 그래야 '사장의 생각을 존중'하는 모양새가 갖추어져 사장의 체면도 살고 당신이 제시한 대안을 실행하기도 쉬워진다.

Chapter 2 컨셉 단계 **223**

| 지원 요청 사항이 있는가 |

작년에 성공적으로 끝난 두 개의 프로젝트가 있었다. 하나는 신사업의 전문가가 머리를 쥐어짜 기막힌 아이디어도 내고 다른 부서에 민폐를 끼치지 않고 혼자의 재주로만 성공한 프로젝트다. 요즘 대세인 '워크 스마트(Work Smart)'의 모범적 케이스다. 다른 하나는 당신 옆의 직원이 수행한 프로젝트다. 그는 매일 새벽 1시에 퇴근하고 인쇄소에 빨간 잉크가 떨어져 잘못 인쇄된 달력 때문에 주 7일을 근무하면서 열심히 일했다. 모범적인 '워크 하드(Work Hard)'의 사례다. 그럼에도 불구하고 한 달에 두 번은 사고를 쳐서 그때마다 온 회사가 난리 법석을 떨었고 사장의 도움으로 해결했다. 그러나 워낙 열심히 일하는 직원이라 야단도 치지 못했다.

사장의 입장에서는 어떤 프로젝트에 애착이 가겠는가? 어떤 프로젝트가 사장이 "이건 내가 한 거야!" 하고 자랑하고 싶겠는가? 후자다. 그렇다고 일부러 사고를 낼 수는 없다. 대신 보고서에 '지원 요청 사항'이라는 제목으로 사장이 '도와줘야 할 부분을 명시'하는 것이 좋다. 사장을 '같은 배'에 태워야 유리하기 때문이다. 워크 스마트의 역설이다.

검증을 마치면 컨셉 단계가 끝난다. 이로써 '생각의 품질', '논리의 품질'이 보증된다.

다음 단계는 이 생각을 '아름답게 포장'하는 커뮤니케이션 단계다.

Chapter 3
커뮤니케이션 단계

커뮤니케이션이란 상호간 정보의 흐름을 통하여 그 의미를 공유하는 것이다. 회사에서 업무가 원활히 진행되려면 정보와 전략이 최단 시간 내에 공유되어야 한다. 그래야 여러 조직이 동시에 한 방향으로 움직일 수 있기 때문이다. 정보는 이메일이나 전화 등 여러 가지 방법으로 전달될 수 있지만 전략은 보고서에 의해서만 결정된다. 따라서 보고서를 회사의 구성원이 이해하기 쉽게 작성해야 커뮤니케이션의 효율이 올라갈 수 있다.

"왜 파워포인트를 준비하지 않았나요?" 기자실에서의 정례 브리핑을 앞두고 진대제 장관의 지적에 공보관과 장관의 비서관들이 난처해졌다. "시각적 효과가 뛰어난 파워포인트는 커뮤니케이션을 명확히 합니다. 텍스트로 서너 장 필요한 내용이 파워포인트에서는 단 한 장으로 압축됩니다." 진 장관 취임 이후 정통부 간부들은 어쩔 수 없이 밤을 새워 파워포인트를 배워 이제는 '파워포인트 보고'가 정착됐다. 진 장관은 이날 브리핑에서 직접 레이저 펜을 들고 설명했다.(동아일보 2003년 7월 10일)

실제로 진대제 전 정통부 장관은 삼성전자 사장 시절에 본인이 직접 파워포인트로 프레젠테이션 자료를 만들었다. 화려하게 장식한 보고서는 아니었지만 보는 순간 사장이 무엇을 하고 싶어 하는지 부하직원들은 이해할 수 있었다. 그의 말대로 파워포인트는 효과적인 커뮤니케이션 수단이다. 파워포인트는 메모지나 이면지에 손으로 쓴 '상형문자'를 캔버스로 옮기는 도구다. 옮긴다는 것은 단순히 그대로 적는다는 의미가 아니다. '백문이 불여일견'이니 이미지를 써야 하고 오해가 생길 수 있으면 문자로 전달해야 한다.

문자든 이미지든 보는 즉시 이해되어 보고서의 전략대로 실행하고 싶은 마음이 들어야 한다. 그러려면 호기심을 자극하고 한눈에 알아보도록 이미지를 만들어야 하고 내용은 재미있는 영화 시나리오 같아야 한다. 전달력을 높이기 위해서 단어를 세심하게 골라야 하고 문장도 잘 다듬어야 한다. 문자와 이미지를 균형있게 배합하고 배치하여 안정감을 주어야 한다.

커뮤니케이션 단계란 보고서가 쉽게 이해되도록 디자인하는 단계로 시나리오, 카피, 레이아웃의 세 단계로 이루어진다.

Communication		
시나리오	카피	레이아웃

1_ 시나리오란 무엇인가?

시나리오란 영화 대본이다. 사이드 필드(Syd Field)는 『시나리오란 무엇인가』에서 시나리오의 구조를 시작(설정), 중간(대립), 결말(해결)로 표현했다. 이 그림의 핵심은 구성점이 두 개라는 것과 그 위치다.

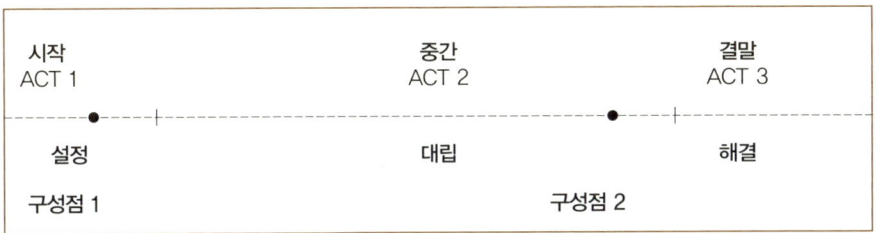

보고 시나리오도 마찬가지다. 보고서에서의 시작(설정)은 배경 분석이다. 첫 구성점은 배경 분석 과정에서 나오는 시사점(이슈)이나 보고자가 찾아낸 인사이트다. 시사점은 보고가 어떤 방향으로 전개될지에 대한 암시다. 중간(대립)은 가설 설정, 자료 수집, 분석 과정이다. 영화의 주인공이 난관에 빠지듯이 가설은 자꾸 틀리고 자료는 쓸모없는 것만 나오고 분석은 하면 할수록 미로 속으로 빠져 들어간다. 그러다 갑자기 참신한 아이디어가 떠오르면서 문제 해결의 서광이 보인다. 이 순간이 두 번째 구성점이 된다. 결말(해결)은 전략을 수립하는 단계다. 두 번째 구성점에서 나온 아이디어로 전략을 수립한다. 그리고 전략은 항상 해피엔딩으로 끝나야 한다. 해피엔딩이란 사장의 소원 성취가 가능한 실행 계획이다.

이 정도면 영화 시나리오와 보고 시나리오는 별 차이가 없다. 영화가 재미 있다고 소문이 나면 '카드에 사인'을 한다. 마찬가지로 보고서로 돈 버는 재미가 보이면 '결재란에 사인'을 한다.

| 왜 시나리오가 중요한가 |

시나리오는 두 가지 이유에서 중요하다.

첫째, '단번에 결재' 되도록 하기 위해서다. 한 번에 결재되어야 수정, 보완 같은 재작업을 하지 않는다. 게다가 '보고 선수'의 타이틀도 얻을 수 있다.

시나리오가 있는 보고서는 배경 분석에서부터 가설 설정, 분석 과정을 거쳐 전략 수립에 도달하는 과정이 정교하게 짜여 있다. 즉 진실과 빈틈없는 논리를 바탕으로 반박하기 어렵게 이야기를 전개한다. 다시 말해서 보고를 듣다 보면 허술한 점을 찾지 못할 뿐만 아니라 전략이 매력적이어서 '즉시 실행'하고 싶은 생각이 든다.

둘째, 실행 전략의 주인이 되어야 하기 때문이다. 시나리오 없이 분석과 전략만 나열하면 사장은 금방 눈치를 챈다. 그리고 당신이 이 일을 맡고 싶은지 아닌지 의심한다. 어떻게 해서든 당신의 생각을 관철하려는 의지가 보이지 않기 때문이다.

이명박 당선자는 부처들의 1차 업무 보고 때 "이런 보고서는 베테랑 국장이 1~2시간이면 만들겠다"고 말한 것으로 알려졌다. 이에 대해 인수위 기획조정분과 관계자는 "보고의 방향이 틀려 크게 질책했다기보다는 보고서 작성을 모든 공무원들이 하다 보니 너무 획일적이고 딱딱한 정부 문서 같은 느낌이 든다는 지적이었다"고 전했다. 기업가 출신인 이 당선자의 눈에는 판에 박힌 듯한 정부 문서가 오히려 눈에 쏙 들어오지 않았던 것이다.(조선 일보 2008년 1월 18일)

이 글은 시나리오가 없는 보고서의 문제점을 잘 보여 준다. '획일적이고 딱딱한 문서'와 '판에 박은 듯한 정부 문서'란 보고자가 시나리오를 구성하지 않았음을 보여 주는 증거다.

이렇게 되는 데는 다음과 같은 이유가 있다.

첫째, 보고서에 규정된 양식이 있는 경우다.

주간 업무 보고, 월간 업무 보고 같은 업무는 규정된 양식에 맞춰 써도 상관없다. 그러나 신규 사업 추진과 같은 '기획성 보고서'는 규정된 양식으로 쓰면 보고자의 창의성을 표현할 공간이 없다. 따라서 규정된 양식에서 언급하도록 된 항목 이외는 내용의 전개가 불가능하고 무엇보다도 사업을 어떻게 전개할 것인가에 대한 시나리오 관점의 사업 기획이 불가능하다. 다시 말해 보고 양식을 만든 사람의 '생각의 틀' 밖으로 나갈 수 없다.

둘째, '일 욕심'이 없기 때문이다.

보고자가 사실만 보고하고 결론에서 실행 계획을 정교하게 세우지 않기 때문에 발생한다. 현황과 문제점 파악은 다 되었는데 이 문제점을 누가, 어떻게 해결할지 구체적으로 제시하지 않는 것이다. 이것은 일종의 책임 회피다. 소위 말하는 '대책이 없는 보고서'다.

구자경 회장은 『오직 이 길밖에 없다』에서 "자기가 하고 싶었던 일이고 자기가 선택한 것이니만큼 결과에 대해 잘 되든 못 되든 그 책임을 자기가 지기 때문에 강한 애착을 갖게 되는 것이다. 그래서 누구 한 사람 간섭하지 않아도 새벽부터 밤늦게까지 열심히 일하는 것이다"라고 했다. 스스로 '일의 주인'이 되어야 회사를 다닐 맛이 있다고 강조하고 있다.

시나리오의 존재 여부는 당신이 '일'을 대하는 자세를 그대로 보여 준다. 이것이 시나리오가 중요한 이유다.

❶ 시나리오 사례

서두에는 '홈시어터의 정의'와 '사업 현황 분석'이 나온다.

'홈시어터의 정의'에서는 경영진에게 홈시어터의 실체를 보여 주어 사업의 목표가 무엇이고 결코 쉽지 않은 사업임을 암시한다. 그리고 '사업 현황 분석'에서는 현재의 사업이 기형적으로 흘러가고 있다는 것을 보여 준다.

서로 상관없어 보이는 두 설명은 구성점이 된다. 홈시어터 사업을 하지 않으면 매출이 늘어도 손익은 좋아지지 않을 것이므로 하기는 해야 하나 막상 홈시어터 사업을 하려면 진입 장벽이 커서 쉽지는 않을 것이라는 점을 암시하고 있다.

홈시어터 사업처럼 보고 결과물이 명확한 보고 지시는 굳이 환경 분석이나 배경 분석을 할 필요가 없으나 환경 분석을 한 이유는 의도 분석에서 두 번째와 세 번째로 가능성이 있었던 '사업 구조 개편'과 '제품 경쟁력'을 들여다보기 위해서였다. 그리고 회사가 잘 모르는 분야에서 사업을 하는 데 주변 환경조차 한 번 짚어 보지 않고 하기에는 위험이 너무 크다고 생각했기 때문이었다.

그 결과 환경 분석에서 '자사의 매출이 증가하는데 수익성은 나빠진다'는 예상치 못한 시사점이 튀어나왔다. 매출이 늘어나면 수익성도 좋아져야 정상이다. 경쟁사도 동일한 상황이면 문제는 덜 심각하겠지만 경쟁사의 수익성은 좋아지고 있었다. 그 이유를 밝히기 위해서 더 깊이 파고들어 가보면 'HTiB'라는 새로운 제품이 나오면서 시장의 판도가 바뀌고 덩달아 손익 구조가 바뀌고 있음을 알 수 있었다. 이 정도의 이슈만 꺼내 놓아도 사장은 눈치챈다. 자신의 사업감각이 옳았음을 보여준 보고자의 '내공'을 느낀다.

중간은 '신 카테고리 등장', '소비자 동향 분석', '갭 분석' 이다.

시사점으로 도출된 HTiB가 소비자들에게 어떻게 받아들여지고 있는지 그리고 경쟁사 제품과 어느 정도 격차가 있는지를 보여 준다. 사장이나 경영자들이 이 대목을 보면 '시장이 이렇게 변하고 있는데 당신들은 뭘 했어? 라는 소리가 나온다. 덩달아서 '어떻게 할 거야?' 라는 고함도 나온다. 만약 회의석상에서 이런 보고가 나오면 참석자들이 내놓는 대책은 하나같이 '죽는 소리' 나 '뻔한 소리' 가 나온다. 그리고 '그 방법은 되네, 안 되네' 하는 이전투구가 벌어진다. 시나리오의 필수 요소는 대립과 갈등이다. 그런데 누군가가 우연히 내놓은 아이디어가 문제 해결 방법을 제시하면 이야기의 방향이 확 바뀐다. 이것이 시나리오의 두 번째 구성점이다.

결말은 '4P 전략' 이다.

전략의 목표는 '2년 후 제대로 된 홈시어터를 출시' 하는 것이다. 전략의 실행은 여러 부문이 포함된다. 각 사업부별로 제품 라인업 조정, 개발 인력 재배치, 디자인 아이덴티티 재정립, 커넥티비티 개선, 하이엔드 오디오 업체와의 기술 협력, 설치 인력 교육 등 유관 부서가 움직여 주어야 할 항목이 포함된다. 신규 사업 진행을 위한 첫 보고에서는 이 정도 수준의 실행 계획만 나와도 사장은 안심한다.

| 보고서 작성 및 프레젠테이션 계획 |

타이틀	목적	시간	설명 방식	예상 질문
홈시어터의 정의	홈시어터의 이해 돕기. 사업의 궁극적 방향 → 홈시어터 사업이 쉽지 않음을 전달	20초	헤드라인 읽기 그림 설명	우리가 IFA에서 본 것은 이 정도의 수준이 아니었잖아? 임장감이 무엇인가?
업계 현황	업계 현황 설명 → 역사와 장인의 기술이 지배하는 시장임을 전달	15초	헤드라인만 읽기	하이엔드 오디오 쪽에는 왜 일본업체들이 없는가?
사업 현황	사업 현황 점검 → 사장 지시가 옳은지에 대한 거시적 차원의 검증	60초	헤드라인 읽은 후 그림 상세 설명	이렇게 되는 이유는 무엇인가? 경쟁사 자료는 어디서 나왔나?
매출 현황	사업 현황 설명 보충 연도별·제품별로 경쟁사와 비교하여 Gap 확인 및 문제점 도출 → 홈시어터 사업의 필요성을 간접적으로 제시	90초	헤드라인 읽은 후 도표의 1,2,3 설명. 판매 역전 사유 상세 설명	왜 오디오는 1999년부터 실적이 저조한가? 왜 우리는 Package 사업이 늦는가?
신카테고리	HTiB 설명 → 홈시어터 활성화의 주역. 홈시어터 사업 추진 필요성 암시	60초	헤드라인 읽은 후 그림은 상세 설명	얇고 작게 만들 수 있는 원천 기술은 무엇인가? 크기가 작아지면 성능이 떨어지지 않는가?
소비자 동향	실제로 소비자들은 HTiB 패키지 구입을 많이 함 → 홈시어터 사업 추진의 필요성 강조. 사장의 생각에 동의	60초	헤드라인 설명 판매 비중 및 동향 상세 설명	이런 추세가 계속 진행될 것인가?
HTiB의 전략적 가치	HTiB가 후발 주자에 주는 시사점 설명 → 사장의 판단이 맞고 후발 기술이 없는 회사도 기회가 있음을 확인	30초	헤드라인을 읽은 후 표는 주요 내용만 설명	사업 준비의 핵심은 무엇인가?
환경 분석 (외부)	홈시어터 사업을 둘러싼 5Force 분석 → 전략 수립 준비	30초	헤드라인을 읽은 후 핵심 요소만 설명	다음!
환경 분석 (내부)	PEST 분석 → 전략 수립 준비	10초	헤드라인만 읽음	다음!
환경 분석 (외부+내부)	4P 관점에서 경쟁사의 강점과 약점 분석 → 전략 수립 준비	60초	헤드라인 및 제품 부분과 시사점만 설명	컨설턴트는 누군가? 어디서 데리고 올 것인가?

타이틀	목적	시간	설명 방식	예상 질문
경쟁사 제품 분석 (내부)	전략의 핵심인 제품 개발 방향 설명 → 격차가 커서 애로 사항이 많음을 암시	60초	헤드라인 및 도표를 상세히 설명	왜 이렇게 격차가 벌어졌는가?
SWOT 분석	전략의 방향 설정	45초	헤드라인 및 SWOT 중 핵심만 설명	신규 투자 비용은 어느 정도이고 프로세스를 왜 바꾸어야 하는가?
전략 방향 설정	SWOT 분석의 전개. 전개 가능한 사항의 비교 및 선택 → 전략 선정을 객관적으로 했음을 암시	60초	헤드라인 및 각 전략을 상세히 설명	이 정도의 조합밖에 없는가?
전략별 장단점	전략의 선택 → 성공 가능성이 가장 높은 전략이므로 변경하지 말아 달라는 암시, 사장의 의중과 같음	60초	헤드라인 및 3번안 집중 강조	3번안, 전면전에 대한 상세 계획
4P 전략 요약	4P 전략을 한눈에 설명하여 '감'을 잡도록 함 → 생각이 같다고 판단되면 프레젠테이션 시 간단히 설명	60초	헤드라인 및 전체 내역 설명	숫자 산출 근거가 어떻게 되는가? 초기부터 Volume Drive가 가능한가?
제품 전략 (컨셉)	현재의 제품과 사업 후의 제품 차이 설명 → 디자인에 대한 가이드 라인을 설정하여 사업의 초기부터 주도권 확보	15초	그림 위주 설명	컨셉 도출 근거는 무엇인가?
제품 전략 (포지셔닝)	제안된 컨셉로 개발시 3년 후의 예상 위치 설명 → 긍정적 메시지 전달	30초	그림 위주 설명	Tier 1에 속하는 회사들의 특징은?
제품 전략 달성 방안	Gap 분석에서 나온 선진사와의 성능 격차 해소 방안 제시 → Engineering 방향에 대한 가이드를 제시하여 주도권 확보	60초	헤드라인 및 격차 해소 방안에 대하여 집중 설명	해외 기술자 영입, 기타 부서 통합 및 신설이 꼭 필요한가?
가격 전략 (원가-손익)	사업의 측정 가능한 목표 제시 → 상품 기획 방향을 사전에 설정하여 주도권 확보	90초	헤드라인부터 원가 구조, 손익에 대한 상세 설명	원가 구조 산출 근거는? 손익 확보의 적정성 여부는?

타이틀	목적	시간	설명 방식	예상 질문
유통 전략 (생산-물류)	생산 거점 대 물류 방안 설명 → 원가 경쟁력 확보를 위하여 중국으로 생산 집중	15초	헤드라인 읽기 그림 설명	멕시코에서 생산을 하는 이유는?
유통 전략 (채널 운영)	단계별 유통망 전개 → 초기에는 제품력 및 라인업이 취약하여 전문 유통은 우회	15초	헤드라인 위주	조기 Ramp Up 방안은 없는가?
판촉 전략 매체 운영	커뮤니케이션 방안 설명 → 보고 초기인 관계로 불확실하나 주시는 하고 있음을 암시	15초	헤드라인만 읽는 정도	전문가 및 리뷰어 관련된 용어
판촉 전략 (USP)	광고 방향 설명 → 제품 컨셉부터 광고 컨셉까지 기획자의 의도대로 움직임	15초	헤드라인 위주 설명	-
Phase 1	현 상황하에서 긴급하게 조치할 수 있는 사항 설명 → 보고자의 파워가 가장 센 시기로 구체적으로 많은 요청이 가능한 시점. 단 구체적이지 않으면 역효과 발생	모든 항목 설명	헤드라인 및 도표의 모든 사항 설명	유관 부서장들은 모두 질문
Phase 2	내년도 계획 설명 → 본격 사업 준비를 위한 조치 사항	모든 항목	헤드라인 및 도표의 모든 내용 설명	유관 부서장들은 모두 질문
Phase 3	본격 개발 시점의 업무 설명 → 3년간의 마스터 스케줄을 세울 수 있으면 전문가	90초	헤드라인과 주요 내용만 설명	3년 후에는 관심 없음

모든 보고서에 시나리오가 필요한 것은 아니다. 보고서가 8~10장 이상이 되거나 당신의 생각대로 필히 결재를 받고 싶을 때는 시나리오를 작성하고 보고서를 써야 한다. 그러나 보고서가 5~6장이면 시나리오는 필요 없다.

2_ 카피란 무엇인가

카피란 주로 광고업계에서 사용하는 용어다.

광고업계에서는 본문만 지칭하기도 하지만 캐치 프레이즈(Catch Phrase), 본문(body), 캡션(Caption), 이미지까지 포함해서 쓰기도 한다. 김병희는 『광고 카피 창작론』에서 현대 광고에서는 글이나 말로 표현된 것을 카피로 보는 협의의 개념보다 광고 메시지를 구성하는 전체적 구성 요소로 보는 광의의 개념으로 카피를 이해하려는 관점이 우세하다고 했다.

파워포인트 보고서는 한 장, 한 장에 호소력이 있어야 한다는 점에서 소비자를 유혹하는 광고와 다를 바 없다. 광고가 고객을 한눈에 사로잡아 짧은 순간에 핵심 메시지를 전달하는 것이 목적이듯이 파워포인트 보고서 한 장, 한 장도 이해하기 쉽게 핵심 메시지를 전달해서 사장의 눈을 사로잡아야 한다.

보고서에서 사용되는 카피의 종류로는 컨셉 카피, 헤드라인, 바디 카피가 있다.

❶ 컨셉 카피

보고서의 제목 또는 부제목 즉 각 페이지의 '타이틀(Title)' 이 컨셉 카피다.

컨셉이 '공통점을 빼내어' 사물의 속성을 드러내고 가치를 표현하여 제품의 속성을 한눈에 드러내듯이 컨셉 카피는 보고 내용을 한눈에 드러내야 한다. 카피란 원래 광고에서 왔기 때문에 본질적으로 '튀는' 경향이 있어야 하지만 회사 분위기가 보수적이거나 일상적인 보고를 할 때는 그 페이지를 대표할 만한 단어 하나면 충분하다. 반면에 디자인이나 커뮤니케이션처럼 크리에이티브 영역에서의 보고는 평범하거나 보수적이면 매력이 없다. 이때는 좀 '튀는' 단어를 써도 좋다. 어쨌든 컨셉 카피는 한마디로 이해할 수 있는 전달력과 다음과 같은 특징을 가지고 있어야 한다.

첫째, 회사 일을 바라보는 철학이 드러나야 한다.

컨셉을 잡는다는 것은 무엇인가를 '빼내는' 일이다. 그런데 무엇인가를 '빼내기' 위해서는 '어떤 것은 빠져 나와서는 안 된다는 기준'이 있어야 한다. 이것이 바로 자신의 철학이다. 예를 들어 고 정주영 회장은 '노력', '성실'로 보았고 이건희 회장은 '거꾸로 뒤집기'와 '단순하게 보기'로 보았다.

둘째, 상황 설명을 할 수 있어야 한다.

컨셉은 '공통점'을 빼내는 일이다. 공통점이란 사람 간의 공통된 인식이다. 따라서 컨셉을 제대로 잡았다면 구차한 설명이 필요 없다.

'기업은 2류, 행정은 3류, 정치는 4류'라는 카피가 있다. 몇몇 기업만 2류이었거나 한두 관청만 3류였거나 여당 혹은 야당만 3류였으면 이 카피는 공감을 얻지 못했을 것이다. 이 카피는 이미 국민들과 정치가들이 느끼는 것을 직설적으로 표현했다. 정치권이 화를 냈다는 것은 자신들 스스로도 공감했음을 광고한 것이나 마찬가지다.

최지성 삼성전자 사장은 반도체, LCD(액정 표시 장치) 사업에서 영업 방식을 '천수답'에 비유했다.(2009년 12월 22일 연합뉴스)

이것은 호황만 기다려야 하는 '업의 속성' 뿐만 아니라 하늘만 바라보는 직원들의 '수동적 업무 행태' 까지 한 번에 묘사한 카피다.

셋째, 전략을 드러내야 한다.

전략은 보고서의 핵심이다. 핵심을 드러내지 못하는 컨셉 카피는 실패한 것이다. '타이밍 업' 같은 컨셉 카피는 반도체 사업의 전략을 잘 드러낸다. 투자 시점이 사업의 핵심이며 전략이라는 뜻이다.

'빨리에서 먼저로' 는 사업 추진 전략을 바꾸는 카피다(이건희 회장의 『생각 좀 하며 세상을 보자』). 패스트 팔로워(Fast Follower)에서 리더가 되겠다는 의미다. 따라서 남보다 '먼저 개발하고 먼저 판매하고 먼저 철수한다' 는 선발자의 논리다. 전략의 방향이 한마디로 드러난다.

넷째, 사장님의 관심사와 일치해야 한다.

컨셉이라는 단어는 분야를 막론하고 소비자의 니즈(Needs)가 자동으로 따라 다닌다. 보고서의 최종 소비자는 사장이다. 따라서 사장의 관심사와 무관하면 보고서의 소비자를 무시한 것이니 컨셉의 기본부터 잘못된 것이다.

다섯째, 긍정적 메시지를 가져야 한다.

'Fly Smart' 라는 문구는 지금은 사라진 피플익스프레스(Peoplexpress)라는 저가 항공사의 캐치 프레이즈(Catch Phrase)다. 필요 이상의 돈을 쓰지 말고 현명하게 여행하라는 뜻이다. 그런데 이 항공사가 'Fly cheaper' 라는 캐치 프레이즈를 걸었어도 성공할 수 있었을까? 아마도 소비자들의 자존심을 건드려 탑승률이 저조했을 것이다.

'한 사람을 죽이면 살인자가 되고 많은 사람을 죽이면 영웅이 된다.' 이것은 찰리 채플린의 영화 〈살인광 시대〉의 마지막 대사다. 그 당시 찰리 채플린은 공산주의자로 의심을 받고 있었다. 그 와중에 이 영화 대사는 그를 전쟁을 좋아하는 공산주의자로 몰아가기에 좋은 건수를 또 하나 제공한 셈이었다. 그가 아무리 평화주의자일지라도 이 대사 하나만 보면 그를 부정적인 인물로 몰아가기에 충분했다. 특히 전후 사정을 압축해 핵심만 추출한 컨셉 카피는 오해를 사기가 더 쉽다.

여섯째, 행동을 유발해야 한다.

소비자가 행동하게 하려면 감정을 움직여야 한다. 감정을 움직이려면 오감을 자극해야 한다. 카피로 소비자들의 눈과 귀를 자극해야 정곡을 찌를 수 있다. 정곡을 찌른다는 것은 표현하지 못하는 잠재의식 속의 무언가(열등감이나 간절한 소망)를 건드리는 것이다. 즉 뇌의 대뇌변연계를 자극하는 것이다. 변연계가 움직이면 공포, 흥분, 전율 같은 신체적 반응이 생긴다. 그러면 소비자의 추가 행동이 생긴다. 보고서 컨셉 카피도 보는 순간 '빨리 해!' 같은 사장의 긍정적 반응을 유발해야 한다.

일곱째, 본질을 드러내야 한다.

본질이란 '사물이 원래부터 가지고 있는 성질' 이나 '어떤 현상을 만드는 근본적인 성질' 이다. 그런데 근본적인 속성임에도 불구하고 아무에게나 보이지는 않는다. 이른바 '고수', '도사', '현자' 들만 실체를 본다. 컨셉 카피는 본질을 드러내야 한다.

'자동차는 전자 제품' 은 은유법으로 미래 자동차 사업의 본질을 표현했다.

'화학 비료형 인간' 혹은 '퇴비형 인간'은 직유법으로 회사 직원들의 행태를 두 종류로 드러냈다. 비료의 본질과 직원들의 행태를 알고 나면 '아 하!' 하는 소리가 나온다. '2등은 항상 바쁘지만 1등은 여유롭다'라는 말은 바쁜 사람은 실속이 없다는 것을 풍자적으로 드러냈다.

본질을 드러내는 카피를 보면 심상이 생긴다. 평소에는 잘 보이지 않던 것을 볼 수 있게 해 주기 때문이다. 보고서의 컨셉 카피에 본질이 드러났다면 당신이 상상한 그림이 사장의 시각 피질에 그대로 투영되어 쉽게 이해할 수 있다.

여덟째, 간결해야 한다.

군더더기 설명이 없어야 한다. 따라서 형용사나 부사가 없을수록 좋다.

아홉째, 허를 찔러야 한다.

허를 찌른다는 것은 예상치 못한 일을 통해 감정을 흔드는 것이다.

감정은 공포, 분노, 우울함 같은 부정적 감정과 웃음, 미소, 자신감 같은 긍정적 감정이 있다. 허를 찌르되 긍정적인 감정이 움직이도록 해야 한다. 그러려면 예상치 못한 유익한 정보를 전달해야 한다. 적자를 예상했는데 흑자가 나는 경우, 제품 개발에 실패할 것으로 생각했는데 성공한 경우, 2등을 할 것으로 예상했는데 1등을 한 경우, 사장은 포기한 과제였는데 부하직원이 해결한 경우 등이 모두 허를 찌른 경우다.

보고서에서 '허 찌르기'는 문장 자체보다는 '해결책'과 관련이 깊다. 같은 결과라도 표현 방법에 따라 즐거움을 배가할 수 있으므로 그것을 찾아야 한다. 예를 들어 홈시어터 사업 사례에서 '막귀'라는 표현이 허를 찌른 이유는 혁신적인 제품의 개발 같은 것을 기대했지만 엉뚱하게도 소비자의 행태에서 해결책을 찾았기 때문이었다. 따라서 허를 찔러 긍정적인 반응이 나올수록 좋은 컨셉 카피다.

이 아홉 가지 항목을 모두 만족하는 카피를 쓰기는 사실상 어렵다. 그런데 이 모든 것을 다 만족하는 컨셉 카피가 있다.

"신에게는 아직 12척의 배가 있사옵니다."

이순신 장군은 "신에게는 12척의 배가 있사옵니다"라고 하지 않았다. '아직 12척'이라는 표현으로 강한 '전투 의지'를 드러냈다. 긍정적이고 간결하며 전투적인 이 말 한마디에는 이순신의 전쟁 철학부터 전략, 마음가짐까지 모든 것이 다 들어 있다. 이 말 한마디에 선조는 조선 수군을 폐하려는 생각을 접었다.

| 컨셉 카피 작성법 |

첫째, 보고 내용의 핵심을 추출하라.

보고서의 핵심은 전략이다. 전략 중에서도 가장 중요한 것은 차별화된 요소, 즉 USP(Unique Selling Proposition)이다. USP는 컨셉 카피에서 가장 중요하다. USP 다음으로 중요한 것이 사건(이슈)이다.

USP와 이슈는 공통점이 있다. 둘 다 평소에는 '못 보던 것', '상상하지 못하던 것'이다. 그리고 보고서의 분석 과정, 전략을 수립하는 과정에서 찾아낸 것이다. 당연히 컨셉 카피를 쓸 때 제일 먼저 눈여겨봐야 할 항목이다.

둘째, 추출된 핵심 내용이 사장의 관심사와 관련이 있는지 확인하라.

컨셉 카피에 사장의 관심사와 상관이 없는 단어가 들어 있으면 관심을 끌기 어렵다. 우리는 무의식중에 선택적으로 보고 듣는다. 우리는 눈을 떠서 사물을 보고(Sensing) 있지만 눈을 뜨고 있다고 해서 눈에 보이는 모든 것을 인지(Perceiving)하고 있지는 않다. 선택(Selecting) 후에 인지하기 때문이다. 알

더스 헉슬리는 『The art of Seeing』에서 이것을 'Sensing + Selecting + Perceiving = Seeing' 라고 정의했다. 인간뿐만 아니라 레이더(Radar)도 이와 비슷한 방식으로 작동한다. 평소에는 넓고 먼 거리를 탐지하기 위하여 스캔(Scan)을 한다. 그러나 의심스런 물체를 포착하면 선택(Selecting)하여 추적(Tracking)을 한다.

듣는 것도 마찬가지다. 귀는 항상 듣고 있지만 듣는 것 모두에 관심을 가지고 있지는 않다. 우리는 관심이 있는 것만 집중을 해서 보거나 듣는다. 특히 사장은 '1등', '증가', '향상', '개선', '절감', '이익', '손실' 같은 단어에 관심이 있다.

셋째, 긍정적인 내용을 추출하라.

찰리 채플린은 말 한마디에 공산주의자가 되어 버렸다.

내용이 부정적이면 그것이 역사적 사실일지라도 정서상 받아들이기 힘들다. 심지어 그림의 제목도 그렇다(그림의 제목도 본질을 전달한다는 점에서는 컨셉 카피다).

밀레의 〈만종〉은 누구나 다 연상이 될 만큼 유명하다. 저녁노을을 배경으로 부부가 감자가 든 바구니를 놓고 기도를 하는 그림이다. 그림을 보고 있으면 정말 멀리 보이는 성당에서 저녁 종소리가 울리는 것 같다.

만약 제목이 〈죽은 아기의 추모〉이고 감자 바구니가 아기의 시체가 들은 관이라면 이 그림이 어떻게 보이겠는가? 농촌의 부부가 하루를 경건하게 감사하는 모습은 간데없고 세상에서 제일 슬픈 부부의 모습으로 보일 것이다. 노을은 아기 인생의 마지막을 이야기하는 것 같을 것이고 교회의 종탑은 아기의 영혼을 달래는 종소리를 내는 것처럼 보일 것이다. 따라서 이 그림을 보는 사람은 우울한 기분이 들 것이다. 그리고 이 우중충한 기분의 그림은 사람들의 기억에서 곧 사라질 것이다. 우리는 본능적으로 부정적인 것들을 회피하려는 경향이 있기 때문이다. 따라서 부정적인 내용은 절대로 뽑아내서는 안 된다.

넷째, 핵심을 사용하여 요약문을 만들어라.

이건희 회장은 '만들지 않는 제조업'에 대해 "업의 개념은 시대에 따라 달라진다. 누가 먼저 정확하게 변화하는 업의 개념을 잡느냐가 기회 선점의 관건이다. 앞으로는 산업 분류 체계를 새로 설정해야 한다. 다양한 업종이 등장함에 따라 업종 간 구분이 모호해지고 있다. 뿐만 아니라 산업 간 경계도 모호해지고 있는데 특히 2차 산업인 제조업과 3차 산업인 서비스업의 경계가 허물어지는 현상이 두드러진다"라고 했다.

여기서 핵심어는 '업', '개념', '산업', '경계' 이다. 이 네 단어를 조합해서 '업의 개념이 모호해져서 산업의 경계가 허물어진다' 는 요약문을 만들 수 있다. 이 요약의 전술 부분인 '업의 개념이 모호해져서' 를 지워 버리면 '산업의 경계가 허물어진다' 이다. 이렇게 평범해서는 시선을 끌지 못한다. 단어도 '산업', '경계' 같은 한자다. 소설가 이외수는 『글쓰기의 공중부양』에서 한자는 사어(死語)라고 했다. 사어는 듣는 즉시 이해하기 어렵다.

따라서 구체적으로 묘사했다. '산업' 중에서도 제조업을 지목해서 썼다. '경계가 허물어졌다' 는 표현 대신 '만들지 않는' 이라는 일상적인 표현으로 제조와 관련된 부분을 묘사했다. 이 둘이 합쳐져 '만들지 않는 제조업' 이라는 카피가 나왔다. 이 카피는 상식의 파괴이며 논리의 모순이다. 그래서 기억에 오래도록 남는다.

요약문은 모든 데이터를 쓸어 담은 압축 파일이 아니라 소뼈를 졸여 만든 사골국이어야 한다. 수입 소뼈를 쓰면 누린내가 날 것이고 한우를 쓰면 고소한 맛이 더 할 것이다.

다섯째, 심상이 생기는 단어를 찾아라.

'자동차는 전자 제품', '화학 비료형 인간', '퇴비형 인간' 이라는 표현을 듣는 순간 심상이 생긴다. 명사를 사용하면 구체적인 비교 대상이 생기기 때문이다.

'2등은 항상 바쁘지만 1등은 여유롭다' 에서 '바쁜', '여유로운' 은 형용사이지만 일상생활에서 익숙하게 듣는 말이므로 쉽게 떠오른다. 그러나 사람마다 기준이 달라 오해가 생길 수는 있다. 이 사례들처럼 심상이 생기지 않으면 호소력이 약한 컨셉 카피다.

'아름다운' 같은 형용사와 '매우' 같은 부사는 듣는 사람의 경험에 따라 느낌이 달라진다. 그러나 명사를 쓰면 보고자의 생각이 보다 구체적으로 전달된다. 따라서 컨셉 카피에는 가급적 명사를 쓰는 것이 좋다. 명사는 이미 특정 대상을 지목하고 있으므로 우리 뇌에서 자동으로 처리된다. 즉 장기 기억 영역에 있는 기억을 인출하기만 하면 된다. 그러나 형용사나 부사 같은 경우는 의도적으로 처리를 해야 한다. 즉 어느 정도인지를 판단하기 위해서 여러 가지 경험과 기억을 꺼내서 비교해야 한다.

여섯째, 가능한 한 짧게 줄여라.

한 개의 단어이면 그레이트(Great), 두 개의 단어이면 베스트(Best), 세 개의 단어이면 베터(Better), 네 개의 단어이면 굿(Good)이다. 한 줄의 문장이면 오케이다. 두 줄의 문장이면 쏘쏘(So-so)다. 세 줄부터는 불합격이다. 문장은 짧으면 짧을수록 읽기가 수월해진다. 말 많은 사람이 실속이 없듯이 글도 마찬가지다.

지식만으로는 컨셉 카피를 쓸 수 없다. 지혜가 있어야 한다. 지혜는 지식이 발효해서 생긴다. 발효란 참 지식과 거짓 지식을 구별할 줄 알고 참 지식을 오랜 기간 동안 생활에 실천하는 동안 자신만의 향기가 나는 깨달음의 과정이다.

긴 문장은 핵심 내용이 발효가 되지 않았다는 표시다. 핵심들이 하나로 뭉쳐지지 않고 따로따로 논다는 증거다. TV 광고는 겨우 15초이다. 그러나 우리는 그 광고를 보면서 짧다고 생각하지 않는다. 광고는 그 짧은 순간에 핵심을 전달하기 때문이다. 당신의 보고서도 15초 이내에 핵심을 전달할 수 있어야 한다.

❷ 헤드라인

헤드라인이란 신문에서는 본문을 한 줄로 요약한 머리기사고, 광고에서는 '아이디어에 알맞게 크리에이티브 컨셉을 비약시켜 표현하는 광고의 핵심 메시지' 다(김병희의 『광고 카피 창작론』에서).

보고서의 헤드라인은 바디 카피를 한두 줄로 요약한 요약문이거나 '무엇을 어떻게 하겠다' 는 주장문이다.

일상생활에서 가장 흔하게 접할 수 있는 헤드라인은 신문이다. 다음은 요약문의 사례다.

- 버스 승객 "야호"… 승용차는 "어휴"
- 버스는 쌩쌩, 승용차는 엉엉
- 기름값 고민? 맞춤·급행 버스 타세요
- 고통스러운 출·퇴근길 3배 이상 빨라졌다
- 승용차 정체·병목… 버스는 주행 속도 20km 가량 빨라져
- 경부선 평일 버스 전용 차로 시행…20분 빨라져

- 평일 버스 전용 차선제 첫날
- 평일 버스 전용 차로, 일반 차로 '더 막혀'… 도미노 정체 현상
- 체증 부른 버스 전용 차로 연장
- 경부고속도 평일 전용 차로 첫날… 용인~광화문 20분 단축

'고속도로 평일 버스 전용 차선제'가 실시된 첫날 신문에 게재된 헤드라인이다. 신문이나 광고에서 헤드라인은 본문으로 관심을 유도하는 역할을 한다. 따라서 이 헤드라인을 얼마나 잘 쓰느냐에 따라서 기사 본문을 읽거나 읽지 않게 된다. 마찬가지로 보고서도 헤드라인이 매력적이지 못하면 바디 카피를 읽고 싶은 생각이 없어진다.

다음은 주장문 사례다.

- 전국 정전 사태, 누가 어떻게 책임질 건가 – 세계일보
- 사상 초유의 전국 단전(斷電), 책임 소재 확실히 밝혀내라 – 조선일보
- 초유의 정전 사태, 내년이 더 문제다 – 중앙일보

주장문에는 그렇게 주장을 하는 '이유'와 '근거'가 있어야 한다. 그리고 이유와 근거는 바디 카피로 이어진다.

| 헤드라인 작성법 |

헤드라인도 앞서 설명한 컨셉 카피를 잘 쓰기 위한 조건을 우선 만족해야 한다. 다음은 헤드라인이 가지는 특징이다.

첫째, 첫 문장에 반하게 하라.

첫 문장이 중요한 이유는 초두 효과 때문이다. 세상을 살아가는 동안 중요한 순간들이 많이 있다. 그중 가장 중요한 때는 반려자를 처음 보는 순간일 것이다. 그 다음은 아마도 입사 면접에서 면접관을 만나는 순간일 것이다. 이들의 공통점은 첫 순간에 합격, 불합격이 결정된다는 것이다. 첫 순간의 느낌이 좋아야 질문도 하고 싶듯이 보고서도 헤드라인이 매력적이어야 바디 카피를 읽고 싶어진다.

둘째, 바디 카피에서 핵심을 뽑아라.

헤드라인의 가장 큰 역할은 전체의 내용을 한마디로 정리하는 데 있다. 그러려면 바디 카피의 내용 중 핵심만 뽑아서 문장을 만들어야 한다.

셋째, 긍정형으로 써라.

'하지 마라' 같은 부정문은 무의식적으로 반발심을 불러일으킨다. 부정적 기분은 부정적 사고를 하게 한다. 그래서 필자도 '부정형으로 쓰지 마라' 라고 하지 않고 '긍정형으로 써라' 라고 했다. 부정적인 단어나 분위기는 듣는 사람을 움츠러들게 만든다. 일종의 공포에 대한 대응을 하는 것이다.

예를 들면 '구조 조정' 보다는 '인력 운용의 효율화' 와 같이 사업 효율을 개선하는 느낌으로, '실패' 같은 단어보다는 '미흡', '미달', '부족' 과 같이 감정을 덜 자극하는 단어를, '불합격' 보다는 '2차 추진 필요' 와 같이 대안 제시형으로 돌려 써야 한다.

그 외에 회사 보고서에서 가급적 사용하면 안 되는 단어로는 산재, 해고, 구조 조정, 미달, 불합격, 재고 폐기, 납기 미준수, 생산 불량, 클레임, 덤핑, 반품, 입찰 탈락, 감사, 뇌물 등이 있다.

넷째, 사내 용어를 써라.

삼성전자는 '관리'를 한다. LG전자는 '챌린지(Challenge)'를 한다. 이 두 회사 중 어디든 다녀본 사람은 이 단어가 무슨 뜻인지 이해할 것이다. 이렇게 회사마다 은어처럼 통하는 사내 공식 용어들이 있다. 은어에는 특정 집단의 '문화'가 반영되어 있다. 이 용어를 쓰면 쉽게 교감할 수 있다. 외부인들은 들어도 모르겠지만 회사 내에서 통용되는 보고서에 적절한 사내 용어를 쓰면 오히려 커뮤니케이션 효율을 올려 준다.

다섯째, 명사형 어미로 끝내라.

문장을 힘 있게 보이게 하기 위해서 또는 문장의 길이를 줄이기 위해서 명사형으로 끝내야 한다. 예를 들어 '~했음', '~로 판단됨' 같은 식이다. 다소 딱딱해 보일 수 있지만 단언을 하기 때문에 신뢰감을 준다.

| 헤드라인 효과 |

앞에 예로 든 고속도로 '평일 버스 전용 차선제 도입'을 보자. 이번에는 헤드라인을 쓴 신문사의 이름이 나와 있다.

- 버스 승객 "야호"… 승용차는 "어휴" – 중앙일보
- 버스는 쌩쌩, 승용차는 엉엉 – 조선일보
- 기름값 고민? 맞춤·급행버스 타세요 – 한겨레
- 고통스러운 출·퇴근길 3배 이상 빨라졌다 – 경향신문
- 승용차 정체·병목… 버스는 주행속도 20km 가량 빨라져 – 문화일보
- 경부선 평일 버스 전용 차로 시행…20분 빨라져 – SBS

- 평일 버스 전용 차선제 첫날 – 세계일보
- 평일 버스 전용 차로, 일반 차로 '더 막혀' … 도미노 정체 현상 – 뉴시스
- 체증 부른 버스 전용 차로 연장 – 한국일보
- 경부고속도 평일 전용 차로 첫날 … 용인~광화문 20분 단축 – 매일경제

이번에는 헤드라인을 보는 시각이 바뀌었을 것이다. 어떤 신문은 아무리 헤드라인이 좋아도 읽지 않을 것이다. 이 사례에서 볼 수 있듯이 헤드라인은 초두 효과와 자신의 관심사에 따라 긍정적이 되기도 하고 부정적이 되기도 한다. 심지어 초두 효과는 자료 수집에도 영향을 미쳐 '당신이 보고 싶은 것'만 선택하게 만든다.

다음 이미지는 필자의 메일함이다. 이 중 '회원님의 문의하신 답변입니다'는 스팸메일이다. 보낸 사람의 이름도 거부감이 없으며 상담원이라는 업무도 밝히고 있다. '문의에 대한 답변'이라는 제목은 '필자가 먼저 질문을 했다'는 것을 암시해 당신을 구체적으로 지목하고 있고 상담원이라는 공식 직함으로 권위(?)를 내세워 스팸메일을 열도록 유혹하고 있다.

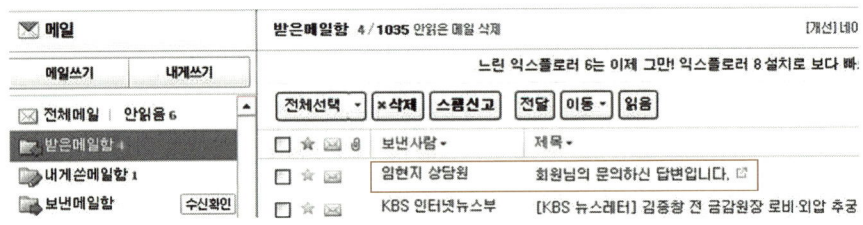

❸ 바디 카피

바디 카피는 사실상 보고서의 주인이다. 컨셉 카피나 헤드라인은 자극을 주어 관심을 끌어야 한다. 반면에 바디 카피는 컨셉 카피와 헤드라인이 이끌고 온 관심을 실망시키지 않아야 한다.

바디 카피를 쓰려면 다음의 사항을 지켜야 한다.

첫째, 헤드라인과 관계가 있어야 한다.

헤드라인이 압축 파일이면 바디 카피는 오리지널 파일이다. 중요한 상황이나 사실을 최대한 노출시켜야 한다. 헤드라인이 주장이라면 바디 카피는 이유와 근거다. 주장을 했는데 이유가 없으면 어린아이들이 떼쓰는 것과 마찬가지다. 반대로 이유는 있으나 근거가 없으면 무식함을 광고하는 것과 같다. 헤드라인이 요약문이라면 바디 카피에서는 상황에 대한 설명이다. 헤드라인과 바디 카피가 다르면 '몸 따로, 마음 따로' 인 것과 마차가지다.

둘째, 중요도 순서로 배열해야 한다.

중요도란 회사 업무에서 정한 것이 아니다. 이야기가 부드럽게 흐르도록 항목을 배열해야 한다는 뜻이다. 회사 업무의 중요도와 이야기가 일치하도록 구성하는 것이 좋으나 항상 그렇게 되지는 않는다.

셋째, 구체적으로 써야 한다.

컨셉 카피나 헤드라인은 핵심만을 골라 쓴 글이다. 은유 같은 압축 기법이 들어 갈 수밖에 없어 논리의 비약이 생긴다. 따라서 바디 카피에서는 컨셉 카피나 헤드라인이 나오게 된 근거가 될 만한 내용을 전부 다 보여 줘야 한다.

영업이든 R&D이든 분야를 막론하고 숫자로 표현할 수 있는 자료가 있다면 빠뜨려서는 안 된다. 숫자는 가장 구체적인 자료다. 특히 미래 사업이나 신규 사업, 컨버전스 제품같이 생전 보지도 듣지도 못하던 제품 같은 경우는 숫자로 된 자료가 필요하다. 내용이 구체적이어야 하기 때문이다. 그렇지 않으면 사장과 회사 내부 조직이 내용을 이해하기 어렵다.

넷째, 문장을 줄일 수 있으면 이미지를 쓰는 것이 좋다.

다음의 그림은 조선일보 6월 22일자 기사 중 '한류 북한을 흔들다' 라는 제목의 인포그래픽(Infographic)이다. 인포그래픽이란 Information과 Graphics와 News의 합성어로 기사(텍스트), 사진(이미지), 음성, 동영상, 3D 그래픽, 인터랙티브 요소를 모두 합쳐 디지털 기술을 통해 보다 전문화된 뉴스로 사용자가 원하는 깊이 있는 정보를 쌍방향 소통으로 전달하는 콘텐츠다.

한류, 북한을 흔들다

■ 한류가 프랑스만 뒤흔들어 놓은 것은 아니었다. 철의 장벽으로 둘러싸여 있던 북한에도 한류는 조용히 침투하고 있다. 북한 주민들은 이러한 현상을 "아랫동네(남한을 지칭) 알판(DVD)에 중독됐다"고 했다(자료 출처 : 『한류, 북한을 흔들다』)

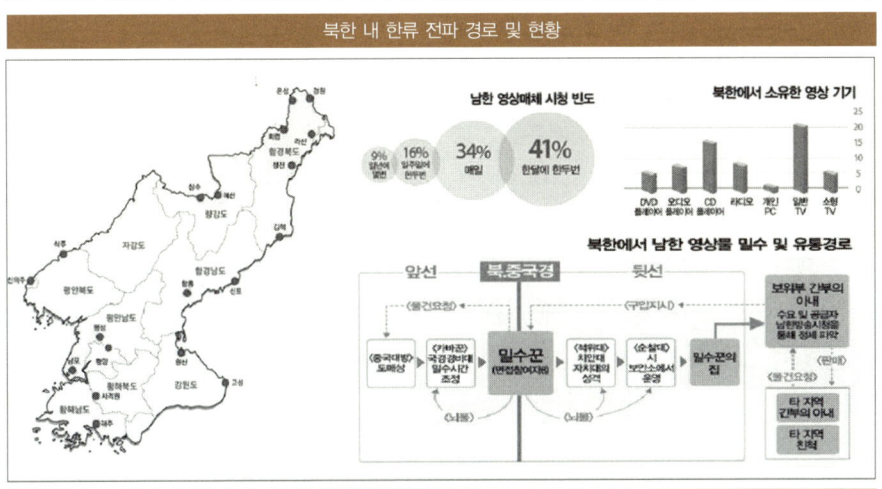

북한 내 한류 전파 경로 및 현황

(자료 출처 : http://inside.chosun.com/site/data/html_dir/2011/06/21/2011062101548.html)

앞의 그림에서는 약 1,900자의 기사를 두 줄의 헤드라인과 그림으로 명쾌히 설명하고 있다.

넷째, 영어는 적재적소에서 사용하는 것이 좋다.

컨셉 카피나 헤드라인은 영어 사용에 관대한 편이다. 문장의 길이를 줄이고 호기심을 끌기 위해서다. 그러나 바디 카피에는 영어가 많으면 직관적인 의사소통에 방해가 된다. 영어는 우리 머릿속에서 무의식적으로 통역되지 않기 때문이다. 회의에 외국인 컨설턴트가 있어서 회의 자료는 영어로 만들고 회의는 한국말로 해 보라. 눈은 영어를 보고 귀는 한국말을 들으니 뇌의 정보 처리 회로가 혼란스러워 의사 전달이 오히려 방해가 된다.

게다가 영어 단어는 오해를 불러일으킬 수 있다. 마켓 센싱(Market Sensing)이란 글자 그대로 풀이하면 '시장 감지'다. 시장을 실시간으로 파악하겠다는 뜻이다. 그런데 이 마켓 센싱이라는 단어를 두고 사장과 실무자 간의 시각 차이가 발생한다. 최고 경영자들이 원하는 마켓 센싱은 주로 '경쟁사가 어떻게 움직이는지', '현 기술은 앞으로 어떻게 될 것인지', '5년 후, 10년 후 기술과 시장은 어떻게 될지' 그리고 '그에 대한 대응은 어떻게 할 것인지'와 같은 큰 그림들이다. 그런데 실무자들 입장에서는 당장 발등의 불이 먼저이므로 경쟁사의 매출이나 출시될 제품에만 관심이 있다. 결국 이러한 시각 차이 때문에 업무 지시와 실행이 따로 놀게 된다.

특히 새로운 업무가 도입될 때는 가급적 한글로 지시해야 혼란을 피할 수 있다.

❹ 카피 사례

| 사례 1 : 일상생활 속에서 |

- '서울의 중심' – 중구다. 서울의 중앙에 있다.
- '대한민국의 심장' – 경기도다. 대한민국에서 제일 중요한 곳이라는 뜻이다.
- '바닷속의 경운기' – 중국 핵 잠수함이다. 꽤나 시끄러운 모양이다.
- '유럽의 강원도' – 폴란드. 듣기만 해도 어떤 곳인지 감이 온다.
- '얼음의 강' – 빙하다. 빙하는 흐른다고 설명할 필요도 없다.
- '전 세계 TV 3대 중 1대' – 한국산 TV의 전 세계 점유율이다.

이 문장들은 한두 단어만으로도 심상이 떠오르게 하는 컨셉 카피다.

- '선진최강 용인' – 어디서 최강인지 모르겠다. 분야를 불문하고 무조건 1등인가?
- '칼라풀 대구' – 도시가 알록달록한 모양이다.

  짧기는 하지만 컨셉 카피가 아니다. 이 문장만으로는 지역의 핵심 기능과 다른 도시와의 차이점을 알 수 없기 때문이다.

- '연기자들은 쉬면 충전이지만 개그맨들은 방전'
- '높이 나는 새는 멀리 보고, 낮게 나는 새는 자세히 본다' – 저고도 위성은 대개 정찰용 군사 위성들이다.

이 문장은 헤드라인으로 쓸 만한 길이의 카피다.

| 사례 2 : 경영자들의 말 |

경영자들은 '컨셉 카피의 달인' 들이다. 그들은 자신의 사업 철학을 간결하게 표현한다.

- '믿고 맡길 테니 책임을 다하라' – 구본무 회장의 철학은 '신뢰' 다.
- '운도 공짜로 들어오지 않는다', '공평하지 않으면 신이 아니다', '시련은 있어도 실패는 없다' – 고 정주영 회장의 인생 철학은 '노력' 과 '성실' 이다.

이건희 회장이 1997년에 쓴 에세이 『생각 좀 하며 세상을 보자』는 은유적 컨셉 카피의 교본이다.

- '만들지 않는 제조업' – 애플은 컴퓨터 공장이 없다.

Chapter 3 커뮤니케이션 단계 253

- '자동차는 전자 제품' – 고급 자동차 전장품 원가는 50% 근처다.
- '빨리에서 먼저로', '2등은 항상 바쁘지만 1등은 여유롭다' – 2등의 설움을 잘 보여준다.
- '자본에서 지식으로' – 현재 애플과 구글의 위상을 보면 15년 전의 이 카피는 100% 적중했다.
- '두 마리 토끼사냥' – 보르도 TV는 부품비는 내려가고 외관 품질은 더 좋아졌다. '부품비를 더 투입해야 제품의 품질이 좋아진다' 는 고정관념과 '선택과 집중' 이라는 고전적인 전략을 무색하게 만들었다.
- '스파이더맨' – 학연, 지연, 혈연에 관심 많은 직원이다.
- '화학 비료형 인간' – 생색이나 내고 자기를 과시하는 데 열중하는 직원이다.
- '퇴비형 인재' – 음지에서 묵묵히 일하는 직원이다.
- '소유가치와 사용가치', ' 5명이 할 일을 4명이 하면 더 잘한다. 5명이 일할 곳에 6명을 넣으면 오히려 성과가 떨어진다.' – 이것은 방관자 효과를 잘 묘사한 카피다.

은유적인 카피는 배경 지식이 없으면 전혀 이해할 수 없다. 은유는 간결하게 정곡을 찌르며 시류를 반영한다. 말맛을 이용하여 자신의 속마음을 조용히 드러낸다. 그러나 후폭풍은 항상 거세다. 은유는 숨은 뜻을 깨닫는 순간 '뒤통수를 때리는 망치' 같은 것이다.

3_ 레이아웃 잡기

레이아웃이란 설계와 생산의 최적화를 검토하기 위한 도면이다.

업종마다 다소간의 차이는 있겠으나 제품이나 건축물 등을 상세하게 설계하기 전에 부품이나 시설물들을 도면상에 배치하여 양산 시 발생할 가능성이 있는 문제를 사전에 검토한다. 디자이너와 설계자는 레이아웃 도면을 검토하는 동안 설계에 대한 신뢰도를 높이고 디자인 변경, 성능 개선 작업 등을 한다.

광고에서 레이아웃은 '광고안을 결정하기 전에 소비자가 이해하기 쉽도록 문자나 이미지의 배치를 검토' 하는 그림이다.

배치 기준은 업종 불문하고 다 같은데 바로 '아름다움' 이다. '보기 좋은 것이 성능도 좋다' 라는 말이 있듯이 보기에 좋으면 대개 효율성도 높기 때문이다.

그렇다면 보기에 좋은 것이란 무엇인가? 여러 요소를 만족해야겠지만 알베르티의 회화론에 따르면 가장 중요한 것이 비례다. 그리고 형상이 복잡하지 않고 절제되어야 한다. 형상이 절제되면 디자인과 설계가 쉬워지고 금형 제작과 제품 생산도 쉬워진다. 그뿐만이 아니라 유지 보수에 들어가는 비용도 줄어들어 효율적이다.

아름다움을 극대화하려면 형태와 배경을 잘 다루어야 한다. 보고서에서 형태는 문자, 그림, 도표, 그래프 같은 이미지다. 배경은 형태를 제외한 나머지다.

광고나 미술 못지않게 보고서에서도 레이아웃이 중요하다.

시각적 안정감 때문이다. 시각적으로 안정되지 않으면 보고서를 읽는 사람은 자연히 불안해진다. 시각적 안정감이 없는 보고서란 문자나 이미지가 한쪽으로 몰려 있든지 형태의 구분이 애매모호하든지 각 형태들의 줄 맞춤이 제대로 되지 않은 것이다. 이미지가 한쪽으로 몰려 있으면 좌우대칭이 이루어지지 않아 한쪽이 주저앉을 것 같은 느낌이 든다. 반면에 이미지가 애매모호하면 직관적으로 이해하기 어려워진다. 문자가 작거나 손글씨체이면 가독성이 떨어진다. 그리고 줄맞춤이 나쁘면 산만해 보인다. 게다가 성의마저 없어 보인다. 보고서에서 레이아웃을 잡는 일이란 이러한 요소들을 잘 정리하여 시각적 안정감을 주고 보고서가 편하게 이해되도록 돕는 것이다.

사실 레이아웃은 보고서의 내용과는 큰 관련이 없다. 그럼에도 불구하고 레이아웃이 중요한 이유는 인간의 주 감각이 시각이기 때문이다. 뇌의 감각 관련 피질 중 시각 피질이 가장 넓다. 그리고 시각과 다른 감각 사이에 정보의 갈등이 있을 때 시각은 다른 감각을 지배하는 경향이 있다(오병근의 『정보디자인 교과서』). 게다가 인간은 언어나 숫자도 그림이나 이미지와 같은 형태로 바꾸어 생각하는 성향이 있다. 예를 들어 큰 글자의 정보는 작은 글자보다 중요하다고 생각한다. 초록색은 붉은 색보다 안전하다고 생각한다. 따라서 보고서의 레이아웃을 잡을 때도 이런 사실을 고려해야 한다.

레이아웃을 잡는 일은 형태와 배경이 조화를 이루도록 하는 것이다.

조화란 비례다. 형태의 크기가 서로 어울려야 한다. 예를 들어 사각형 속의 삼각형은 어울리지 않는다. 굴림체와 고딕체 사이에 손글씨체는 어울리지 않는다. 또한 조화란 유유상종이다. 따라서 비슷한 계열의 색상끼리 모여 있어야 한다. 감색 문자의 보고서에 노란색과 초록색은 어울리지 않는다.

회화론을 쓴 알베르티는 '크기, 기능, 성격, 색뿐만 아니라 어떤 다른 관점을 가지고 보더라도 지체가 서로 잘 어울리지 않는다면 회화의 아름다움을 기대할 수 없다'고 했다.

❶ 배경(背景)

승용차의 대쉬 보드(Dash Board)에는 계기판이 있다.

센터 페이시아(Center Fascia)에는 오디오와 공조기기를 조정할 수 있는 스위치들이 있고 스티어링 휠(Steering Wheel) 뒤에는 주행 속도계와 엔진 회전 속도계 등 각종 경고등이 있는 인스트루먼트 패널이 있다.

(출처 : 현대자동차 베라크루즈)

이 계기판이 있는 영역들은 대개 검정색이다. 차량 정보가 있는 영역과 인테리어가 중요한 영역을 구분하여 가독성을 높이기 위해서 마스킹을 한다.

여기서 주행 속도계와 엔진 회전 속도계 등은 전경이다. 이 계기들 주변의 검정색은 배경이다.

마찬가지로 보고서에서 문자와 이미지는 전경(全景)이다. 파워포인트 바탕은 배경(背景)이다. 보고서도 전경, 즉 내용의 전달이 우선이므로 배경이 튀어서는 안 된다. 튀는 배경이란 짙은 컬러, 무늬, 풍경, 선, 기호, 도형, 그라디에이션(Gradation) 등이 들어간 것이다. 배경이 튀면 시선이 산만해져 배경과 내용을 구분하기 위해서 신경을 더 집중해야 한다. 숲 속에 숨어 있는 표범을 찾는 것과 마찬가지다.

따라서 배경은 가급적 흰색을 쓰는 것이 좋다. 단 강연을 위한 프레젠테이션이라면 스티브 잡스처럼 파란색의 단색 배경을 쓰는 것도 괜찮다. 스티브 잡스의 프레젠테이션은 파워포인트가 주역이 아니다. 잡스를 부각시키기 위한 배경 그림일 뿐이다. 사실상 연출된 연기 쪽에 가깝다. 광고나 디자인 부문이라면 색상을 강조하기 위해서 검정색을 써도 괜찮다. 단 보고 장소가 완전히 빛을 차단할 수 있는 공간이어야 하고, 프로젝터가 정확한 색을 재현할 수 있도록 캘리브레이션(Calibration)이 되어야 하며, 정확한 색을 전달할 수 있도록 컴퓨터의 디스플레이 값이 조정되어 있어야 한다. 옅은 회색 바탕도 나쁘지는 않으나 사장은 보고서를 인쇄해서 보는 경우가 많아 토너만 낭비할 확률이 높으므로 사용하지 않는 것이 좋다.

그런데 필자가 보아온 대다수의 보고서들의 배경은 무늬나 색상이 있었다. 회사의 아이덴티티(Identity)와 관련이 있거나 보고 내용과 직접 관련이 있으면 상관이 없겠으나 대개는 아름답게 보이거나 빈 공간이 허전해서 채워 넣기 위한 목적이었다. 이 정도는 눈감아 줄 만하다. 문제되는 경우는 '별 볼일 없는 내용을 감추기 위해서' 혹은 열심히 했다는 '성의 표시'를 하기 위해서 배경을 사용하는 경우다.

특히 실무자들은 내용이 별 볼일 없으면 보고서가 퇴짜 맞을 확률이 높아지므로 이것을 피해 보려고 내용을 보완하는 대신 아름다운 배경을 사용하여 내용을 감추려고 한다. 일종의 '보고서 위장술'인 셈이다. 그래서 여기저기서 근사한 이미지와 클립아트를 퍼다가 보고서를 아름답게 위장한다. 이는 파워포인트 포트폴리오를 만드는 회사에서 아름다운 배경을 줄기차게 쓰는 이유와 같다. '돈 값'을 했다는 메시지와 갑에게 시각적 청량감을 주어 결재를 쉽게 받으려는 의도다.

다음의 사례는 필자가 근무했던 회사들이 사내용으로 쓰는 흰색 바탕의 파워포인트 자료다.

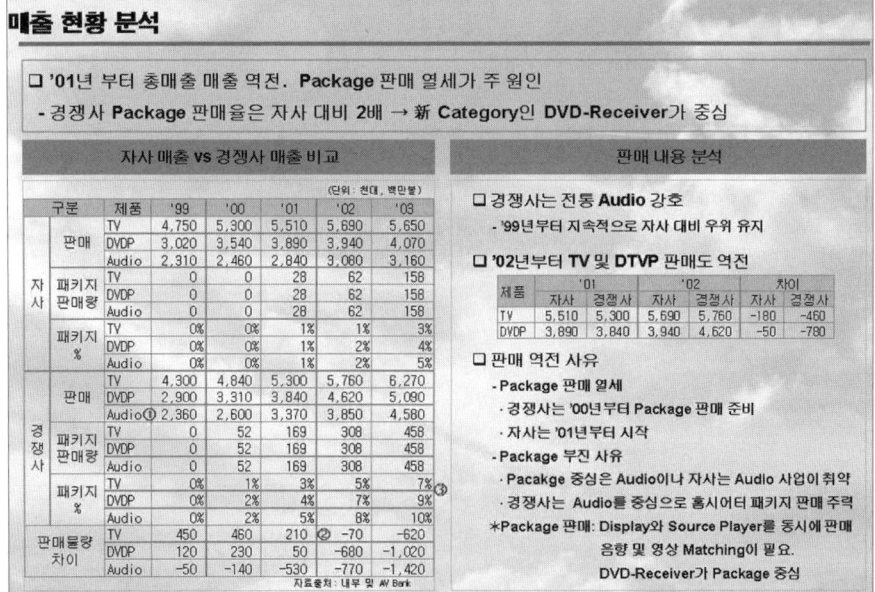

아래는 위와 동일한 내용이다. 얼룩덜룩한 배경 탓에 가독성이 떨어진다.

배경이 산만하면 이미지의 가독성도 떨어진다.

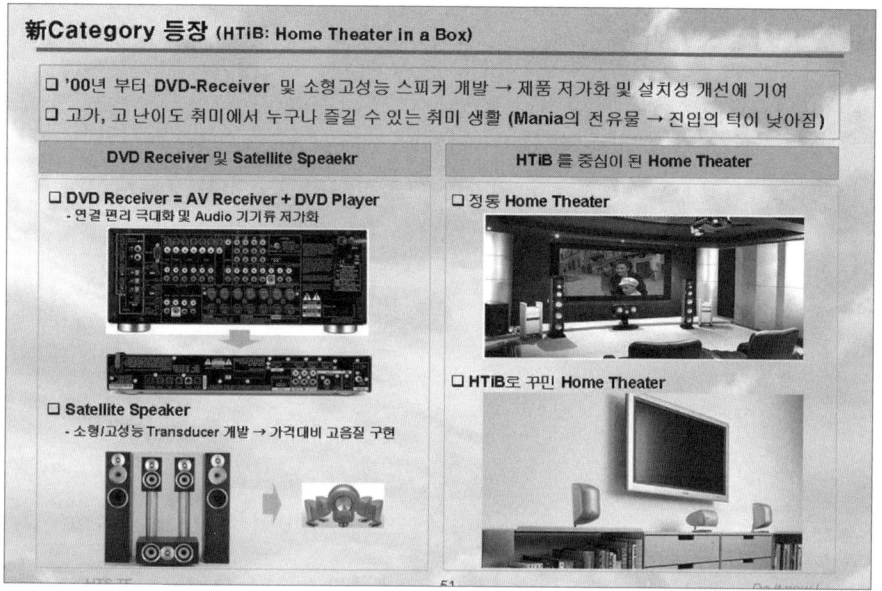

그러나 문자만 있는 경우는 배경이 있는 것도 나쁘지는 않다.

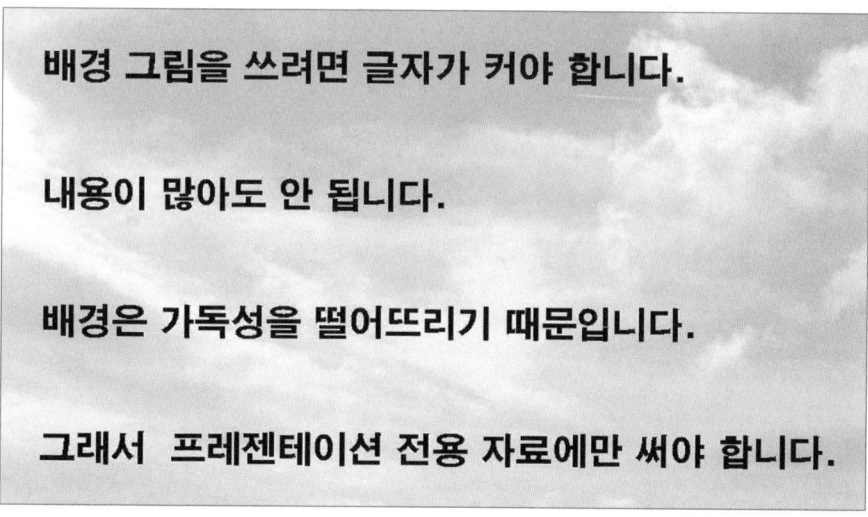

우리의 일상은 전경과 배경의 연속이다. 예를 들어 음식 접시와 접시 위의 음식이 그렇다. 음식은 전경이고 접시는 배경이다. 접시가 요란하면 음식의 아름다움이 죽는다. 그래서 서양의 고급 레스토랑은 하얀 접시를 주로 쓴다. 밴드의 리드 기타와 베이스 기타도 그렇다. 베이스 기타가 배경을 만들어 주어야 리드 기타가 산다. 베이스 기타가 나서면 나머지는 모두 묻혀버린다.

배경의 주된 임무는 전경을 살리는 것이다. 그러므로 배경은 단순해야 한다.

❷ 문자

문자는 보고서의 주인이다.

대부분의 정보가 문자를 통하여 전달된다고 해도 과언이 아니기 때문이다. 그래서 자동차 계기판의 문자 디자인처럼 가장 선명하게 인식이 될 수 있는 글자체와 색상을 선택해야 한다. 그리고 보고서 페이지의 위치마다 타이틀, 헤드라인 같은 특정 임무가 있어 거기에 맞는 문자체를 써야 한다. 인터넷이나 개인 메일에서나 사용됨직한 손글씨체는 절대로 사용해서는 안 된다.

한글은 굴림체와 고딕체를, 영문은 에어리얼(Arial)을 권장한다. 바탕체, 명조체와 타임스로만체는 시작 부분과 끝 부분들이, 디스플레이소자(Display素子)인 LCD나 DLP(Digital Light Processor)의 픽셀(Pixel)을 한두 개 경사지게 점유하여 글자 모양이 깨끗하지 않다.

굴림체 고딕체
Arial 바탕체
Times Roman

　대개 중간 관리자들이 원시이거나 원시가 시작되는 나이이므로 글자 크기는 가독성을 감안하여 24, 16, 14, 12, 10 혹은 24, 14, 12, 10 의 두 세트 중 하나로 하는 것이 좋다. 이 정도면 타이틀, 헤드라인, 바디 카피와 출처같이 보조적인 정보를 표현하는 데 충분하기 때문이다. 그리고 굴림체를 선택하면 한글을 선택한 후 반드시 영문 Arial을 선택해야 글자 모양이 흐트러지지 않는다(파워포인트 2003 기준).

　문자의 컬러는 짙은 감색이나 검정색을 사용한다. 필자는 주로 짙은 감색을 사용한다. 파란색 계열은 마음을 안정시켜 주기 때문이다.

　대부분의 데이터 프로젝터에서 채택하고 있는 LCD 패널은 오래 될수록 열화되어 누런색으로 변해 검정색이 프로젝터를 통과하면 군용 담요 같은 암녹색이 되는 경향이 있다.

　문자의 색상은 한 가지로 통일해야 한다. 간혹 강조를 위해서 다른 색을 써야 한다면 적색을 써야 한다. 노란색은 잘 보이지 않으며 녹색은 보고서에서는 어울리지 않는다. 적색을 쓰는 경우도 흑백 프린트를 하면 잘 보이지 않으므로 적색을 쓰더라도 중요 단어에 밑줄을 치거나 원을 그려 넣는 편이 좋다.

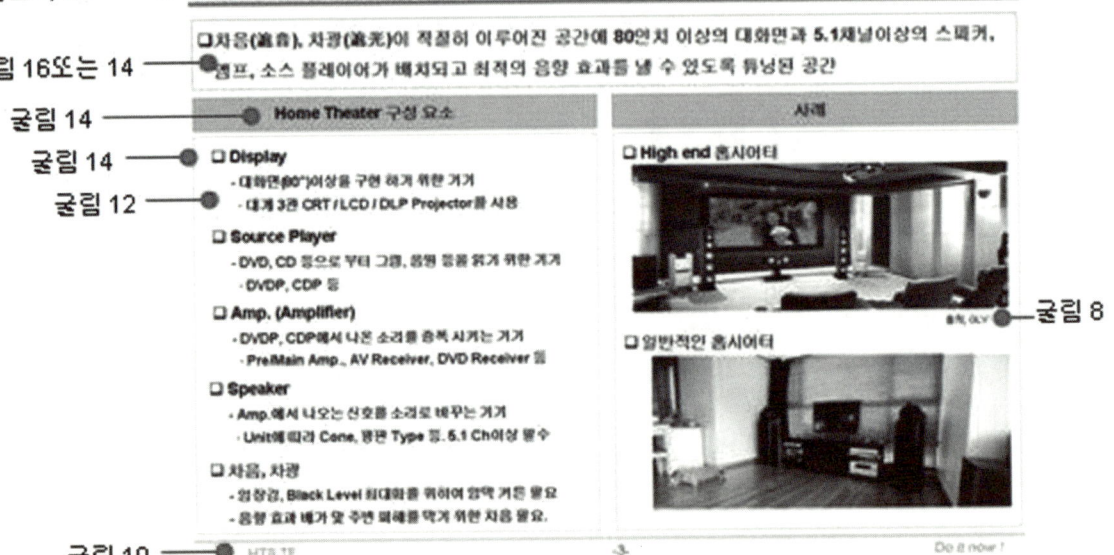

❸ 이미지

이미지는 문장의 이해를 돕고 분위기를 역동적으로 만든다. 그러나 이미지는 제한적으로 사용해야 한다. 이미지를 사용하면 이해는 쉬워지나 정확한 개념을 전달하는 문자와는 달리 상상의 여지를 남겨두어 오해의 소지가 있기 때문이다.

예를 들면 자동차의 계기판에 있는 이미지인 픽토그램(Pictogram)은 사물, 시설, 기능 등을 조그만 그림으로 이미지화한 것이다. 차량 설계자들은 위험한 경우에만 사용하라고 비상 점멸 기능을 만들어 놓았다. 그러나 대다수 한국의 운전자들은 끼어들기를 한 후 감사의 의미로 사용한다.

따라서 이미지는 문자나 문장으로 설명하면 문장이 길어지거나 이해가 어려운 경우에 사용해야 한다.

다음 사례처럼 제품을 설명할 때도 이미지가 훨씬 효율적이다.

新 Category 등장(HTiB : Home Theater in a Box)

- '00년부터 DVD Receiver 및 소형 고성능 스피커 개발 → 제품 저가화 및 설치성 개선에 기여
- 고가 · 고난이도 취미 → 누구나 즐길 수 있는 취미(Mania의 전유물 → 진입의 턱이 낮아짐)

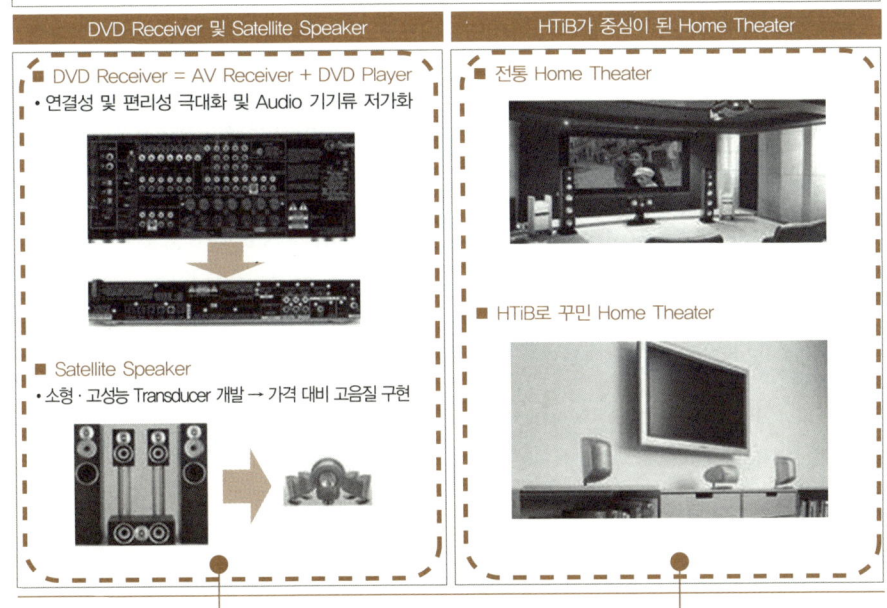

전통적인 홈시어터 기기와 새로이 등장한 홈시어터 기기의 크기 비교. 리시버(Receiver)의 뒷면은 기능 비교까지 가능하다.

전통적인 기기로 꾸민 홈시어터 룸과 새로이 등장한 기기로 꾸민 홈시어터 룸의 비교. 새로운 방식은 '심플하다'는 메시지를 준다.

최악의 보고서는 이미지로 도배된 보고서다.

얼핏 보기에 이미지가 많아서 보기는 좋으나 내용을 파악하는 것이 어렵기 때문에 상상력을 동원해서 읽어야 한다. 즉 보고서가 말하고자 하는 바를 이

해하기 어려워진다.

다음 표의 경우 보고자가 무엇을 말하고자 하는 것인지 알 수 없다. 육군의 병력이 너무 많다는 뜻인지 육군에 예산이 편중되었다는 뜻인지 알 수 없다. 이런 형식의 보고서는 "그래서 뭘 어쩌자는 건데?" 소리가 나오게 만든다.

그런데 만약 인당 예산 항목을 표기한다면 상황이 달라진다. 육군은 인당 2천만 원, 공군은 5천만 원이다. 즉 공군의 총 예산은 적지만 인당 예산은 너무 많다는 의미가 된다. 이러한 주장은 육군의 관점일 것이다. 공군이라면 주특기별로 더 자세히 분류하여 조종사와 장기 근무한 기술 인력들로 인하여 육군보다 커보일 뿐이라고 반박할 것이다. 다시 강조하지만 이미지를 많이 사용하는 것이 나쁘다는 것이 아니라 이미지 사용으로 주장하는 바가 애매모호해지는 것이 문제다.

그리고 문자와 동일한 의미의 이미지를 중복 사용해서는 안 된다. 예를 들면 회사를 표시하는 데 건물 클립아트를 가져오고 회사라고 문자로 표시하거나 '육군'이라고 쓰고 '철모' 이미지를 가져오는 경우다.

3군 현황

구분	병력	무장	예산
육군	50만 명	5,000 대 3,000 대 4,500 대	10조 원
해군	20만 명	320 척 35 척 7 척	7조 원
공군	10만 명	200 대 4,500 대 3,000 대	5조 원

위 표의 실체는 아래와 같다. 일종의 착시 현상인 이미지의 힘을 단적으로 보여 준다.

구분	병력(명)	무장(대)		예산(십억 원)	인당 예산(백만 원)
육군	500,000	탱크	5,000	10,000	20
		자주포	3,000		
		장갑차	4,500		
해군	200,000	전투함	320	7,000	35
		잠수함	35		
		함공모함	7		
공군	100,000	수송기	200	5,000	50
		전투기	4,500		
		헬기	3,000		
합계	800,000			22,000	

Chapter 3 커뮤니케이션 단계

문자가 이미지의 내용을 보완하는 것이라면 상관없다.

아래 같은 회사 로고는 동종 업계나 관심이 있는 사람이 아니면 로고만 보고 어떤 회사인지 잘 알 수 없다. 이런 경우는 로고 근처에 회사명을 표시하는 것이 좋다. 아래의 로고는 한때 TV시장을 주름잡았던 Telefunken(독일), Westinghouse(미국), General Electric(미국)이다.

우측 그림은 가장 눈길이 많이 가는 중앙에 삼각형을 넣은 사례다.

삼각형을 넣은 이유는 아마도 사장이 보고서를 읽다가 길을 잃을까봐 친절하게 안내를 하기 위한 목적인 것 같다. 그러나 이것은 사족이다. 우리나라와 대부분의 서양 문화권에서는 글을 읽을 때 왼쪽에서 오른쪽으로 스캔하기 때문에 삼각형이 없어도 길을 잃을 리는 없다. 오히려 오른쪽에서 왼쪽으로 읽어야 하는 경우에는 안내를 위한 삼각형이나 화살표가 필요하다. 시선 유도를 위한 삼각형이나 화살표는 여러 개의 도형이 있는 다이어그램에서 인과관계를 나타낸다. 그러므로 누구나 다 아는 사실을 나타내기 위해서 도형을 사용할 필요는 없다. 또한 헤드라인과 바디 카피를 구분하는 선이 없으면 시각적으로 산만해진다. 가급적 구분선을 사용하는 것이 좋다.

Home Theater의 정의

■ 차음(遮音), 차광(遮光)에 적절히 이루어진 공간에 80인치 이상의 대화면과 5.1 채널 이상의 스피커, 앰프, 소스 플레이어가 배치되고 최적의 음향 효과를 낼 수 있도록 튜닝된 공간

Home Theater 구성 요소 / 사례

■ Display
• 대화면(80") 이상을 구현하기 위한 기기
 - 대개 3관 CRT / LCD / DLP Projector을 사용

■ Source Player
• 그림, 음원 등을 읽기 위한 기기
 - DVDP, CDP 등

■ Amp(Amplifier)
• DVDP, CDP에서 나온 소리를 증폭시키는 기기
 - Pre/Main Amp., AV Receiver, DVD Receiver

■ speaker
• Amp.에서 나오는 신호를 소리로 바꾸는 기기
 - Unit에 따라 Cone, 평판 Typr 등 5.1Ch 이상 필수

■ 차음, 차광
• 임장감, Black Level 최대화를 위하여 암막 커튼 필요
• 음량 효과 배가 및 주변 피해를 막기 위한 차음 필요

■ High end 홈시어터

■ 일반적인 홈시어터

문자와 이미지 주변의 선들은 전경과 배경을 분리하는 역할을 한다.

선을 사용하며 같은 종류의 정보를 묶어 놓고 문장과 이미지 정렬을 쉽게 하여 가독성을 높인다. 그러나 선이 너무 굵거나 짙어서 정보보다 먼저 눈에 인식되어서는 안 된다.

아래 그림은 선의 굵기를 가늘게(0.75)하고 옅은 회색을 사용했다. 그래서 각 영역의 식별만 가능한 정도이다.

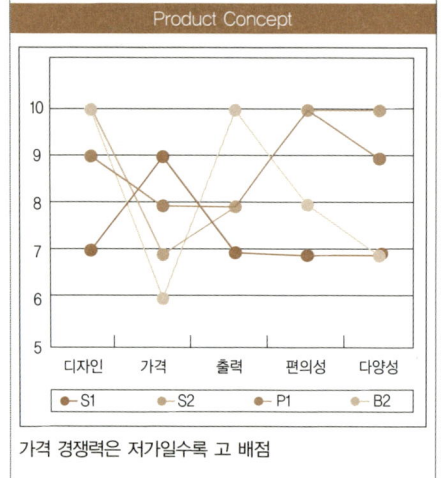

'01년 경쟁사 제품 분석(GAP 분석)

■ 가격을 제외한 디자인, 성능, 사용성 등 모든 면에서 열세 → 제품 성능이 경쟁사 대비 열세
• 디자인 Trend 예측 실패 및 Product Line Up, Audio 출력 열세 → 제값 받기 어려운 이유

Product Concept

가격 경쟁력은 저가일수록 고 배점

세부 내역 비교

항목	S1	S2	P1
디자인	혼돈스러움 Gold or Silver	Minimal Concept Silver or Black	보수 성향 Silver or Black
가격 (US $)	299~499	499~999	399~699
출력 (Watt)	200~500	400~1,000	300~700
편의성	리모컨에 조그 셔틀 없음 스피커 스탠드 설치 불편 Wire연결 불편	리모컨 조그셔틀 원터치식 스탠드 Wire색상 분리	리모컨 조그셔틀 원터치식 스탠드 Wire색상 분리
다양성	Type A만 운영	Type A, B, C 운영	Type A, B만 운영

다음의 두 그림은 선을 잘못 사용한 사례다.

아래 그림은 너무 짙은 색(검정)을 사용해서 문자보다 외곽선이 더 먼저 눈에 들어온다.

'01년 경쟁사 제품 분석(GAP 분석)

■ 가격을 제외한 디자인, 성능, 사용성 등 모든 면에서 열세 → 제품 성능이 경쟁사 대비 열세
• 디자인 Trend 예측 실패 및 Product Line Up, Audio 출력 열세 → 제값 받기 어려운 이유

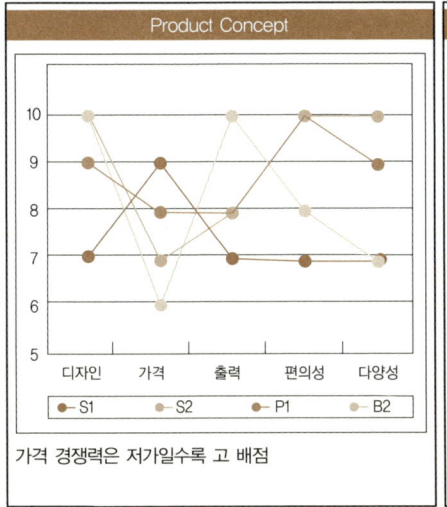

가격 경쟁력은 저가일수록 고 배점

항목	S1	S2	P1
디자인	혼돈스러움 Gold or Silver	Minimal Concept Silver or Black	보수 성향 Silver or Black
가격 (US $)	299~499	499~999	399~699
출력 (Watt)	200~500	400~1,000	300~700
편의성	리모컨에 조그셔틀 없음 스피커 스탠드 설치 불편 Wire연결 불편	리모컨 조그셔틀 원터치식 스탠드 Wire색상 분리	리모컨 조그셔틀 원터치식 스탠드 Wire색상 분리
다양성	Type A만 운영	Type A, B, C 운영	Type A, B만 운영

세부 내역 비교

아래 그림은 너무 굵은 선(2Point)을 사용했다.

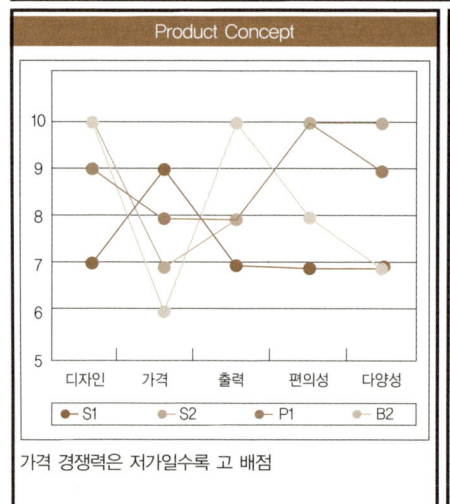

❸ 컬러

자동차 계기판의 컬러는 많아야 세 종류다.

색을 너무 많이 사용하면 효율적인 정보 전달이 방해된다. 배경을 이루는 검정, 문자나 픽토그램을 표현하는 흰색(유행에 따라 주홍색) 그리고 경고를 나타내기 위한 붉은 색이다.

보고서도 마찬가지다. 흰색 배경, 검은 색 글씨(혹은 짙은 감색), 주목을 끌기 위한 붉은 색으로 이루어진다. 그래프나 숫자로 도배된 테이블과 이미지 설명을 위해서는 색상을 추가해도 괜찮다. 이것들도 이미지의 일부가 되기 때문이다.

타이틀(Title)이 놓이는 탑 라인(Top Line) 영역과 페이지가 기록되는 바텀 라인(Bottom Line) 영역, 내용을 묶기 위한 박스(Box)는 옅은 회색이나 옅은 파란색 계열을 써야 한다. 회색이나 파란색은 보수적이며 안정적인 느낌을 주기 때문이다. 짙은 색을 쓰지 않는 이유는 이 선들은 정보를 구분하기 위한 영역 표시이므로 문자보다 먼저 눈에 띄면 집중도가 떨어지기 때문이다.

❹ 배치

승용차 계기판의 중앙에는 스피도미터(speedometer)가 자리잡고 있다. 크기도 가장 크다. 이것이 자동차 운행 중에 가장 많이 쓰이기 때문이다. 그 다음으로 자리를 차지하는 것은 타코 미터다. 그 외의 것들은 평소에는 계기판에 보이지 않다가 고장이 나거나 경고가 필요한 때만 불이 들어온다. 정상 운행 시에는 정보를 제공해 봐야 방해만 되기 때문이다.

보고서의 배치도 이와 유사하다. 헤드라인이 위치하는 상단의 박스는 스피도미터와 같다. 그 페이지의 상황을 한마디로 나타내기 때문이다. 헤드라인 박스 아래의 좌우 두 부분은 헤드라인 성격에 따라 다르게 쓰인다.

첫째, 그림의 좌측 하단은 이유, 우측 하단은 근거를 설명하는 경우다. 헤드라인이 주장과 결론이라면 이에 대한 이유와 근거를 설명해야 한다. 이유는 주로 문자인 경우가 많고 근거는 이미지나 도표 혹은 인터뷰가 많다.

둘째, 좌측 하단은 상황 설명, 우측 하단은 시사점을 배치하는 경우다. 이때 헤드라인에는 상황에 대한 요약과 시사점이 있어야 한다.

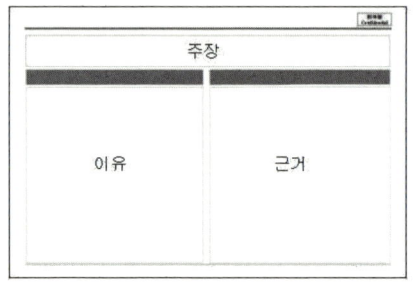
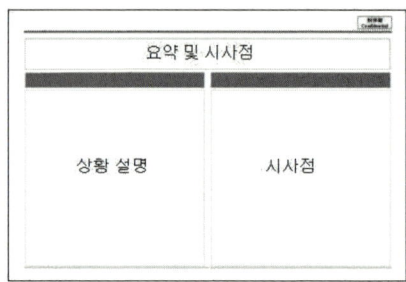
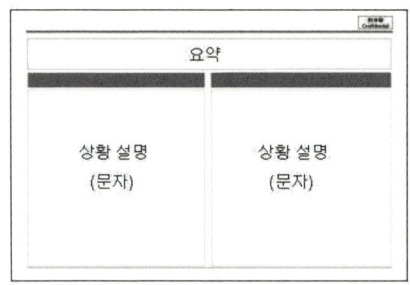
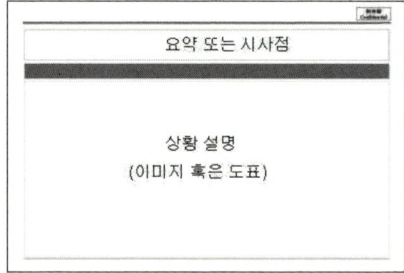

　셋째, 좌우 하단이 구별은 되나 이유와 근거가 배치되는 것이 아니라 순차적으로 내용이 쓰이는 경우다. 마치 노트 필기하는 것과 같은 형식이 된다. 주로 전개해야 하는 내용이 많은 경우 사용한다. 이 경우는 주장 한 줄, 이유 한 줄, 근거 한 줄 형식으로 줄줄이 내려간다.

　넷째, 하단에 좌우 구별이 없이 하나로 된 경우다. 큰 도표, 지도, 이미지가 들어가서 설명은 유도선으로 하는 경우다. 이때도 헤드라인에는 주장과 결론이 들어가는 것이 좋으며 바디의 도표, 지도, 이미지는 이유와 근거가 된다.

　각 문장이나 이미지는 다음과 같이 배치해야 한다.

❶ 페이지 타이틀(폰트 20 ~24, 굴림 또는 HY견고딕)

❷ 헤드라인(굴림체, 폰트 16 혹은 14)

❸ 좌측 박스 제목. 이유 혹은 상황을 설명한다(폰트 14. 굴림 또는 HY견고딕).

❹ 우측 박스 제목. 이유에 대한 근거를 제시한다. 숫자가 들어간 표, 그래프, 사진, 신문이나 인터넷 정보의 이미지 캡처(Capture) 등이 들어가기도 한다. 상황에 따라 박스를 한 덩어리로 만들어도 된다. 커다란 표가 들어가거나 지도, 이미지를 이용하여 설명할 경우가 그렇다.

❺ 바디 카피. 헤드라인의 주장에 대하여 이유나 상황을 설명한다. 이유와 근거의 내용이 적은 경우는 이유를 박스 윗부분에 설명하고 근거를 박스 아랫부분에 쓰면 된다.

❻ 바디 카피 혹은 표, 사진, 이미지. 주장과 이유를 뒷받침하기 위한 근거를 나열한다.

보고 내용이 있는 영역의 크기는 다음과 같다.

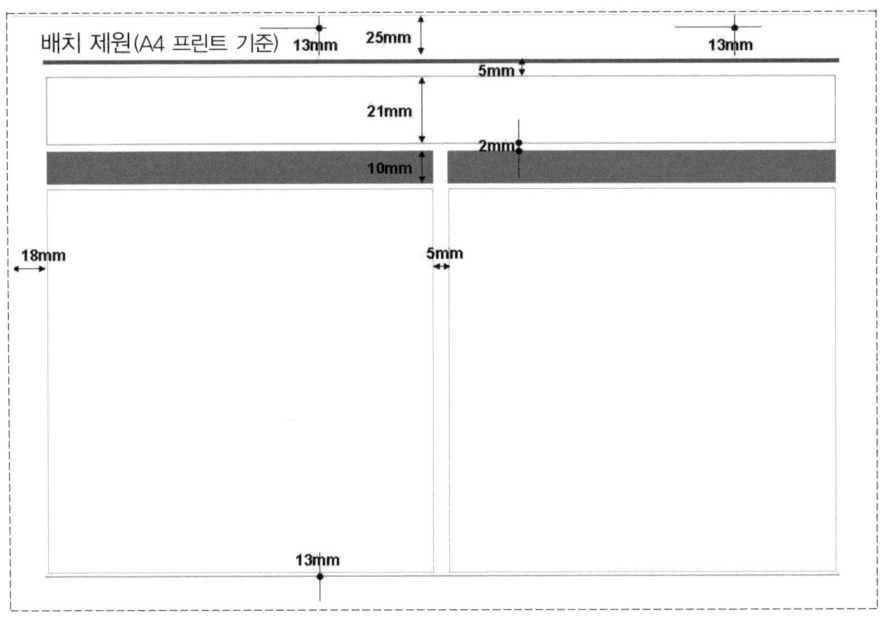

이 크기를 권장하는 이유는 현대판 황금비인 A4용지 폭에 대한 길이의 비율인 1.414의 축소판이기 때문이다. 이 비율을 정확히 지킬 필요는 없다. 그러나 이 비율에서 멀어질수록 조화가 잘 이루어지지 않는다. 주변의 테두리는 마스킹(Masking) 영역이다. 마스킹 영역은 보고 내용을 두드러지게 하기 위한 것이다. 그래서 마스킹 영역에는 문자나 이미지가 들어가지 않는 것이 좋다.

아래 그림은 마스킹의 효과를 보여 준다.

마스킹의 효과를 극대화해서 보여주기 위해 흰색이 아니라 검은색을 써 보았다. 프로젝터 스크린이나 TV 프레임과 같은 역할을 한다. 흰색 테두리도 일종의 마스킹 효과다. 그러므로 주변은 빈 공간으로 남겨 두어야 한다.

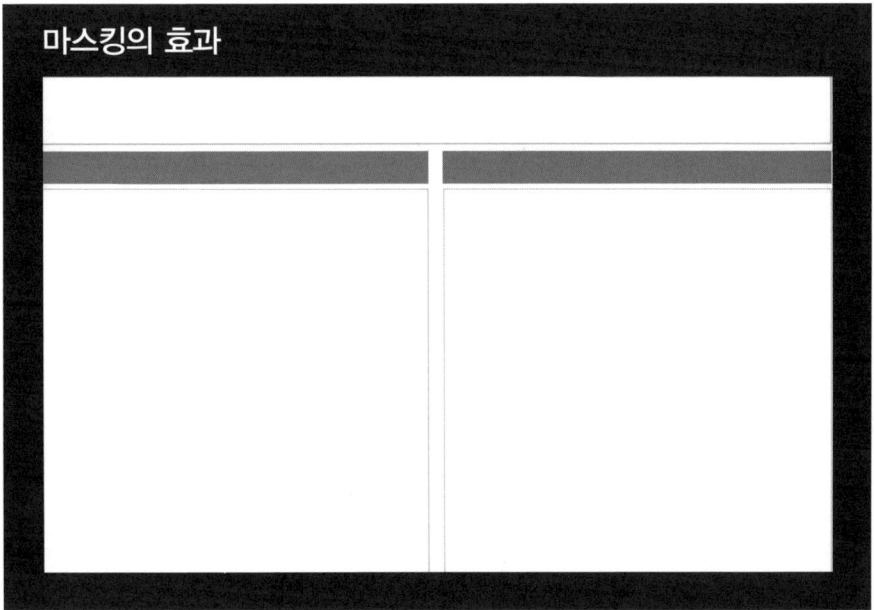

4_ 3C 여행을 끝내면서

컨택 단계에서 출발하여 컨셉 단계를 거쳐 커뮤니케이션 단계까지 왔다. 보고 기술은 3C 단계를 따라가다 보면 장인이 기술을 체득하듯이 자연스럽게 습득할 수 있다. 아래 표는 단계별로 어느 정도의 시간을 할당해야 하며 어떤 마음가짐을 가져야 하는지를 나타냈다.

	Contact	Concept					Communication		
	보고 지시	의도 분석	가설 설정	자료 수집	개설 분석 및 결론	검증	시나리오	카피	레이아웃
시간	5%	70%					25%		
		10%	10% 또는 20%	20%	40%	20% 또는 10%	50%	25%	25%
핵심 업무	보고 수령 속마음 읽기 제스처 파악	속마음 확인	실행 방안 찾기	현장 조사	전략 수립	타당성 확인	몰입 가능한 스토리 전개	'죽이는 한마디' 찾기	한눈에 이해 되는 보고서
마음 가짐	긍정적 열린 마음 냉정	긍정 주도 냉정	긍정 주도 열정	긍정 주도 열정	긍정 주도 부정 견제 냉정	부정 주도 냉정	긍정 주도 열정	긍정 주도 열정	긍정 주도 냉정
주요 동력	메모력 관찰력 아부력(맞장구)	판단력 통찰력 분석력	창의력 통찰력 결단력	체력	분석력 통찰력 창의력	분석력 판단력	창의력 통찰력	창의력 통찰력 필력	증진력 창의력

보고서 작성 사례

Chapter 1 홈시어터 사업

Chapter 2 보잉 對 에어버스

Chapter 3 베이징 현대

Chapter 1

홈시어터 사업

다음은 앞서 사례를 들었던 홈시어터 사업 보고의 전 과정이다. 이것을 다시 꺼낸 이유는 전 과정을 한꺼번에 보고 흐름을 파악하기 좋게 하기 위해서다. 앞의 커뮤니케이션 단계의 마지막에 홈시어터 사업 시나리오를 구체적으로 설명한 표와 일치하므로 비교하면서 읽기 바란다.

Home Theater 의 정의

☐ 차음(遮音), 차광(遮光)이 적절히 이루어진 공간에 **80**인치 이상의 대화면과 **5.1**채널이상의 스피커, 앰프, 소스 플레이어가 배치되고 최적의 음향 효과를 낼 수 있도록 튜닝된 공간

Home Theater 구성 요소	사례
☐ **Display** 　- 대화면(80")이상을 구현 하기 위한 기기 　　· 대개 3관 CRT / LCD / DLP Projector를 사용 ☐ **Source Player** 　- DVD, CD 등으로 부터 그림, 음원 등을 읽기 위한 기기 　　· DVDP, CDP 등 ☐ **Amp. (Amplifier)** 　- DVDP, CDP에서 나온 소리를 증폭 시키는 기기 　　· Pre/Main Amp., AV Receiver, DVD Receiver 등 ☐ **Speaker** 　- Amp.에서 나오는 신호를 소리로 바꾸는 기기 　　· Unit에 따라 Cone, 평판 Type 등. 5.1 Ch이상 필수 ☐ **차음, 차광** 　- 임장감, Black Level 최대화를 위하여 암막 커튼 필요 　- 음향 효과 배가 및 주변 피해를 막기 위한 차음 필요.	☐ **High end 홈시어터** 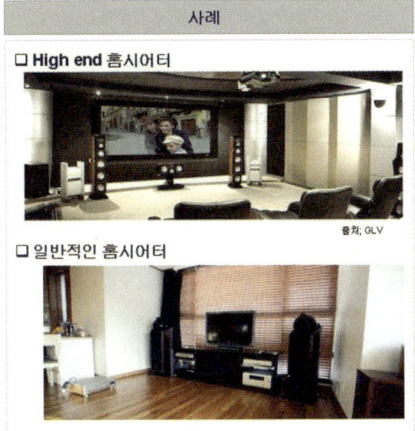 출처: GLV ☐ **일반적인 홈시어터**

사업 현황 분석

☐ 전제품 매출은 **4~8 %**증가하나 수익은 악화 진행. '03년은 전 제품 수익 **4%** 이하 예상
☐ 경쟁사는 매출 **9~18%**및 수익 **1%** 내외 증가 예상

자사 매출 / 수익 실적(~'01) 및 예상('02 ~)

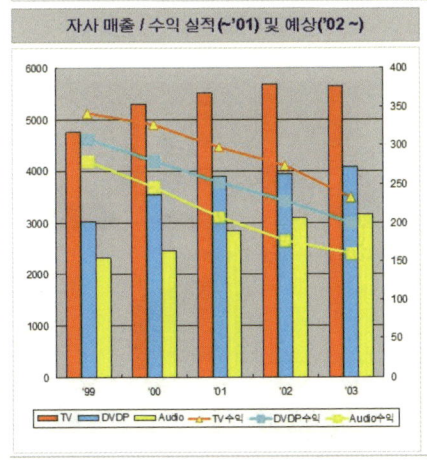

경쟁사 매출 / 수익 실적(~'01) 및 예상('02 ~)

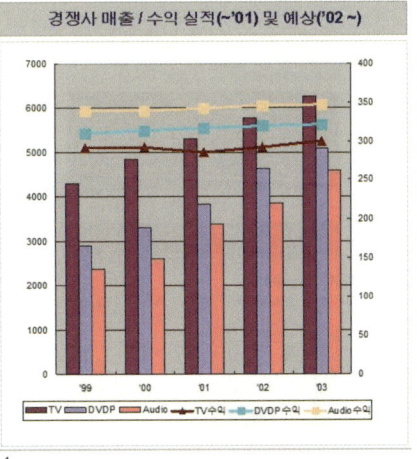

281

매출 현황 분석

❑ '01년 부터 총매출 매출 역전. Package 판매 열세가 주 원인
- 경쟁사 Package 판매율은 자사 대비 2배 → 新 Category인 DVD-Receiver가 중심

자사 매출 vs 경쟁사 매출 비교

(단위: 천대, 백만불)

구분		제품	'99	'00	'01	'02	'03
자사	판매	TV	4,750	5,300	5,510	5,690	5,650
		DVDP	3,020	3,540	3,890	3,940	4,070
		Audio	2,310	2,460	2,840	3,080	3,160
	패키지 판매량	TV	0	0	28	62	158
		DVDP	0	0	28	62	158
		Audio	0	0	28	62	158
	패키지 %	TV	0%	0%	1%	1%	3%
		DVDP	0%	0%	1%	2%	4%
		Audio	0%	0%	1%	2%	5%
경쟁사	판매	TV	4,300	4,840	5,300	5,760	6,270
		DVDP	2,900	3,310	3,840	4,620	5,090
		Audio	2,360	2,600	3,370	3,850	4,580
	패키지 판매량	TV	0	52	169	308	458
		DVDP	0	52	169	308	458
		Audio	0	52	169	308	458
	패키지 %	TV	0%	1%	3%	5%	7%
		DVDP	0%	2%	4%	7%	9%
		Audio	0%	2%	5%	8%	10%
판매물량 차이		TV	450	460	210	-70	-620
		DVDP	120	230	50	-680	-1,020
		Audio	-50	-140	-530	-770	-1,420

자료출처: 내부 및 AV Bank

판매 내용 분석

❑ 경쟁사는 전통 Audio 강호
- '99년부터 지속적으로 자사 대비 우위 유지

❑ '02년부터 TV 및 DTVP 판매도 역전

제품	'01		'02		차이	
	자사	경쟁사	자사	경쟁사	자사	경쟁사
TV	5,510	5,300	5,690	5,760	-180	-460
DVDP	3,890	3,840	3,940	4,620	-50	-780

❑ 판매 역전 사유
- Package 판매 열세
  · 경쟁사는 '00년부터 Package 판매 준비
  · 자사는 '01년부터 시작
- Package 부진 사유
  · Pacakge 중심은 Audio이나 자사는 Audio 사업이 취약
  · 경쟁사는 Audio를 중심으로 홈시어터 패키지 판매 주력
  ＊Package 판매: Display와 Source Player를 동시에 판매 음향 및 영상 Matching이 필요.
   DVD-Receiver가 Package 중심

-5-

新Category 등장 (HTiB: Home Theater in a Box)

❑ '00년부터 DVD-Receiver 및 소형고성능 스피커 개발 → 제품 저가화 및 설치성 개선에 기여
❑ 고가, 고 난이도 취미에서 누구나 즐길 수 있는 취미 생활 (Mania의 전유물 → 진입의 턱이 낮아짐)

DVD Receiver 및 Satellite Speaker

❑ DVD Receiver = AV Receiver + DVD Player
- 연결 편리 극대화 및 Audio 기기류 저가화

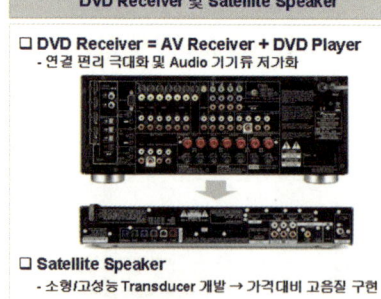

❑ Satellite Speaker
- 소형/고성능 Transducer 개발 → 가격대비 고음질 구현

HTiB를 중심이 된 Home Theater

❑ 정통 Home Theater

❑ HTiB로 꾸민 Home Theater

-6-

소비자 동향 분석

- '01년부터 Package 판매 활성화. '02년부터 고성장 예상(CAGR 70%) → 컨텐츠 저가 공급
- 9.11 이후 소비자들의 생활 패턴이 바뀌었음 (Outdoor→Indoor) → Home Theater 사업 추진 필요

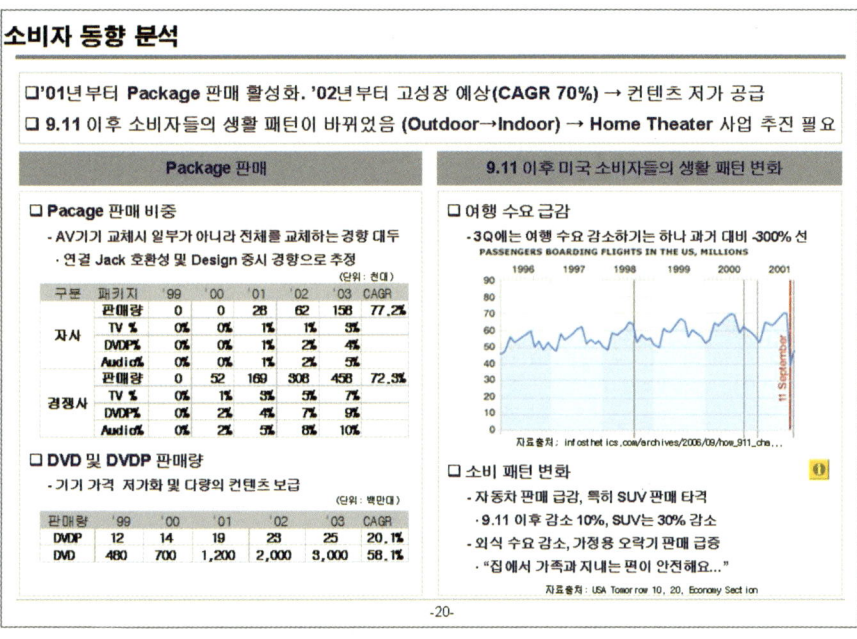

Package 판매

□ Pacage 판매 비중
- AV기기 교체시 일부가 아니라 전체를 교체하는 경향 대두
- 연결 Jack 호환성 및 Design 중시 경향으로 추정

(단위 : 천대)

구분	패키지	'99	'00	'01	'02	'03	CAGR
자사	판매량	0	0	28	62	158	77.2%
	TV %	0%	0%	1%	1%	3%	
	DVDP%	0%	0%	1%	2%	4%	
	Audio%	0%	0%	1%	2%	5%	
경쟁사	판매량	0	52	169	308	458	72.3%
	TV %	0%	1%	3%	5%	7%	
	DVDP%	0%	2%	4%	7%	9%	
	Audio%	0%	2%	5%	8%	10%	

□ DVD 및 DVDP 판매량
- 기기 가격 저가화 및 다량의 컨텐츠 보급

(단위 : 백만대)

판매량	'99	'00	'01	'02	'03	CAGR
DVDP	12	14	19	23	25	20.1%
DVD	480	700	1,200	2,000	3,000	58.1%

9.11 이후 미국 소비자들의 생활 패턴 변화

□ 여행 수요 급감
- 3Q에는 여행 수요 감소하기는 하나 과거 대비 -300% 선

자료출처 : infosthetics.com/archives/2006/09/how_911_cha...

□ 소비 패턴 변화
- 자동차 판매 급감, 특히 SUV 판매 타격
- 9.11 이후 감소 10%, SUV는 30% 감소
- 외식 수요 감소, 가정용 오락기 판매 급증
- "집에서 가족과 지내는 편이 안전해요..."

자료출처 : USA Tomorrow 10, 20, Economy Section

Home Theater in a Box의 의미와 전략적 가치

- 홈시어터 진입 문턱이 낮아 짐. 전문가들만 즐길 수 있는 영역을 낮추는데 기여.
- 후발 주자들에게는 신사업 기회 제공. 전문 오디오 업체에게는 위기

구분	비교항목	HT가 활성화 되지 못한 이유	HTIB가 신 사업 기회인 이유
A/V Industry	진입 장벽	높음 · 미국과 유럽 브랜드 강세 → 고가의 사치품 · 디자인 및 설계 기술 부재	낮아짐 · HTIB는 입문자를 Target, 설계/생산이 용이
	Speaker	· Transducer 및 Enclosure 설계, 제작 어려움	· 전문용은 3Way Wooden Enclosure이나 HTIB는 Plastic Enclosure Satellite Speaker
	Amplifier	· 핵심 부품은 전부 미국 및 일본에서 생산 (DAC, Trans)	· HTIB 출현하면서 생신 New Category 고가의 Trans필요 없으며 DVDP와 일체형
	Source Player	· 핵심 부품 (Optical Pickup) 및 특허 다수 외국 보유	
	Display	· Reference Picture Quality Setup 및 Tune 기술 없음	· PDP, LCD 가격 하락으로 Projector 대체 가능
Consumer	가격	· 대다수 장비가 고가	· 비싸도 $999면 장만
	설치	· 설치도 특별한 기술이 있어야 하며 추가 비용 필요	· Box하나에 필요한 기기 들이 다 들어 있으며 설치도 간편해짐

TF 17   Do it now !

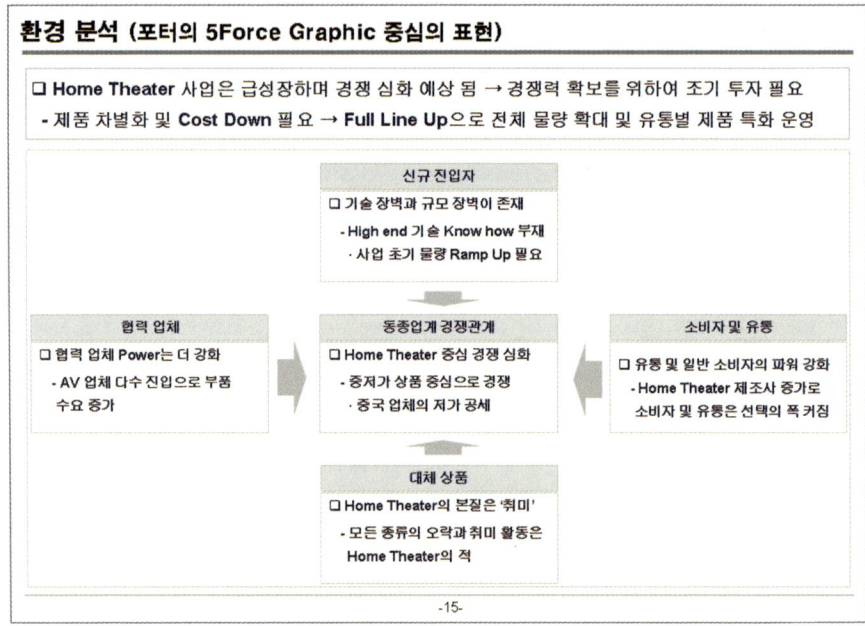

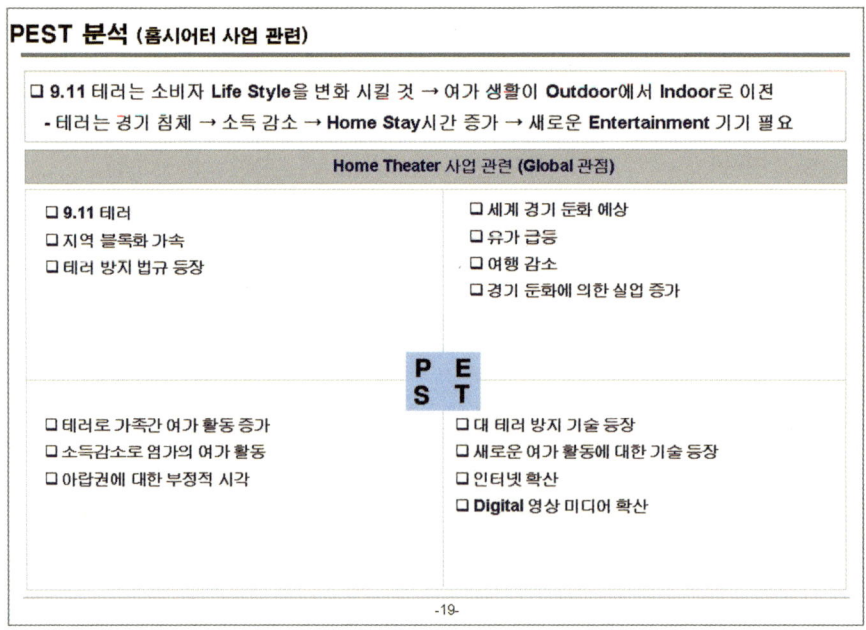

경쟁사 4P 분석

❑ 경쟁사는 '81년부터 홈시어터 사업을 시작. 생산 능력과 Sales Network을 제외한 모든 부분에서 자사를 압도 → High end 설계능력 및 Brand Power 향상이 중점 보완 사항

구분	경쟁사	자사	시사점
제품	-일부 기기 외주 생산 · Display Panel외부 조달 -핵심기술 확보 완료 -홈시어터 기기 20년전 시작 -전문 개발 인력 100명	-홈시어터 기기 일관 설계/생산 가능 · 핵심 부품 내작 가능 · 개발 경험 전무 · 해외 컨설턴트 지원 필요	❑ 장점 -홈시어터 기기 일관 설계/생산 가능 · 핵심 부품 내작 가능 -전세계 영업망 확보 · 법인 100개, 지점 60개 ❑ 약점 -경쟁사 대비 개발 능력 떨어짐 · 경쟁사는 20년전 시작 -Brand Power 약함 · 기존제품 평가 좋지 않음 -유통 장악력 약함 · 제품력, 브랜드력 부재 · 가격 경쟁 어려움
가격	-고가 전략 · Brand Power 활용	-중, 저가 전략 · Brand Power 취약	
유통	-선진국 중심의 영업망 · 법인 60개, 지점 30개 -Full Line up구축 -High end부터 Entry까지	-전세계 영업망 확보 · 법인 100개, 지점 60개 -Step Up 및 Entry에 집중	
판촉	-Premium Brand로 Position · 전문지 Review에서 Best Rank · 이미지 위주 광고 -High end유통에 Focus · Mass Merchant는 형식적 지원	-제품 Brand 취약 · 전문가 평가 So-so · 제품 위주 광고 -Mass Merchant에 Focus · High end에 들어갈 제품 없음	

'01년 경쟁사 제품 분석 (GAP 분석)

❑ 가격을 제외한 디자인, 성능, 사용성 등 모든 면에서 열세 → 제품 성능이 경쟁사 대비 열세
- 디자인 Trend 예측 실패 및 Product Line Up, Audio 출력 열세 → 제값 받기 어려운 주 이유

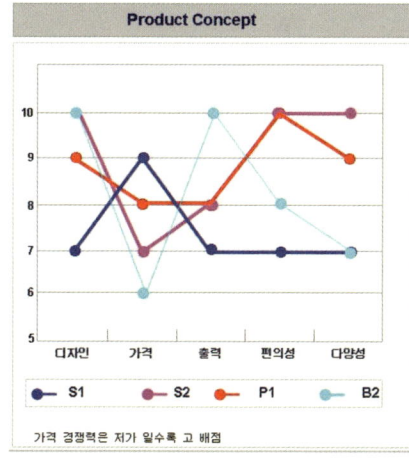

Product Concept

가격 경쟁력은 저가 일수록 고 배점

항목	S1	S2	P1
디자인	혼돈스러움 Gold or Silver	Minimal Concept Silver or Black	보수성향 Silver or Black
가격 (US $)	299 ~ 499	499 ~ 999	399 ~ 699
출력 (Watt)	200 ~ 500	400 ~ 1,000	300 ~ 700
편의성	리모컨에 조그셔틀 없음 스피커 스탠드 설치 불편 Wire 연결 불편	리모컨 조그셔틀 원터치식 스탠드 Wire 색상 분리	리모컨 조그셔틀 원터치식 스탠드 Wire 색상 분리
다양성	Type A만 운영	Type A,B,C 운영	Type A, B만 운영

285

SWOT 분석

□ A/V 기기 설계능력은 보유 하였으나 홈시어터용이 되기에는 제품력이 떨어짐
□ 홈시어터 시장은 급성장. 저가 업체도 진입 가능 → 디지털 기술은 진입 장벽을 낮춤

Home Theater 사업을 한다면 ?

S1. 주요 기기 설계 및 생산 능력 확보 - Display 부터 Source Player 까지 · 주요 부품은 수직 계열화 **S2. Global Sales Network** - 전세계 60개 법인 및 80여개의 주요 판매망	**W1. 개발 능력 취약** - 홈시어터급 기기로는 화질, 음질 떨어짐 **W2. 브랜드 인지도 떨어짐** - 현재의 홈시어터 기기는 명기 생산 업체 **W3. 수익성 떨어짐** - 경쟁사는 동일 사업군에서 지속적으로 이익 창출
O1. 대다수 오디오 입문자는 음질에 둔감 - 단계별 제품 개발시 기회 있음 **O2. Home Theater 시장 급성장** - 9.11 이후 Life Style 변화 (실외 여가 활동에서 실내로) **O3. 새로운 형태의 홈시어터 필요성 대두** - 기존 홈시어터의 문제점은 고가 및 설치의 어려움	**T1. 신규 투자** - R&D 능력 향상 및 Process 전반 변경 **T2. 경쟁 심화** - 디지털화로 진입 장벽 낮아져 중국 업체도 진입 가능 **T3. 시장 조기 확대시 실기 가능성** - 저가화, 사용 편의성 증가등으로 시장 조기 확장시

전략 방향 설정 (주요 전략 위주)

□ SO전략과 WO전략은 현재의 R&D와 마케팅 투자를 유지하는 소극적 전략
□ ST전략은 경쟁사의 위협과 경쟁에 대항키 위한 신규 투자 결정시 가장 강력한 전략

내부환경 외부환경	**S** **S1. 주요 기기 설계 및 생산 능력 확보** **S2. Global Sales Network**	**W** **W1. 개발 능력 취약** **W2. 브랜드 인지도 떨어짐** **W3. 인 프라 취약**
O **O1. 대다수 오디오 입문자는 음질에 둔감** **O2. Home Theater 시장 급성장** **O3. 새로운 형태의 홈시어터 필요성 대두**	**SO** - S1S2O1 (틈새 공략) 기 확보 설계 능력과 영업망을 기반으로 입문자 위주 공략	**WO** - W1O2 (약점 보완) 개발 능력이 떨어지므로 OEM 사업화
T **T1. 신규 투자** **T2. 경쟁 심화** **T3. 시장 대규모 확대시 실기 가능성**	**ST** - S1S2T1 (전면전) 기 확보 설계 능력과 영업망을 기반으로 본격 사업 시작	**WT** - WT (사업 포기) 대규모 투자가 필요하고 인프라 불비하므로 포기

286

전략별 장단점 분석

□ 틈새공략과 약점보완 전략은 애매 모호하며 큰 장점이 없음 → 전면전 전략 채택
- 전문가는 즉시 확보. 투자 규모 및 인프라는 상세 검토하여 최적화 진행 추진

구분	전략	장점	단점
1	- S1S2O1 (틈새 공략) 기 확보 설계 능력과 영업망을 기반으로 입문자 위주 공략	- 투자비 3안에 비하여 적음 - 현 R&D 수준 최대한 활용 - 상황에 따라 본격 투자 가능	- 시장 주도권 확보 불가
2	- W1O2 (약점 보완) 개발 능력이 떨어지므로 OEM 사업화	- 투자비 최소로 사업 가능	- 시장 주도권 확보 불가 - OEM 사업을 위한 별도 관리 조직 필요
3	- S1S2T1 (전면전) 기 확보 설계 능력과 영업망을 기반으로 본격 사업 시작	- AV사업 주도권 확보 기회 - 단품 사업으로는 한계 있음 - AV 전 기기 설계 및 생산	- 대규모 투자 필요 - 전문가 확보, 인프라 투자
4	- WT (사업 포기) 대규모 투자가 필요하고 인프라 불비하므로 포기	- 투자비 없음	- 홈시어터가 AV제품의 중심이 되면 추격 곤란

-9-

3C 분석 (전략의 삼각형)

□ Segment가 큰 Value 군부터 집중 공략하여 사업 초기부터 大 물량 확보 → 전면전 전략 추구
- 기존 설비 및 유휴 설치 최대한 활용. Value급은 개발 Load가 적고 제품 차별화도 용이

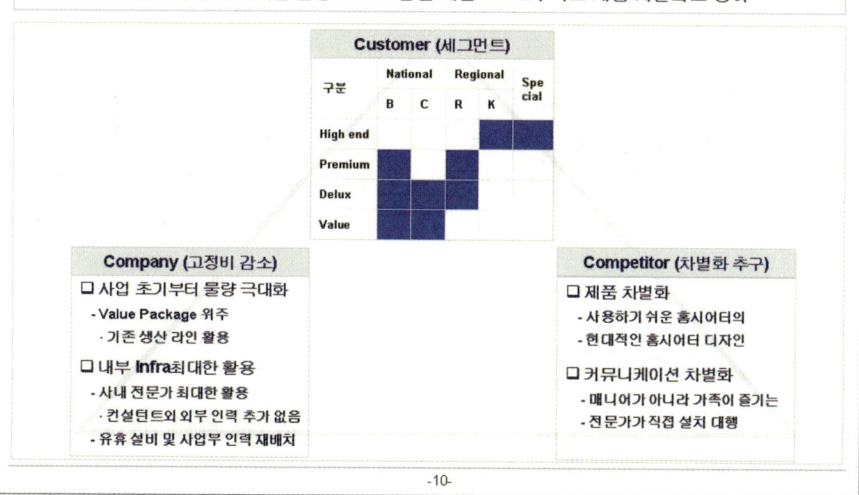

-10-

287

4P 전략 요약

- 3년 후 Qty 2백만대, AMT $ 750백만불, M/S 7 % 확보, Global Tier 2에 Rank
- 자사 내부 Infra 최대 활용, 제품 차별화 → 사업 초기부터 Volume Drive

목표

□ 양적 목표 [단위: 천대, 백만불]

구분		1년차	2년차	3년차
Entry	Q	500	700	1,000
	A	150	196	250
	MS	3%	5%	8%
Step Up	Q	300	500	800
	A	150	225	320
	%	2%	4%	7%
Premium	Q	100	150	200
	A	90	128	160
	%	1%	2%	4%

□ 질적 목표
 - World Best Quality 확보 (3년 후)
 - 신성장 사업으로 본궤도 진입
 - 핵심 설계 기술 확보
   · Unit에 따라 Cone, 평판 Type 등. 5.1 Ch이상 필수

핵심 과제

□ 자사 내부 역량 최대 활용
 - 설계 및 부품 개발 능력
   · 부품 공용화, 000000000
 - Global Sales Network 활용
 - 기존 법인과 지점 최대 활용

□ 제품 차별화
 - 신개념 홈시어터
   · 매니아 보다는 입문자를 Target으로 시작
 - 디지털 시대에 맞는 디자인
   · 정통 홈시어터 기기는 중후 → 입문자들에게는 부적합

□ 시장 조기 확대
 - 전지역 런칭
   · 중국 업체 진입 전, 시장 사전 확보
 - 사업 초기부터 Volume Drive
   · 고정비 감소, Buying Power최대 확보

-21-

4P (제품 전략 - Concept)

□ 입문자도 사용하기 편한 Home Theater → 3S (Slimmer, Smaller, Simpler) 추구
 - AV Receiver → 50% Slim, Speaker → 80% Smaller, Installation → 80% Time-saving

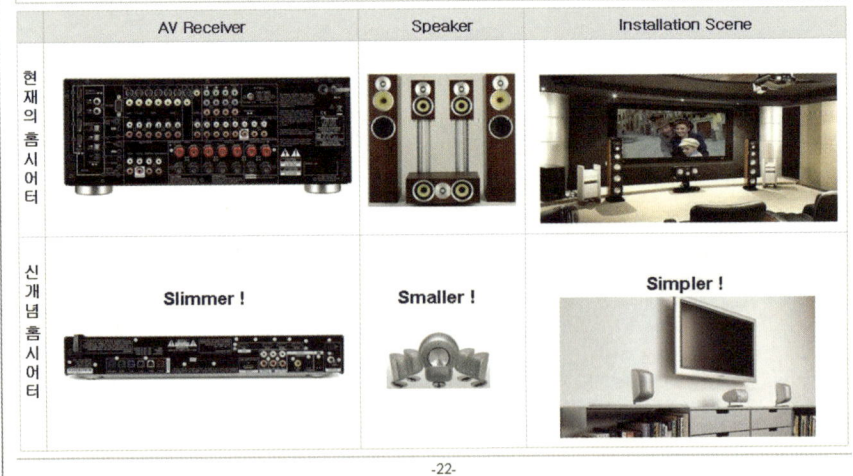

-22-

4P (제품 전략 - Concept)

- Reference급 Audio/Video Signal을 재생하는 사용하기 쉬운 Home Theater Package
- 사업초기부터 Full Line Up진입 → Home Theater 전문기기 제조사로 Positioning

Product Concept

- **Full Package**
  - 홈시어터 입문자를 최대한 배려
    · Easy UI, Easy Connectivity, Easy Installation
- **Display**
  - 暗室 환경에 적합한 화질 및 사용성
    · BT709, 601 및 RMT에 Back Light 적용
- **Source Player**
  - Reference Video/Audio Signal Out 및 Easy UI
    · BT 709, 601 및 RMT Key 구조 개선
- **Audio**
  - 다양한 음장 모드 개발
    · 입문자들의 불리한 청취 환경 최대한 감안
- **Speaker & Accessory**
  - 스피커 소형화 및 액세서리 단순화
  - 총 6개의 스피커 설치 필요. 이로 인한 Wiring 복잡

Product Line Up

- 1년차 Line Up

Type	TV	Source Player	Audio
High end	CH-900	SH-900	AH-900
Premium	CP-7X0	SP-7X0	AP-7X0
Step Up	CD-4X0	SD-4X0	AD-4X0
Entry	CE-100 CE-200	SP-100 SP-200	AP-100 AP-200

· High end 및 Premium급 Life Cycle은 2년
· Deluxe 및 Entry는 매년 신모델로 교체

4P (제품 전략 - Product Positioning)

- 브랜드 - 판가 Position은 Tier 2와 Tier 3 사이 → 3년 후 Tier 2에 Rank
- 성능 - 사용성 Position은 Tier2 → 3년 후 사용성은 Top, 성능은 Tie 1과 2 사이

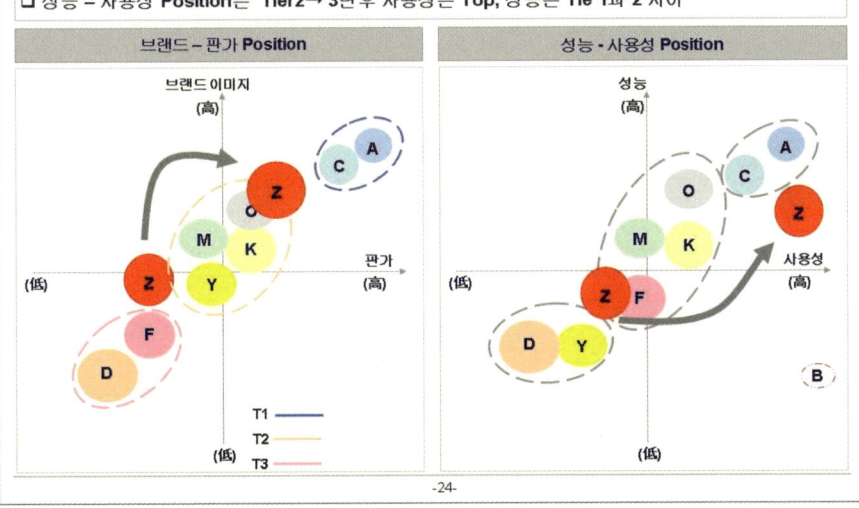

4P (제품 전략 – 달성 방안)

☐ 홈시어터 기기 전부문에서 선진사 대비 열세. 특히 Audio 부문은 격차가 심각. 액세서리 사업은 無
 - Display 및 Source Player는 Video Consultat 영입하여 3년 후 선진사 동등 수준 달성

Gap 분석 및 대책

구분	항목	선진사		자사		Gap	격차 해소 방안
Display	화질 디자인 사용성	- 화질 정확도 - 중후한 디자인 - 초보자 어려움	高 高 中	- 선명한 화질주의 - 좋지도 나쁘지도 않음 - UI 가독성 좋지 않음	下 中 中	大 中 小	- 해외 Video consultant 영입 - 통합 디자인으로 DI 개선
Source Player	신호정확도 Read속도 UI	- 정확 - 빠름 - 쉽고 편리	高 高 高	- 부정확 - 느림 - UI 가독성 좋지 않음	下 下 中	大 大 中	- UI Lab. 신설
앰프	출력 음장모드 연결성	- 동급 대비 - 다양함 - 다소 복잡	高 高 中	- 동급대비 - 단순함 - 단순함	下 下 中	大 大 小	- Speaker 설계 기술자 영입 - Sound Lab.에서 신규 음장 개발
스피커	디자인 음질 소형화	- 중후한 편 - 고유 음색 확보 - 소형부터 대형	高 高 高	- 저가 제품 - 사운드 ID 없음 - 소형 일색	下 下 下	大 大 大	- 스피커 디자인은 통합 디자인 팀에서 협업
액세서리	디자인 사용성 가격	- 다양함 - 편리 - 비교적 고가	高 高 中	- 액세서리 사업 부재	無		- 액세서리 팀 신설

4P (가격 전략 – 원가 및 손익)

☐ 사업초기 한계이익 24%, 경상이익 '0' 수준에서 시작 → M/S확보 및 O/H감소 추진하여 손익 개선
☐ 5년후 Set 누계 손익 90억원, 액세서리 포함시 500억원 예상 → 액세서리 사업 검토 후 별도 보고

원가 구조

국내 생산기준		대리점		비 고
출 고 가		₩890,000		
반 출 가	세 금	80,909	10.0%	1)
		809,091		
	에 누 리	169,909	21.0%	2)
순매출 단가		639,182	100%	
재 료 비		397,320	62.2%	
	핵심부품	79,750	72.5	
	회로합계	245,300		
	기구	27,500	25	
	기타 및 액세서리 합계	44,770		
O/H		238,415	37.3%	3)
한 계 이 익		150,459	23.5%	
총 원 가		635,735	99.5%	
경 상 이 익		3,447	0.5%	

1) 국내가전기준 10%
2) 예상 에누리율 (기타 Sales 관련 비용 포함)
3) 국내영업 M/G 포함

손익 Simulation

구 분		02년	03년	04년	05년	06년
수요	총수요	600	1,560	2,990	4,810	6,770
	원룸용	150	460	770	1,090	1,400
	범용	450	1,100	2,220	3,720	5,370
본체	예상MS(%)	5%	6%	15%	20%	23%
	판매 예상	23	66	333	744	1,235
	판가	890	757	605	514	437
	재료비	398	318	255	204	163
	손익	3	23	17	27	34
	누계 손익	68	1,518	5,661	20,088	41,993
	사업 5년차 누계 손익					9,328
액세서리	판매율	10%	10%	10%	10%	10%
	판매	2	7	33	74	124
	손익	100	100	100	100	100
	누계	225	660	3,330	7,440	12,351
총 누계손익		293	2,178	8,991	27,528	54,344

[단위: 천대, 천원, 백만원(누계)]

4P (가격 전략 – Price Erosion)

- 1 ~ 2년간은 경쟁사 대비 90%, 3년차부터 경쟁사와 동등 수준. (Premium급은 95%)
- 3년차부터 Premium급과 High end급은 유통별 가격 차별화 운영

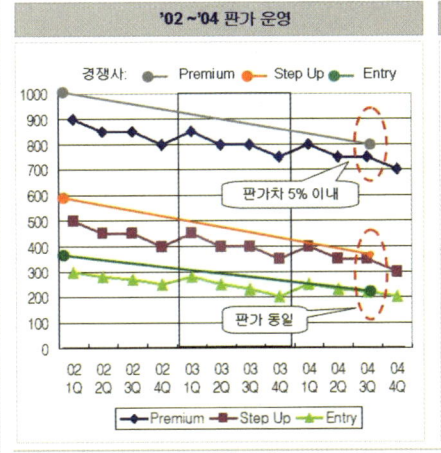

'02 ~ '04 판가 운영

시점 및 유통별 가격 운영

- 진입기 (1 ~ 2년차)
  - Price Penetration 전략
    · Entry, Step Up, Premium 전제품 경쟁사 대비 90% 帶
    · National, Regional, Specialty 구별 없음

- 안정기 (3년차)
  - Premium 이상급과 Step Up 이하급 가격 전략 분리
    · Entry, Step Up 제품은 경쟁사 대비 100% 帶
    · Premium 이상 제품은 경쟁사 대비 95% 帶

  - 유통별 가격 운영 차별화
    · Premium군: National은 Regional대비 100% ~95% 帶
    · High end군: Regional은 Specialty대비 100% ~95% 帶
    → 판가차에 한 손익 보전은 Dealer Margin으로 보전

-27-

4P (유통 전략 – 생산 및 물류)

- 제품 생산은 중국 (90%) 및 멕시코 (10%). 중국은 Entry 및 Step Up, 멕시코는 High end 위주 생산
- 물류 거점은 미국 서부, 유럽 중부, 남미 3개소 → 향후 물량 증가시는 재고 일수 단축으로 Cover

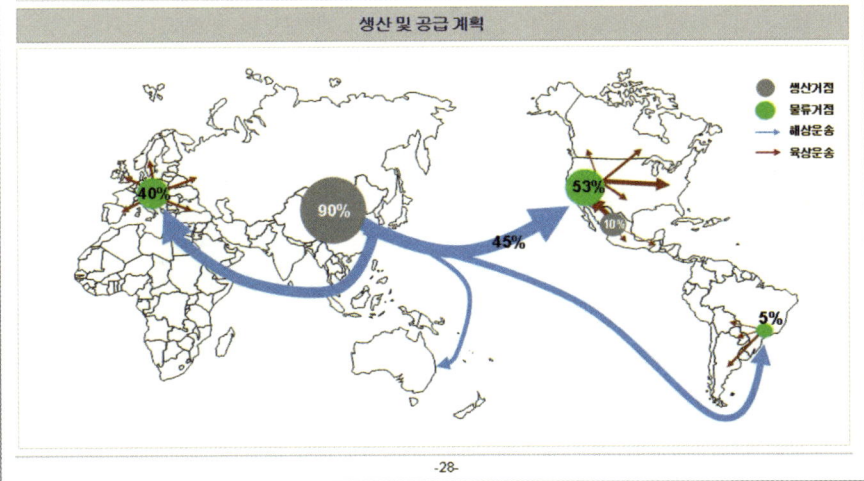

생산 및 공급 계획

-28-

4P (유통 전략 – Channel운영)

- 초기 2년은 National 유통에 집중→ 물량 확대. 제품력 향상 후 Specialty 유통 확대→ Image개선
- 유통 차별화는 Front Case 및 Packaging → One Flatform 으로 Cost Down

1~2년차

□ 유통별 전개 (미국)

구분	National		Regional		Special
	B	C	R	K	
High end					CH900 SH900 AH900
Premium	CP700 SP700 AP700		CP750 SP750 AP750		
Delux	CD400 SD400 AD400	CD410 SD410 AD410	CD450 SD450 AD450		
Value	CE100 SP100 AP100	CE200 SP200 AP200			

3년차 ~

□ 유통별 전개 (미국)

구분	National		Regional		Special
	B	C	R	K	
High end				CH933 SH933 AH933	CH903 SH903 AH903
Premium	CP703 SP703 AP703	CP723 SP723 AP723	CP753 SP753 AP753	CP733 SP733 AP733	
Delux	CD403 SD403 AD403	CD413 SD413 AD413	CD453 SD453 AD453		
Value	CE103 SP103 AP103	CE203 SP203 AP203			

4P (Promotion 전략 – 매체 운영)

- TV 및 신문광고는 단시간 동안 강한 강도. 잡지 및 온라인 광고는 약한 강도로 지속적으로 추진
- Review는 3개 계층으로 분리 하여 접근 → Professional 및 Mania 계층 초기부터 접촉, 집중 관리

매체 전개 방안

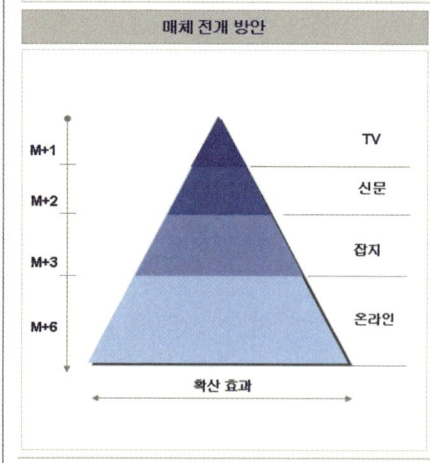

전문가 및 Reviewer 협력 방안

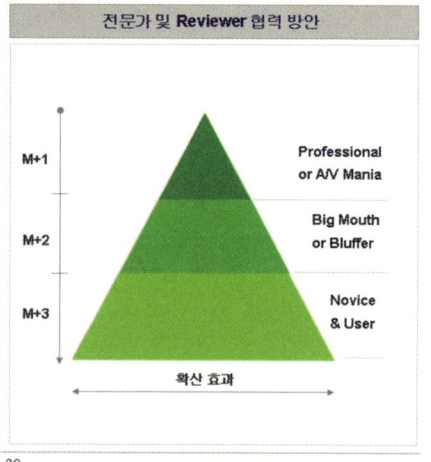

4P (Promotion 전략 - USP)

❏ 사용하기 편한 Home Theater → 3S (Slimmer, Smaller, Simpler)
- 경쟁사들의 약점 (구식 디자인, 큰 부피, 설치의 어려움) 공략

Phase 1 (긴급대응;'01년 11월 ~ '02년 2월)

❏ 운영 개념 : 현 시점의 자원을 최대한 활용. 차년 제품 출시 시점부터 HTS사업 진행
❏ 각 부문별 대규모 투자 및 인력운영은 지양. 한국 지역을 대상으로 시험적 운영.

일정	항목	유관부서	지원요청	결과물
		Master Schedule		
11/1주	HTS TF 구성 (VD, DVS, BT, 총괄)	TF, 사업부, 총괄	사업부별 1명 지원 TF활동 예산 1천만원	조직도
11/2주	개발 현황 점검 (출시 일정, ID)	VD, DVS, BT		점검보고서
11/2~11/3주	Package 1차 구성	TF	HTS 제품 시연 공간	제안서
11/4주	한국 마케팅 Package 제안	TF, 한국마케팅		부문장 보고
12/1주	제품별 변경 사항 결정	TF, 한국마케팅		개발팀장보고
12/2주	변경 가능성 R&D 협의	TF, 사업부R&D		회의록
12/3주	한국 마케팅 Package 제안 (2차)	TF, 한국마케팅	HTS 제품 시연 공간	부문장보고
12/4~'02 1/1주	Package Test	TF, 사업부R&D	조사비 5천만원	조사보고서
1/1주	'02년 HTS Package 결정 및 보고	TF,총괄		사장보고
1/2주	HTS Sales Guide 작성	TF,총괄		카탈로그
1/2~2/1주	대리점 사원 교육	TF,총괄,한국마케팅	행사비 7천만원	현장교육
1/3~2/2주	Shop Display 점검	TF,총괄,한국마케팅		결과보고서
2/3주	HTS TF 활동 결과 보고	TF,총괄		사장보고

293

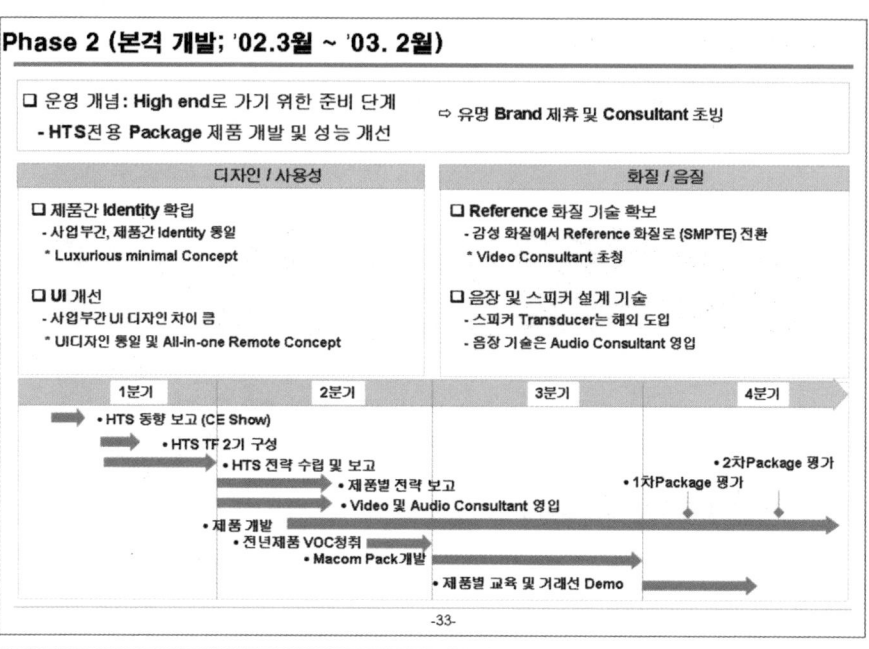

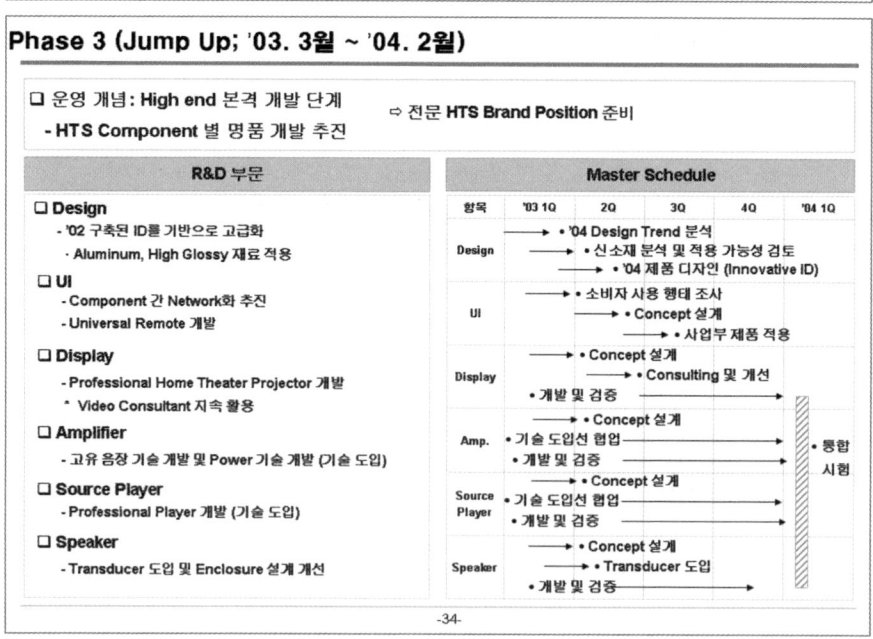

Chapter 2
보잉 對 에어버스

 신상품 담당자들에게 자주 내려오는 보고 지시 중 하나는 사회 경제적으로 이슈가 되는 상품에 관한 것이다. 보잉의 드림라이너라는 별명을 가진 B787과 세계에서 가장 큰 항공기인 에어버스 A380의 대결은 그 파장이 컸다. 그런데 항공 지식이 전무한 사람들은 보잉과 에어버스의 대결을 두 항공기의 대결 정도로 생각하고 있다.

 그러나 이것은 오해다. 에어버스는 A300으로 여객기 시장에 뛰어든 후 점점 큰 항공기를 제작하여 약 400명을 탑승시킬 수 있는 A340-600시리즈까지 왔다. 이 시리즈로 에어버스는 보잉의 여객기 라인 업 중 B747을 제외한 전 세그먼트에 대응할 수 있게 되었다. 즉 A380은 에어버스의 비어 있는 마지막 세그먼트를 채우기 위한 것이다. 보잉 B787은 원래 소닉크루저라는 고속 여객기의 개념이었다. 그러나 9.11이후 유가 급등으로 개발 컨셉을 바꾸었다. 즉 포인트 투 포인트라는 개념하에 중대형 장거리 비행이 가능한 여객기 개발로 목표를 바꾼 것이다. 이는 약 30년 전 개발된 보잉의 취약 세그먼트인 B767을 대체 혹은 보강하고 A330/340을 공격하기 위해서였다. 양사 모두 혁신적인 개발 컨셉을 제시하다 보니 설계와 생산 공정 관리에서 난관에 부딪혀 개발 책임자들이 경질되는 우여 곡절을 겪었다. 에어버스는 2년 정도 개발이 지연되다 2008년 싱가포르 에어에 초도기를 인도했다. 보잉은 2008년 8월 베이징 올림픽에 맞추어 초도기를 인도할 예정이었으나 2011년 하반기에야 초도기를 인도했다.

다음 보고서는 이에 관해 항공 마니아 관점에서 필자가 작성한 것이다. 해당 업계를 방문하여 자료를 수집한 것이 아니므로 일부 착오가 있을 수는 있으나 회사에 긴급 보고를 해야 하거나 경영학을 공부하는 학생의 입장에서 사례 연구로 참고하면 도움이 될 것이다.

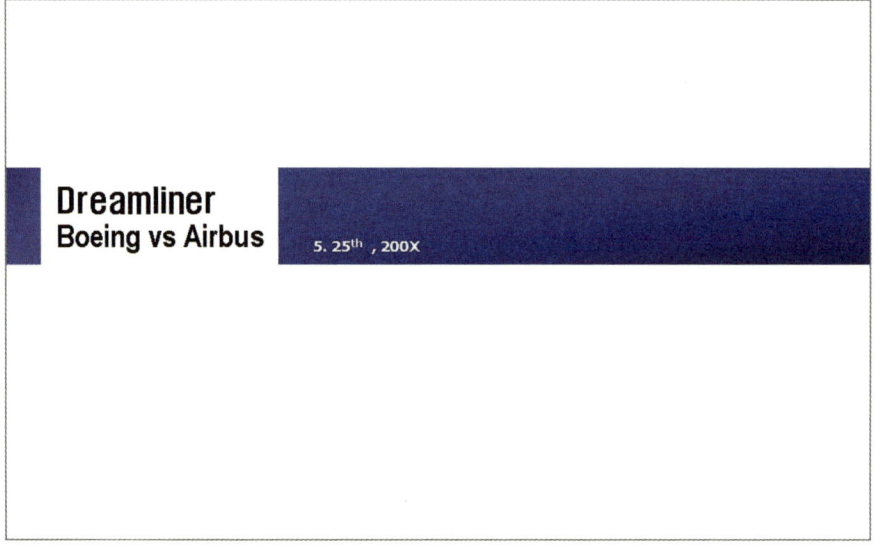

상황 요약

□ Airbus, 최상위 기종 부재 → Boeing 독식 시장에 정면 대결. Boeing은 Airbus의 주력인 33/340을 공격. Boeing은 B747↑의 크기는 공항운영 문제로 소극적 대응. → B747-9으로 급히 A380에 대응

상황	Boeing의 열세
□ **A380, Boeing의 독점Segment(B747)을 공격** - 747-400보다 더 크고, 더 멀리, 더 효율적 연비 등 - Hub & Spoke 전략 □ **Boeing의 대응** - B787, Airbus의 주력 기종(A330) 공격 · 동일한 크기, 더 멀리, 더 효율적 연비 · Point-to-point 전략 □ **현재까지는 Airbus의 우세** - 양사 모두 개발 일정 Delay · A380: '05년 취항목표 → '07년 10월 싱가폴에어 인도 · B787: '08년 상반기 취항목표 → 현재도 시험 비행 중 · A380, '10년 현재 220여대 수주 · Boeing은 이에 대항하기 위하여 B747-9 개발 · Airbus, A350 발표로 2차 공격 · Boeing의 777과 비슷한 크기, 개선된 성능	□ **오판** - B747보다 큰 여객기는 운항하기 곤란 할 것으로 예상 - A380이 취항하기 위해서는 공항 시스템 개조 필요 했음 - B747취역 시점에 여객기 Full line up 구축 완료 · 더 이상 새로운 Platform개발 필요성 느끼지 못함 □ **Military Business에 주력** - McDonnell Douglas 합병 이후 군용기 독점 수준 · B2, B1, B52 개조 F22, F15, F/A18. 거의 모든 주력군용기 □ **개발 방식 변경** - Boeing 설계 후 생산만 아웃소싱 → 설계도 아웃소싱 추진 · 일본 및 중국설계 능력 떨어짐 □ **첨단 소재 다수 적용 및 Hard Specification** - Carbon같은 복합 소재 다수 적용 · 현 설계 및 성형 기술 수준으로는 항공기 적용에는 무리 · 기내 기압 증가 및 습도 증가 → 설계 목표 급격 상향

보고의 내용이 많으면 첫 장에 요약하는 것이 좋다. 헤드라인은 전체를 요약한 내용 중 핵심을 다시 뽑아냈다.

Airbus의 先攻과 Boeing의 對應

□ Airbus, Hub & Spoke전략이라는 이름 하에 Boeing의 독점(초대형기) 시장을 A380으로 공격
□ Boeing, Point to point 전략 이라는 명분으로 Airbus 강세 시장 B787로 공격

Airbus의 공격	Boeing의 대응
□ **2000년, 3XX계획으로 개발 발표** - 1980년부터 개념 연구 시작 - 2005년 상업 취항 예정 - 유럽 내 다수 국가 협력 · 과거와 다른 점은 설계도 외주 □ **Airbus의 3XX사업 추진 이유 (표면상)** - Hub & Spoke 전략 □ **실제로는 Boeing의 독점Segment를 공격** - 747-400보다 더 크고, 더 멀리, 더 효율적 연비 등 - 중거리 및 중장거리 중/대형기는 Airbus가 우세 · 777이후 신기종 개발 하지 않아 Airbus의 우세 지속 Airbus는 330, 340으로 이 Segment에서 우세 □ **A380의 취항으로 Airbus는 Full Line Up 구성**	□ **2004년 4월 7E7 발표** - 2008년 베이징 올림픽 전 상용 취항 예정 - 설계 개념 · 효율이 좋은 항공기, 안락한 항공기 □ **Boeing의 787 추진 이유** - Sonic Cruiser program 포기 후 개념 변경 (효율 중시) · Boeing은 Point to point에 적합한 장거리 중형기에 관심 - A380 Order 현황 | 구분 || 2001 | 2002 | 2003 | 2004 | |---|---|---|---|---|---| | Orders | A380-800 | 78 | | 34 | 10 | | | A380-800F | 7 | 10 | 0 | 0 | | Deliveries | A380-800 | 0 | 0 | 0 | 0 | - A330, 340 시장 공격 · Boeing 767은 상대적으로 구형기 → 대체기 필요 □ **Airbus 강세 Segment 직접 공격**

상황분석으로 '에어버스의 선공과 보잉의 대응' 이라고 이름 붙였다. 구성점(이슈)는 에어버스가 Hub&Spoke, 보잉이 Point to point 전략으로 항공기를 개발하는 것이 아니라 상대방의 주력을 공격하려 한다는 점이다.

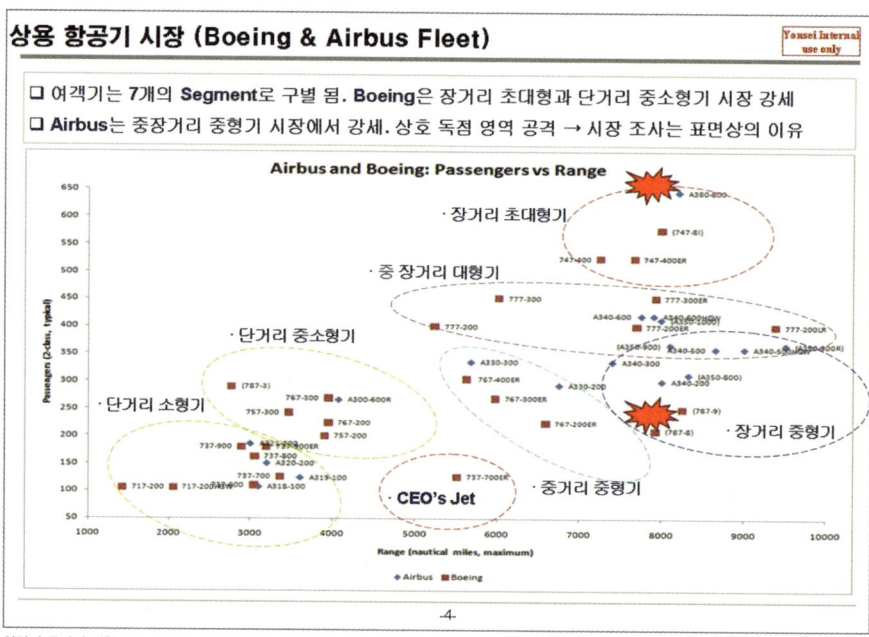

앞장의 주장에 대한 근거 제시. 상용 항공기 시장에서의 각사의 현황을 보면 보잉은 A340 영역에, 에어버스는 보잉 747 영역에 자사의 차세대 기를 포지션시키려 함을 알 수 있다.

양사가 서로 상대를 공격하고 있다는 두 번째 근거. 보잉과 에어버스의 라인업을 보면 에어버스는 B747급의 항공기가 없고, 보잉 767은 최초 취항이 약 30년 전인 구식 개념의 항공기이므로 보완 기종이 필요한 상황이다.

영업 현황 비교

- 2001년부터 Airbus의 수주가 Boeing을 능가. '06 년 A380 개발 지연으로 일부 물량 취소
- 2003년부터는 Delivery도 열세. '01년 Order 수주 열세로 인한 문제 → 여객기 시장 판도 역전

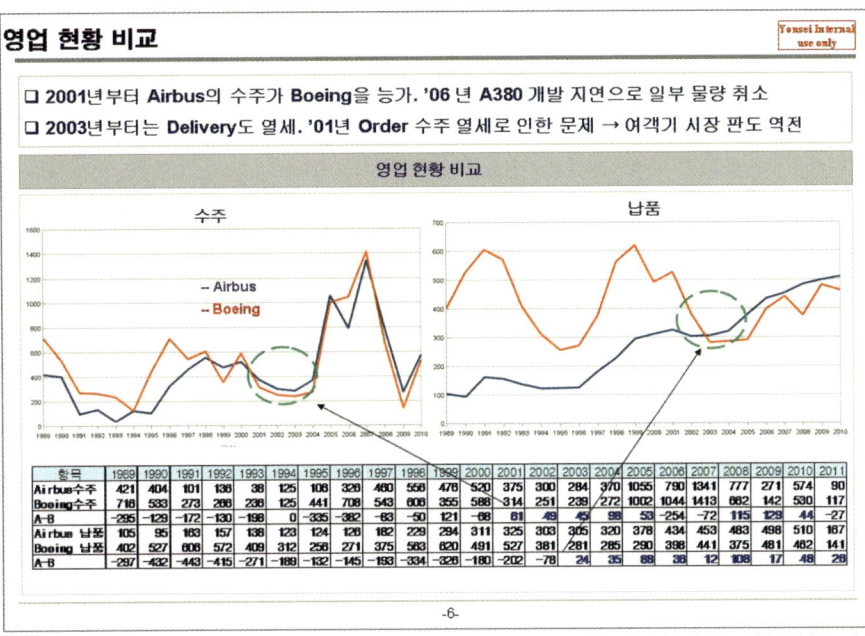

A380이 취역하기도 전에 보잉은 에어버스에게 시장을 내주기 시작했다. A380까지 취역하면 그 격차는 더 벌어질 것이다. 보잉의 입장에서는 에어버스의 주력 기종을 공략할 필요가 있다는 의미를 내포하고 있다.

Airbus의 공격 (A380 vs Boeing 747)

- B747보다 개선된 성능(탑승 승객, 항속거리, 화물 운송량, 비슷한 크기). A380의 문제점은 수용 가능한 공항 없어 기존 공항은 개/보수 필요 → Boeing이 A380의 시장성을 오판하게 된 숨은 이유

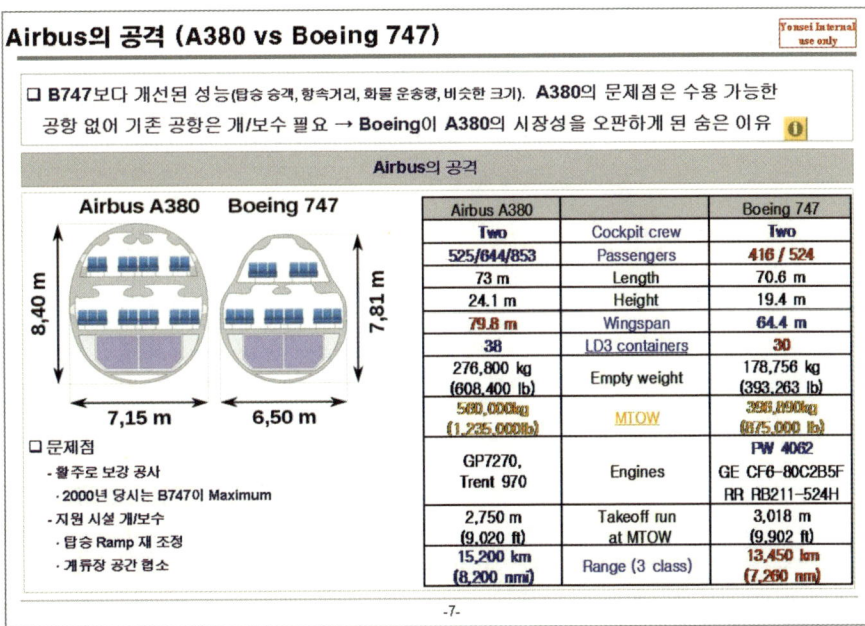

A380이 왜 B747에 위험이 되는지를 보여준다. 수송 능력이 더 크고, 더 멀리 날아갈 수 있다. 그리고 보잉이 A380이 실패할 거라고 판단한 근거를 보여주고 있다. 우측 상단의 링크를 누르면 공항에 계류 시 B747 대비해서 얼마나 큰지를 보여준다. 적색 문자는 상대방과 비교 시 열세 항목이다.

Boeing의 대응

Yonsei Internal use only

❑ B787은 원래 A330, 340 대응 예정이었으나 Airbus가 A350을 개발, A350과도 경쟁하여야 함.
  - A350은 Spec.에서 B787 대비 열세. 2010년 개발 완료 예정 → 현재까지 개발 중

Boeing의 공격

❑ 고객 편의성 개선
  - 기내 기압 증가 6천 피트 수준으로 증압
    · 승객에게 더 많은 산소 공급과 감압 스트레스 감소
  - 기내 습도 증가
    · 호흡기 및 피부 건강에 유리
  - 신 환경 조명
    · LED 램프 사용하여 실제 자연과 유사한 조명

❑ 항공기 성능 향상
  - 연비 향상
    · High by pass 엔진 사용하여 출력 20% 증가
  - 중량 및 소음 감소
    · Nacelle 및 Pylon 중량 증가 無. Carbon Fiber 대량 사용
    · 엔진 소음 감소는 흡음재 감소 및 低角 이륙으로 연비 개선
  - 조종 편리성 증가
    · 대화면 Glass cockpit, Yoke 혹은 Stick 중 택일 적용

A350 XWB		Boeing 787
Two	Cockpit crew	Two
270	Passengers (3cl)	263
60.7 m	Length	63.0 m
17.2 m	Height	16.5 m
64.8 m	Wingspan	60.0 m
19 ft 6 in (5.96 m)	Fuselage Width	18 ft 11 in (5.75 m)
18 ft 4 in (5.59 m)	Cabin Width	18 ft (5.49 m)
28	LD3 containers	36
248	MTOW (t)	244.94
185	Max landing (t)	183.7
RR Trent XWB	Engines	RR Trent 1000 or GE GEnx
8,300 nm	Range	8,500 nm
$20BM	Price	$178.5M

-8-

에어버스의 공격에 대해서 보잉의 반격을 보여 준다. 보잉의 입장에서는 A380보다 더 큰 항공기를 개발하는 것은 의미가 없다고 판단했다. 기존에 연구하던 소닉크루저를 연료 효율이 좋은 항공기로 개발하여 A330과 A340을 공격하기로 했다. 그리고 B787에 열세를 예감한 에어버스는 A350을 개발하기로 했다.

누가 이겼는가?

Yonsei Internal use only

❑ 단기적 관점에서만 Airbus의 우세 → B787 운항 시 Airbus의 주력인 33/34/350 타격은 불가피
  Airbus에 더 나쁜 소식은 B747-9 Roll out → A380과 비슷한 크기에 747과 동일 Platform

Airbus와 Boeing전략 및 실행의 장단점 분석

항목	A380	B787	평가
개념설계준비	최소 20년	단기 혹은 급조	A勝. A는 747과 경쟁 준비를 철저히 함
납기 준수	2년 지연	3년 이상 지연	A勝. 양사 모두 지연. 개발 난이도는 B가 어 어려움
시장 파악	Hub & Spoke	Point to point	A勝. 승객의 Needs와 항공사의 Needs는 다름 항공사는 Hub & Spoke가 유리
개발 전략	설계도 외주	설계도 외주	A와 B모두 동일한 방식. A가 원조 임.
설계 개념	기술의 Upgrade	미래 항공기	B勝. 380은 B787 대비 혁신성 낮음.
편리성	소음	기압, 습기, 소음, 창문	B勝. 높은 기압과 높은 습기는 쾌적한 환경 제공
운용성	Hub공항 외 불가	운항 가능 공항 다수	B勝. A의 치명적 약점. 동시에 B가 A를 오판하게 만든 계기
투자	공항 시설 확충 및 개조	공항 개조 불필요	B勝. A는 Hub공항만 취항 가능. 국토가 좁은 나라는 Back up 공항이 없는 경우 다수
취항 대수	48	0	A勝. B는 현재도 개발 중
수주 대수	234	835	B勝. B는 동기비 A330 498대 수주.
운용 국가	30개국 이상	18개국	B勝. A는 소국 및 후진국에서 운영 어려움

-9-

설계 준비부터 수주 대수까지 여러 비교 항목하에서 보잉과 에어버스가 조금 유리한 상황으로 결론을 내렸다.

시사점

Yonsei Internal use only

❑ **Dreamliner** 계획은 첫 단추부터 틀어짐. 당초 **Sonic Cruiser** 계획으로 767/747-4 를 대체할 예정이었으나, 9.11 이후 항공 시장 냉각 및 유가 급등 등으로 효율에 **Focus**한 기획으로 급변 (7E7)

❑ 성급한 개발 추진
- A380은 20여 년의 개념 연구. 대부분의 항공기는 개념 연구에만 수년을 소요하나 787은 서두른 감이 있음
- 특히, 개발 방식을 보잉 설계 후 생산 만 Outsourcing 체계에서 설계를 포함한 일종의 Turn-key 방식 추진
- Airbus는 30년 전 A300 부터 택한 방식인 관계로 추진에 문제가 없음. 그러나 Boeing은 양질의 협력사 확보가 787 사업의 핵심 이었음

❑ 무리한 기획
- 기내 기압 증가 6천 피트 수준으로 증압
  · Cabin 강도 증가. 중량 감소를 위한 Solution 필수
- 기내 습도 증가
  · 기내 Bilge 증가. 완전히 새로운 Drain System 필요
- 커진 창
  · 강도 증가
- 연비 20% 개선
  · Carbon Fiber 대량 사용은 양산성 저하

❑ 시장 오판
- Hub & Spoke vs. Point to point
  · 승객은 Point to point가 좋으나 항공사는 재미없음
  · 항공시장이 Point to point 탑승율을 만족 할 정도 못됨

❑ Outsourcing 문제
- 일부 Supplier 는 Overcapa.
  · 재하청을 주어 품질 문제를 더 어렵게 만듦
  · 협력업체 실사도 제대로 하지 않음
- Supplier가 너무 많음
  · 수십 년 동일한 비즈니스 모델을 가진 Airbus도 Boeing보다 협력사 적음

❑ 자만
- 상용 항공기 설계 20년간 없었음
- '90년 B777 이후 New Platform 개발 없었음 인력 및 협력 업체도 기술 개발 없었을 것으로 추정
- F22, B2같은 Stealth 기 개발에 전력 투구

-10-

양사의 전략을 비교하면서 자사에 주는 교훈을 얻기 위해서 필요하다. 시사점이 없으면 "그래서 뭘 어쩌겠다고?" 소리가 나온다.

내가 Boeing에 있었다면...

Yonsei Internal use only

❑ 기획단계였다면 개발 목표 현실화. → 복합소재는 항상 말썽 (현대차도 플라스틱 범퍼로 고생) 철저한 협력업체 실사. 현시점이라면 Bottleneck파악 후 개발 일정 현실화 및 업체 감독 강화

기획 단계부터 Join 했다면	2007년 (자료)에 Join 했다면

❑ 개발 Requirement 현실화
- 기내 기압, 창 크기증가
  · Cabin 강도는 증가되어야 할 요소. 강도 증가는 중량 증가를 수반. 그러나 연비 개선을 위하여 중량 증가는 악의 축
- 기내 습도 증가
  · 알루미늄 부식 문제 및 Bilge Drain 용량 증가 등으로 Drain 시스템 신규 설계 및 항공사 Maintenance 증가
❑ 정교한 Outsourcing 전략 수립
- Airbus와 경쟁을 위해서 Outsourcing은 불가피.
- 적절한 설계 능력과 Capa.를 가진 업체 선정 필요
- 선정 후에는 정기적인 개발 Process Audit 체계 구축
❑ Research 업계의 조언은 조언 일 뿐
- 승객의 Needs와 항공사의 Needs는 다름
	❑ Bottleneck 파악
	- Delay되는 핵심 이유 파악
	  · 대부분 협력업체들이 문제를 일으킴
	  · '07년 시점에서 새로운 협력업체 개발 혹은 대체는 불가
	  · Boeing의 엔지니어 파견, 기술 지원 및 감독 필요
	❑ 신소재 성능 재검토
	- 협력 업체들의 개발 지연 주 이유 중 하나는 소재.
	  · Carbon Fiber제품을 불량 다수
	  · 복합 소재의 최대 단점은 생산 관리가 어려워 양산성 떨어짐 (현대차도 90년 대초 복합소재 Bumper 적용 후 포기 사례 있음. 삼성/LG전자 또한 신소재 적용 시는 개발 단계에서 불량 사태로 개발 지연은 다반사)
	  → 복합 소재는 금속류와는 달리 시험 생산에 성공 했을 지라도, 온도, 습도, 기압, 미세한 시간차이로 인하여 불량 발생. 안정화가 관건인 소재

-11-

일종의 시사점이다. '나' 라면, '우리 회사라면' 이렇게 해야 한다는 의견 제시다.

301

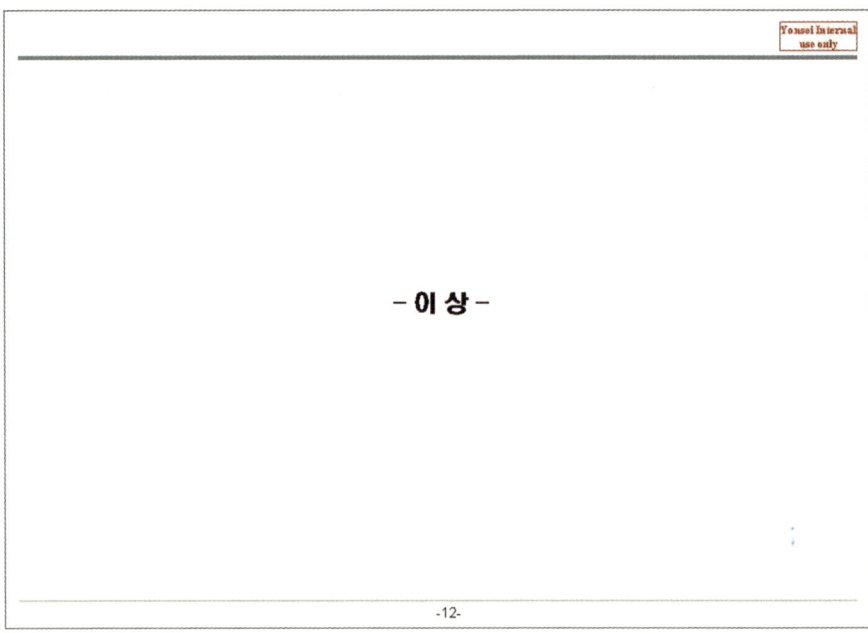

사내 보고면 마지막 장은 '끝' 혹은 '이상'이라고 해야 한다. '감사합니다' 는 외부인에게 프레젠테이션 할 때만 써야 한다.

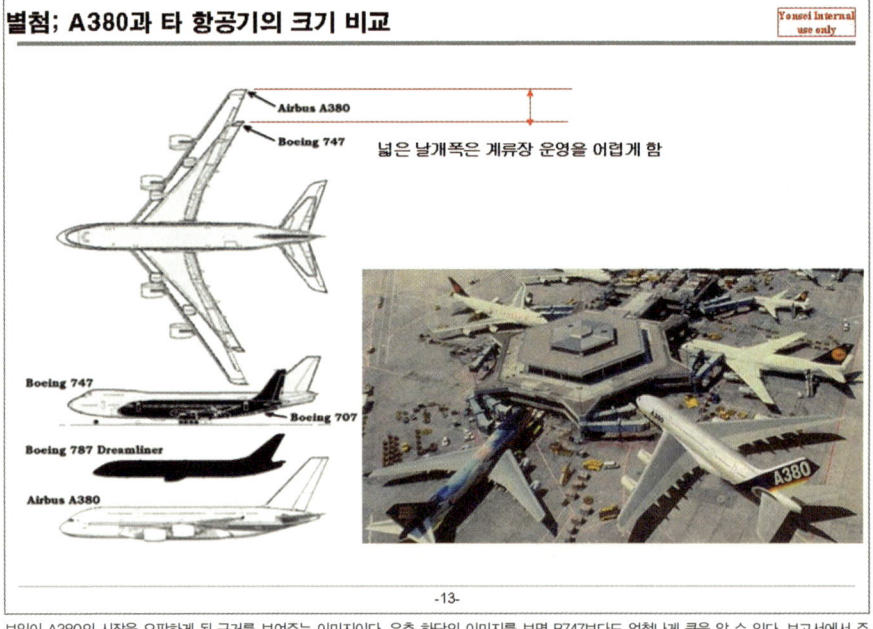

보잉이 A380의 시장을 오판하게 된 근거를 보여주는 이미지이다. 우측 하단의 이미지를 보면 B747보다도 엄청나게 큼을 알 수 있다. 보고서에서 주장을 하게 되면 그 근거를 제시하여야 한다. 별첨들은 주로 그런 역할을 해야 한다.

별첨; A380의 문제점

Yonsei Internal use only

아시아, 미국, 유럽 공항들의 대표자들은 지난 수요일의 성공적인 초도비행에 영향을 받아 대표자 모임을 가졌다. 이 모임의 목적은 각 공항의 대표자들이 A380을 공항에 착륙할 수 있게 하기 위해 어떤 준비를 할 것인지 의논하기 위한 것이다. A380은 내년 중반 싱가폴 에어라인에서 최초로 운용을 시작할 것이다.

그러나 회의에서 활주로와 유도로 보강, 새로운 게이트 설치 등에 투입되는 막대한 비용을 감소시키기 위한 논의를 계속하는 동안 이러한 일들이 매력이 없는 사업 분야로 인식되어 갔고 초도비행의 성공으로 인한 흥분은 사라져갔다. 대표자 모임의 참석자들은 A380이 에어버스사에서 제안한 것보다 더 부담이 크고 위험요소가 많을 것이라 생각하기 시작했다.

"이 A380 항공기 두 대가 동시에 같은 공항에 도착하고, 1,000여명이 넘는 사람들이 입국장으로 쏟아져 들어오고, 이 사람들이 수하물을 찾으려 모여들 때 과연 공항은 어떤 상태가 되겠는가?" 공항 전문가이자 노스 캐롤라이나 대학의 경영학부 교수인 John D. Kasarda가 반문했다.

이렇게 한꺼번에 쏟아지듯 모여드는 사람들을 위한 준비에 드는 비용, 이륙 시 무게가 120만 파운드나 되는 항공기가 이용하는 활주로 보강에 드는 비용은 결코 적지 않다. 산업계의 연구결과에 따르면 공항들이 시설을 업그레이드 하는데 평균적으로 1억 달러의 비용이 소요될 것이다. 런던의 국제공항인 히스로 공항은 8억 5,700만 달러를 투입하고 있다.

-14-

A380의 문제점을 보여주는 신문 기사다. 이 역시 보잉이 오판을 하게 되었다는 근거로 제시했다.

별첨; A380의 문제점

Yonsei Internal use only

현재 우리나라 공항 중에 A380 항공기가 이착륙 할 수 있는 공항은 인천공항과 김포공항 뿐이다. 워낙에 큰 덩치이다 보니 어지간한 공항에는 내릴 수 조차 없다는 것..

알려진 바로는 A380 항공기는 기존 B747-400 항공기가 이착륙할 수 있는 거리보다 최소한 15% 이상 더 필요하다. 최소한 활주로 길이가 2,800 미터 이상 되어야 한다고 하지만, 이건 최소한 조건이기 때문에 실제 권고사항에 따르면 3,350미터 이상 길이와 60미터 폭을 가진 활주로가 필요하다.

거기다가 A380 항공기는 그 크기와 무게만큼 주기장이나 유도로는 크기와 길이는 물론 활주로의 포장강도도 기존 여타 항공기보다는 더 강한 수준을 요구하고 있다.

상황이 이렇자 인천과 김포공항을 제외한 다른 공항에서는 A380 이착륙하기 불가능하다고 결론내려졌다. 얼마 전 국내 다른 공항을 실사해 본 결과 A380 항공기가 이착륙할 수 있는 ICAO 기준을 충족시킨 공항이 없다는 것이다.

이러면 무슨 문제가 생길까?

어차피 A380 이라는 초대형 항공기는 국제선에 투입될 것이니 인천공항이나 김포공항에만 이착륙할 수 있으면 되지, 다른 공항에까지 이착륙할 필요가 있는가 하고 의문이 들 수 있겠지만 상황은 그리 간단하지 않다.

인천공항으로 들어오는 A380 항공기가 인천공항 기상 때문에 김포공항으로 회항하고자 하지만 김포공항 역시 날씨가 좋지 않을 경우 다른 공항으로 회항해야 한다. 이때 국내 공항에 이착륙할 수 없다면 일본 간사이나 중국 푸동 공항 등 주변 다른 나라 공항으로 갈 수 밖에 없는 것이다.

-15-

303

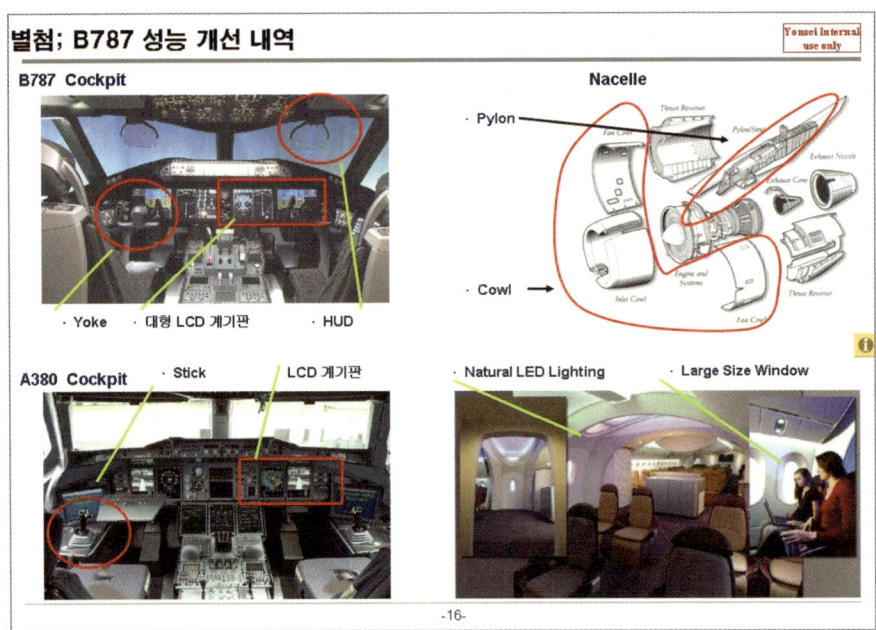

보잉 787이 어떤 점을 개선하는지 보여 주는 그림이다. 문자만으로는 이해하기 어렵기 때문에 이미지를 이용하여 이해를 돕도록 했다.

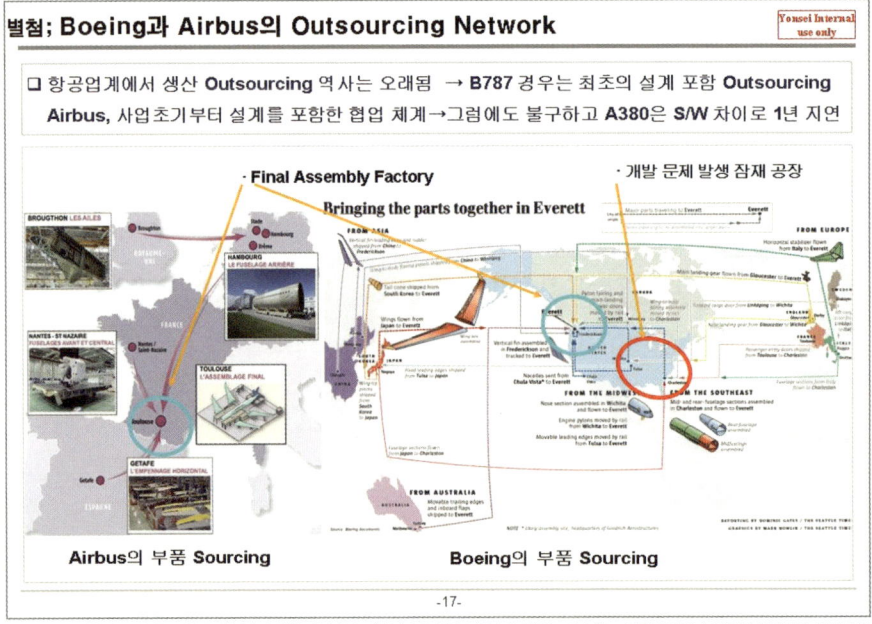

보잉의 787 계획이 늦어지는 이유를 설명하기 위한 이미지다. 에어버스의 부품 아웃소싱 경로는 단순하고 전통이 있으나, 보잉은 복잡하게 얽혀서 문제가 커졌음을 보여 준다.

별첨; Boeing 787의 Outsourcing Network

❏ **B787**의 경우 **Outsourcing** 국가 과다 → 조급한 **Outsourcing** 추진으로 업체 정밀 실사 부재 일부 업체는 재 하청. 미 검증된 첨자 소재 적용은 부품 개발 지연을 더 부추김

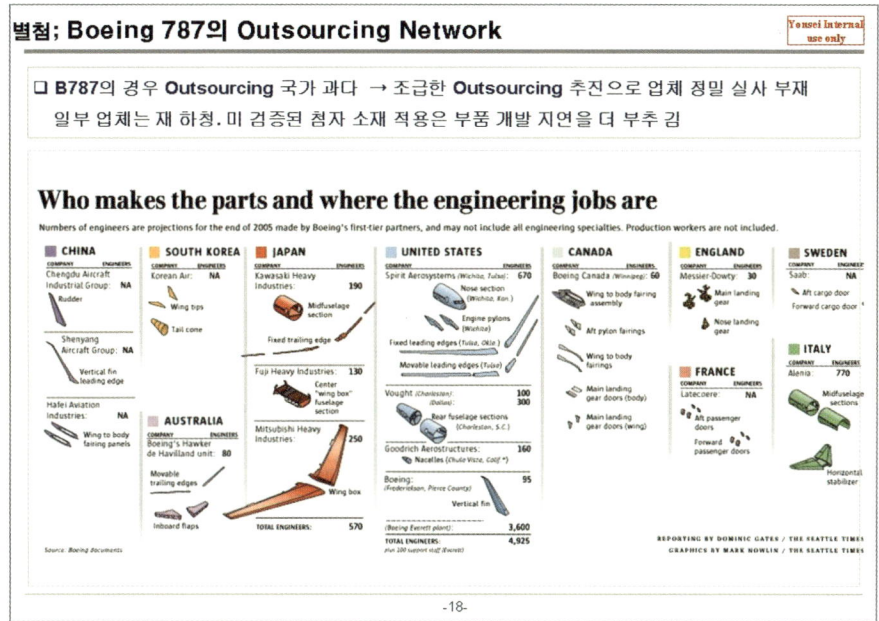

국가별 아웃소싱 현황이다.

Boeing과 Airbus의 부품 운반 항공기 (Boeing은 운반 수단까지 신규 설계해야 함)

별첨; 787 개발 지연

Yonsei Internal use only

787

By samsiki | April 27, 2011 at 8:02 pm | No comments | 시애틀 뉴스

보잉이 오는 9월로 예정된 첨단 여객기 '드림라이너'(787 기종)의 첫 인도시기를 맞추기 위해 총력을 기울이고 있지만 설계변경 등에 따른 마무리 작업이 밀려 생산공정이 심각할 정도로 지연되고 있는 것으로 알려졌다.

보잉의 내부사정에 정통한 소식통들은 보잉이 오는 9월30일 이전에 일본의 전일항공(ANA)에 첫 787기를 인도할 수는 있겠지만 금년 내로 예정된 787기의 인도약속을 모두 이행하기에는 생산속도가 너무 느리다고 말했다. 드림라이너의 인도일정 계약을 이미 2년 넘게 연기해온 보잉은 금년 1월 월 스트릿 분석가들에게 금년 내에 12~20대를 인도하겠다고 밝혔었다.

그러나 생산 실무자인 한 기술자는 그 같은 계획이 실현될 수 없다고 말했다고 시애틀타임스가 26일 보도했다. 타임스는 조립이 끝난 787기마다 손봐야할 마무리 작업이 수 주간씩 걸린다며 이는 설계변경으로 날개 연료탱크 내부의 기존 봉합제를 뜯어내고 새 봉합제를 끼워 넣는 작업이 까다로운데다가 기술자들에게 부품의 데이터를 분석해주는 컴퓨터 시스템이 신속하게 작동하지 않아 간단한 작업에도 평소보다 많은 시간이 소요되기 때문이라고 설명했다.

Chapter 3

베이징 현대

다음의 사례는 베이징 현대의 성공 스토리다. 무역 협회의 조사에 의하면 중국에 진출한 기업의 반은 실패한다고 한다. 심지어 미국 최고의 가전 유통인 베스트바이조차 중국에서는 손을 들고 나오는 판이다. 한국의 유통을 꽉 쥐고 있는 기업들도 쓴맛을 보았다. 그런데 현대자동차는 기존의 유통보다도 훨씬 크고 복잡한 사업임에도 불구하고 성공했다. 필자는 연세대학교 EMBA 과정에서 성장 시장 진출 전략에 대한 몇몇 케이스를 들었다. 이 케이스에서 권장하는 내용들이 실제로 들어맞는지를 베이징 현대의 조사를 통해 확인해 보고자 했다.

베이징 현대 중국 진출 성공 사례

June.20th, 2011

1. 배경 및 목적

□ 미국 Bestbuy 및 한국 대기업을 포함한 중국 진출 기업 중, 절반 이상이 실패 함에도 불구하고 베이징 현대는 성공. 현재 순익 1조시대 → 성공 요소를 분석. 중국 진출 예정인 기업에 참조

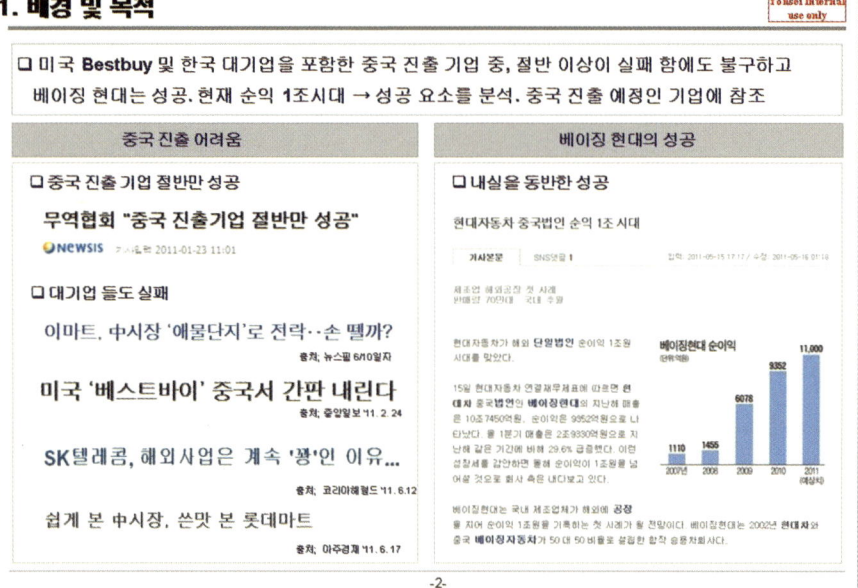

보고를 하게 된 이유를 설명하고 있다. 중국에 진출한 대부분의 기업들이 실패했는데 현대자동차는 어떻게 성공할 수 있었는지 분석했다. 신문사의 헤드라인을 근거로 제시했고 현대자동차의 경우 상세한 기사를 캡처했다.

2. 베이징현대 성공 이유

□ 마케팅의 기본인 '차별화'부터 성공하였고 경쟁사 대비 신차 투입하여 중국의 호감 얻음
  협력업체 성공적 관리 및 공장 효율 증대로 안정적 상위 유지 하며, 현재 업계 4위.

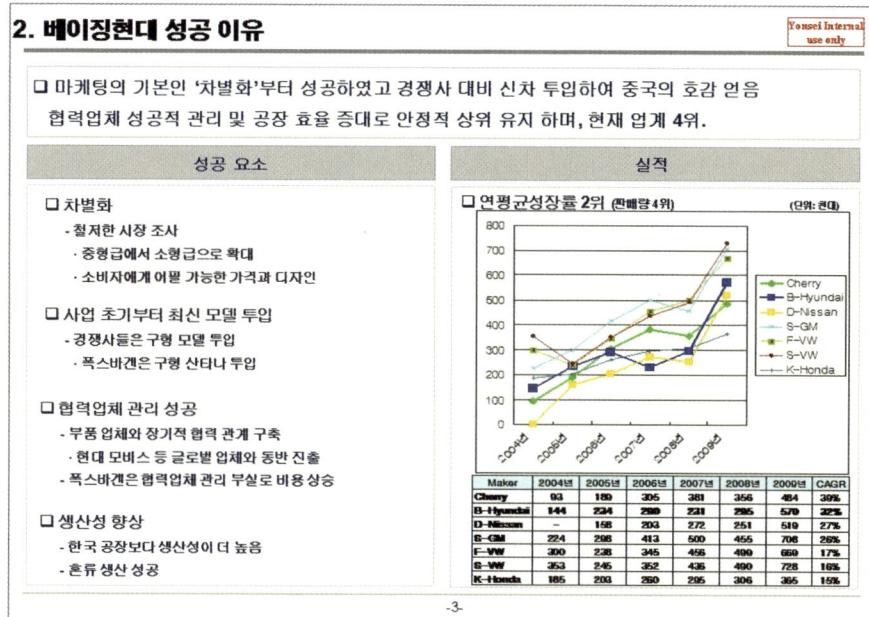

성공 요소	실적

□ 차별화
 - 철저한 시장 조사
  · 중형급에서 소형급으로 확대
  · 소비자에게 어필 가능한 가격과 디자인
□ 사업 초기부터 최신 모델 투입
 - 경쟁사들은 구형 모델 투입
 - 폭스바겐은 구형 산타나 투입
□ 협력업체 관리 성공
 - 부품 업체와 장기적 협력 관계 구축
 - 현대 모비스 등 글로벌 업체와 동반 진출
 - 폭스바겐은 협력업체 관리 부실로 비용 상승
□ 생산성 향상
 - 한국 공장보다 생산성이 더 높음
 - 혼류 생산 성공
	(그래프 및 표)

베이징 현대의 주된 성공 이유는 '차별화' 라고 했다. 그리고 성공의 또 다른 근거로 실적을 그래프로 나타냈다.
여기서 눈여겨볼 것은 표의 베이징 현대의 위치다. 연평균성장률 기준으로 2등이다. 판매 대수 기준으로 하면 4등이다. 같은 내용이지만 기분이 더 좋게 보일 수도 나쁘게 보일 수도 있다. 2등은 격려를 받지만 4등은 혼나기 십상이기 때문이다.

3. 중국 자동차 시장 환경

□ 현대자동차의 중국 진출은 사실상 '막차타기' → 시장 폭발 직전에 사업개시
  - 시장 선점효과 없어 실패 확률 높았음에도 불구하고 사업 성공

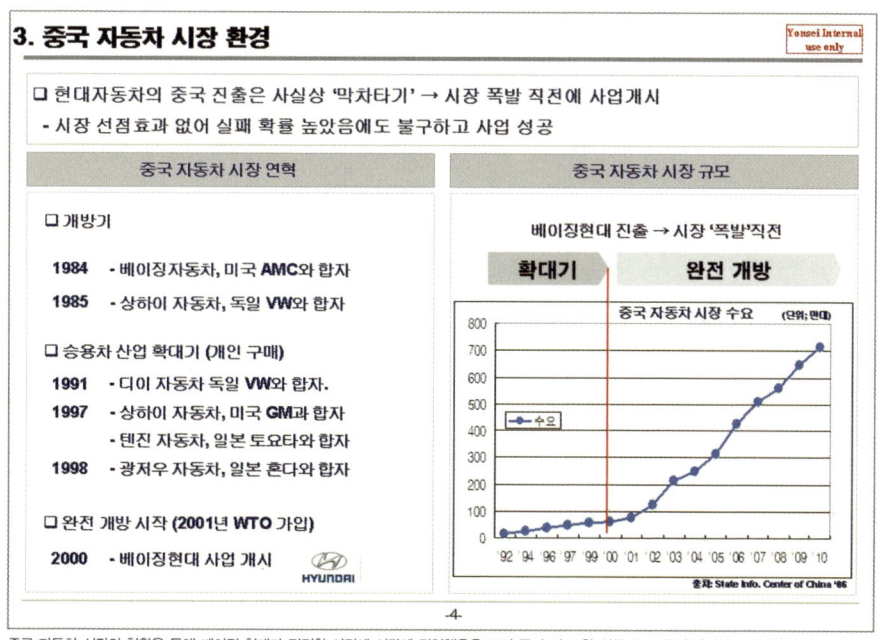

중국 자동차 시장 연혁	중국 자동차 시장 규모
□ 개방기 1984 - 베이징자동차, 미국 AMC와 합자 1985 - 상하이 자동차, 독일 VW와 합자 □ 승용차 산업 확대기 (개인 구매) 1991 - 디이 자동차 독일 VW와 합자. 1997 - 상하이 자동차, 미국 GM과 합자 - 텐진 자동차, 일본 토요타와 합자 1998 - 광저우 자동차, 일본 혼다와 합자 □ 완전 개방 시작 (2001년 WTO 가입) 2000 - 베이징현대 사업 개시	(그래프)

중국 자동차 시장의 현황을 통해 베이징 현대가 적절한 시점에 시장에 진입했음을 보여 주며 이 또한 성공 요소 중의 하나라고 주장했다.

4. 성공 이유 상세 분석

- 중국의 자동차 문화는 20년 전의 한국 자동차 문화와 **99%** 동일. 중국의 최적 **Role Model**
  → 현지기업 지원, 소형엔진, 대형차체 (Stellar 컨셉). 후방 인프라 조기 구축 및 안정에 성공

진입기	안착기	경쟁 심화기
- 2003년 EF소나타 5만대 판 Brand Positioning 성공 - 2004년 엘란트라 투입, 14만대 판매 - EF소나타 중국 현지화 Face Lift 뒷자리 위주 설계, Body Structure 강화. 최저 지상고 상향 설계 → 20년 전의 현대의 특기 - 중국정부, 중국회사에 기술 습득을 위하여 합작만 승인 - 베이징 거점의 베이징 기차와 합작 - 현대는 중국 거점 필요(인허가 취득), 베이징 기차는 자동차 산업 구조 조정으로 위상 변화 필요 - 지리적 유리함 활용, 후방 인프라 구축	- Brand 가치 Upgrade Value for Money 에서 Value for Quality 전략 조기 Full Line Up 구축 (Fast Move) - 중국형 엘란트라 성공 소형엔진, 대형 차체 - 협력 업체 관리 및 지원 모비스같은 부품업체와 동반 진출 핵심 부품 수직 계열화 핵심부품 모듈화로 원가 절감 협력업체 지속적 기술 교육 - 교육 및 훈련 주요 관리자, 아산 공장에서 현장 교육 - 문화 차이 극복 한국은 '빨리빨리', 중국은 '만만디'	- 중국 전용 모델 '위에둥' 출시 중국인의 기호에 맞춘 전략 모델 Face Lift하여 연비 개선 및 친환경모델 16만대 판매  - 판매 거점 확대 대도시 중심에서 3,4급 중소 도시로 확대 - 품질 경쟁력 강화 현금 결제하면서 업체와의 신뢰 강화 - 중국 정부 정책 활용 준중형 이하 보조금 정책 - 생산 Capa 확대 2공장 가동

-5-

5. 중국 진출 예정 기업에 대한 제언

- Win-win 이 가장 중요. → 베이징현대의 급성장 배경은 중국 정부의 지원이 가장 큼
  - 파트너가 가장 아쉬워 하는 것을 줄 필요. → 최신 모델 투입 하였고 중국 기호에 맞게 현지화 추진

베이징 현대의 초기 애로 사항	해결 방안
□ 대관업무 - 중국정부의 합자 비준 지연 · 설비 및 장비 이송 및 설치 지연 · 양산 일정 지연 □ 열악한 자연 환경 - 황사, 먼지, 꽃가루 등 · 도장 공장 같은 Clean Room 공장은 치명적 □ 인력관리 어려움 - 높은 이직률 - 중간 관리자 채용 어려움 □ 수익 배분 및 지적 재산권 - 중국직원과 한국직원간 지적 재산권을 바라보는 시각 차	□ 시기별 운영 전략 차별화 - 진입기: 대관 업무 주력 및 브랜드 Launching 주력 - 안정기: 생산 및 관리 능력 확보. 브랜드 Up 준비 - 도약기: 공격적 마케팅 □ 현지화 - 중국인의 구미에 맞는 제품은 필수 사항 · 중국 시장 자체가 커서 중국 독자 모델도 ROI 확보 가능 · 양질의 현지 Marketer 확보 및 R&D 현지화 □ 브랜드 이미지 조기 확보 - 체면을 중시하는 유교 문화권 특성 □ 신뢰 구축 - 안정기에 성공적 사업 수행을 위해서는 필수 - 협력 업체 및 노사 관리를 위한 수단 · VW가 실패하고 베이징현대가 성공한 이유 중 하나

-6-

6. 시사점

Yonsei Internal use only

☐ HBR의 Emerging Market 진출 전략과 현대자동차의 성공 사례는 일치
  - 차별화와 현지화가 핵심 요소이며 'Start in the Middle'은 베이징현대의 '위에둥'과 100% 일치

New Business Models in Emerging Markets

☐ 이코노미스트의 성장시장 진출전략 반박
  - "신흥 시장에서 기업들이 성공할 수 있는 유일한 길은 가차없이 비용을 절감하고 거의 제로에 가까운 수익마진을 수용하는 것"
    · 인도의 Godrej와 케냐의 M-PESA 사례

☐ 차별화가 핵심
  - Godrej 냉장고
    · Compressor 없는 냉장고(?). 컴퓨터 Cooling Fan사용
  - M-PESA
    · Wire 설치가 어려운 아프리카 환경을 잘 활용

☐ Start in the Middle
  - 시장 규모가 가장 크고 브랜드 인지도 확보에 유리
  - 베이징 현대의 '위에둥' 및 EF 소나타

Finding Your Strategy in the New Landscape

☐ Premium층 Target에서 다양한 계층으로
  - 일종의 Start in the Middle

☐ 국가별 차별적 접근
  - 국가마다 차이가 있으므로 이 차이를 관리하는 것이 중요
    · 자원 배분 및 선택과 집중

☐ Operation Innovation
  - R&D를 성장 시장으로 이전
  - 생산 공장을 저임금 국가에서 중임금 국가로
    · 생산의 유연성이 더 중요해 짐

☐ Organization & People
  - 신뢰 구축 및 안정적 노사 관리
    · 커뮤니케이션 원활화 및 Identity 확립

하버드 비즈니스 리뷰에서 성장시장에 진출 시 권장하는 전략과 실제 사례인 베이징현대의 경우를 보면 일치한다는 이야기이다. 즉 가르친 교수님의 이론이 실제에서도 잘 적용이 된다는 것을 보여 준다. 점수를 잘 주십시오라는 이야기다.